城镇品牌营销

Urban Brand Marking

李锦魁 著

修订版

经济管理出版社
ECONOMY & MANAGEMENT PUBLISHING HOUSE

图书在版编目（CIP）数据

城镇品牌营销/李锦魁著 . —修订版 . —北京：经济管理出版社，2016.3
ISBN 978 - 7 - 5096 - 4252 - 8

Ⅰ. ①城…　Ⅱ. ①李…　Ⅲ. ①城镇—市场营销—研究—中国　Ⅳ. ①F299. 21

中国版本图书馆 CIP 数据核字（2016）第 027092 号

组稿编辑：谭　伟
责任编辑：张　马
责任印制：司东翔
责任校对：赵天宇

出版发行：经济管理出版社
　　　　　（北京市海淀区北蜂窝 8 号中雅大厦 A 座 11 层　100038）
网　　　址：www. E - mp. com. cn
电　　　话：（010）51915602
印　　　刷：三河市延风印装有限公司
经　　　销：新华书店
开　　　本：720mm × 1000mm/16
印　　　张：16. 25
字　　　数：234 千字
版　　　次：2016 年 3 月第 1 版　　2016 年 3 月第 1 次印刷
书　　　号：ISBN 978 - 7 - 5096 - 4252 - 8
定　　　价：58. 00 元

序 一

20世纪80年代以来，中国的城镇化持续高速发展，新城、新区不断地涌现，整个国家正在不可避免地城镇化，城镇取代了乡村，成为中国人最主要的生活和活动场所。在这个进程中，老的城镇在翻新，新的城镇在成长，城镇群也有如人群一般，出现了众多明星，吸引着众人的目光。

明星城镇出现的原因，一开始总是偶然的、自发的，到后来人们惊讶地发现，原来城镇成为明星之后，也会有许多实质性的作用——它既让外界向往它，促进城镇的旅游业，吸引高端人才到此定居，也让生活在其中的人提高了生活质量。于是城镇的品牌营销又成为了城镇个体自觉的追求，如何建立一个城镇的品牌，如何将这座城镇"卖出去"——即城镇品牌营销，成为了一门显学。

城镇品牌营销，是一门科学，也是一门艺术，它是城镇建设工作的一部分，对于一座城镇的浮沉，所起到的作用至关重要。

我对广告是外行，但作为一个城镇规划者很清楚：一座城镇的品牌能否崛起，不是靠着在大众媒体上大肆做广告、疲劳轰炸式的宣传就能达到的，这是一个全方位的、极其繁复的综合性工程，要建设成最有魅力的城镇，需要的不只是规划师们的天纵奇才，更需要时间、需要沉淀、需要耐性、需要有效传播。

要建设好一个城镇品牌，涉及的学问太多，必须沉下心来，付出极大的耐性与韧性，才有可能完成。而在国内浮躁的商业氛围中，能够沉下心来做好城镇品牌营销的策划人却凤毛麟角。大部分的策划人在进入这个领域之后所做的不外乎是进行各种各样的广告宣传，而欠缺向内延伸的深度，欠缺对城镇规划与城镇建设的研究，欠缺对城镇历史文化的深入理解。同时，有关我国城镇品牌营销的专著同样也是稀缺的，尤其是实操性的专著几乎更是一片空白。国外有不少类似的著作，但案例大多远在万里之外，总结出来的理论也不切合中国的实际情况。

所以，当我拿到李锦魁先生的这本书稿时，眼前为之一亮。

因为写序文的关系，我有幸在付印之前就阅读了书稿，掩卷之后，在获益良多之余，对本书作者亦更增了几分佩服。

作为国内最著名的品牌策划人之一，李锦魁先生在从企业营销转入城镇品牌营销之后，确实是下了很深的功夫，而且通过他已经操作的案例更让他们确信，他所下的功夫都落到了实处，并非空口夸谈。而这一切，都已在本书完备的体系与翔实的案例中表露无遗。

可以说，这是一本既有广度又有深度的书，它从思考到案例、从理论到实操、从分析到归纳、从现状到未来、从文化到商业、从设计到建筑——几乎把城镇品牌营销学的方方面面都融成了一炉。

但是，它又是一本观点犀利的书，书中针对城镇品牌建设的种种误区进行了鞭辟入里的批判，它既是一根银针，刺得城镇建设的决策者警醒，又像一剂猛药，叫人苦后而受益。

同时，它还是一本轻松的书，它并非一堆无序的材料，也不是一本枯燥的教材，而是以李锦魁先生的口吻，将如何做好一座城镇的品牌建设娓娓道来，阅读此书，就像坐在李锦魁先生对面听他谈话，经久而不觉疲倦。

现代城镇的规划、建设、管理、营销，并非先此后彼的关系，它们通常是交错进行，或者并行不悖。一个新的城区要成熟，成为人们认同的场所与家园，有时候不是一群人、一代人就能完成的工作，它需要城镇的居民，在一段很长的时间里通过生活的经历积累达到认同，然后才能形成一个好的社区。

设计师和建筑者为居民们提供功能性空间，政府为居民提供公共性服务，品牌策划者则负责为居民提供精神方面的享受，这一切都是为了使居民能够更好地生活工作、更好地交往，并形成多元的生活方式，而这不仅是我们所期待的城镇，也将是我们所期待的未来。

我相信，凡是渴望对城镇品牌建设有所了解的读者，都能够从书中寻找到适合自己的理念，甚至找到拿出来就可以用的实操方法，我也相信，在本书出版之后，它将迅速成为这个领域专业人士必备的参考读物。

袁奇峰

中山大学教授、博士生导师

国家注册城市规划师

中国城市规划学会学术工作委员会委员

序 二

认识李锦魁的时候，他还没有进入城市品牌营销的领域，然而一句"原来生活可以更美的"，已经足以奠定他在广告界、营销界的地位。

有一天突然听说，这个老朋友竟"侵略"到城镇品牌营销中来了，心里委实小小地吃了一惊。

李锦魁常常向老友们宣扬他的哲学思想：道生一，一生二，二生三，三生万物。说得更具体些，就是说只要一件事情做好了，其他的事情也都能做好，所以他的公司才叫做壹串通。说实在的，我一开始对他的这个观点并不十分信服——至少，我不认为企业营销做得好，城镇营销也就能做好，这中间有个不小的门槛需要迈过去。

企业的品牌营销，需要处理好企业、消费者与产品、品牌的关系，而城镇的品牌营销则更加复杂，因为还需要考虑到政府态度，企业的品牌营销，只要最终能实现利润，几乎就可以说是成功了，其目标指向简单而纯粹，城镇的品牌营销则还要考虑到城市居民的态度，要考虑到公共利益的平衡，可以说这是一个更具整体性的工程，一个公司若非具备成为政府智库的素质，是吃不了这一块蛋糕的。

然而李锦魁和他的团队却做到了。

之前，许多老朋友对李锦魁进入城镇品牌营销之后能否做好，是持怀疑态度的，但"南海三山国际休闲水城"这个案例，却打消了众人的疑虑。这个案子做得确实漂亮，它将一个偏处一隅、无人识荆的岭南小城，一举变为能在北京文博会上成功亮相，并拿到了最具投资价值新城的大奖。从报纸上看到这个消息以后，我不得不承认，李锦魁搞起实操来确实有两下。

看到了李锦魁所著的《城镇品牌营销》这本书时，我又不得不承认，他除了实操功底过硬之外，理论水平竟也远超我的想象。作为一个随性的人，我也不谈本书的体系如何严谨、理论如何高深，我只是注意到，薄薄一本20万字上下的书，能够引起我兴趣并留下深刻印象的亮点无限多，因此足以打动我掏腰包，并让这本书在我的书架上占据一席之地了。

放下手中的书，看看窗外的楼房绿地，我忽然想，若是由李锦魁来策划我现在居住的这座城市，它会变成什么样子呢。

作为一个雕塑艺术从业者，玩了这么多年的建筑，喜欢的建筑很多，满意的城市，在中国却一座也找不到。这二三十年里，中国人太喜欢创新了，创新得多，打破得也多，而把一些风格完全不协调的创新揉在一个城市甚至一个社区里的折腾就更多。胡乱折腾的人太多了，让我忽然渴望得到一个不那么嘈杂的城市，它不需要太大，不需要有密集的人群，不需要成堆的工厂，不需要世界第一的大楼、大桥。其实我们更需要的，只是一个适合我们居住的地方。

中国的城市，也应该到了整理自己的时候了。城市要选择好自己的道路，在变得更加丰富、更加壮丽的同时，还要变得更加纯粹，变得更加宜人——这才是最重要的！

现代人祈求着能够远离城市的喧嚣，但同时又深深地迷恋城市的生活，以至于离开了城市，到了真正的农村里也难以生存，更遑论自然状态的野外了，而当大自然本身已被破坏，"体验大自然"时也得待在城市的延伸体——如帐篷、越野车中时，如果有人能将这种回归自然的感觉在城市中再现，那么或许就真的达到"天人合一"的境界了。

我一直认为，谁要是能够促成这一点，那么他将不需要上央视去打广告，不需要上凤凰卫视去做节目，单是靠口碑就足以完成这座城市的品牌营销工作。营销的竞争越来越激烈，广告时时刻刻都在求新求变，除了极少数经典能经受岁月的考验之外，大部分的广告都注定了在面世之后便迅速被新的广告所淹没，但一座建筑却要伴随居民数十年，一座城市更会伴随其市民数百年、上千年。

让人惊喜的是，这本书恰恰印证了我以上的这些观点。翻开这本著作，它给我的感觉是：读这本书，就像在与李锦魁先生对话，与他畅谈城市与建筑的种种话题，并激发出了我许多的灵感。

正因如此，我在读完书稿之后便相信，这绝对是一本值得期待、值得收藏的好书！无论是喜欢城市的人，还是喜欢营销的人，我的建议只有一个：请读下去，你将受益。

米丘
著名职业艺术家
海涅＆昂斯塔得艺术中心艺术总监

自　序

现在很多地方政府扯了大旗号称做城市品牌，做城市营销，其实都是在做城市招商。

招商只是城市经营活动中的一个环节。大部分政府都拿品牌做幌子，招商才是目的，这就把本末倒置了。这些城市（城镇）的品牌营销其实都做偏了，太短视。由于心态不正，营销没做好，品牌没做好，所以大多数城市尤其是二三线城市招商也没招好。

2015年上半年我在深圳某酒桌上遇到江苏某县招商局的一个官员，酒酣耳热之际他不停地向我抱怨说这个县平台不够，让他的工作很难开展，当时我就问了他四组问题，一下子把他的酒都给问醒了，从此不再说平台不够的问题了，离开酒桌把我请到房间里，认认真真地问我这四组问题该怎么解决。

当时我问了他哪四组问题呢？

我问的第一组问题是："你招商的目的是什么？招什么样的商？你们县的定位你清楚不？"

问起招商的目的，他就有些支吾，不好意思直接说是为了拉高GDP提政绩。招什么商呢，他也有些支吾，后来说："主要是优质的企业。"我又问他什么是优质的企业呢？他就说不出个所以然来了。

再问他们城市的定位，他就讲了一大堆，什么全省强县、文化古迹多、环境好能做旅游、交通便利、招商政策好，等等，我等他长篇大论地说完之后才让他用一句不超过7个字的话把这个城市的定位说出来，他就说不出来了。

因此我就告诉他：其实你自己都不知道你们县招商的目的是什么，招什么样的商心里也没谱，城市的定位也没弄明白，作为招商局的官员，你自己都是这个状态，怎么让企业有信心到你们县安家落户？

他本来醉醺醺的，听到这几句话以后，酒马上醒了五分，原本散乱的眼神也直了，就向我继续请教。

我就跟他说：你们招商失败，根源就在于你们在随意招商——不但是你们，这也是大多数地方政府招商时所犯的大忌！

看到这个评价，大概99%以上的地方政府都不会承认，就像上文提到的那位招商局官员，他也是这样的反应：我们县招商是很严肃的。

是很严肃，但仍然很随意，我问他："那么你们县招商有什么准则吗？"

"有！"他回答，跟着讲了很多的准则，比如得是优秀的企业、有实力的企业，要不污染、要绿色、要环保，等等。

我就跟他说："其实我手头正好有一家企业，上市公司，规模大概3000多亿元，有一个200多亿元的项目正在找地方……"

他听到这里眼睛就亮了，向我打听起这家公司的情况来，这时候我笑了，因为我刚才的描述根本就没有涉及这家公司的领域、类型，我透露的只是一个数据，只是这个数据就把这位官员拿出来的那几块"绿色"、"不污染"、"环保"等遮羞布都给扯掉了。其实他们招商是没有准则的，如果有准则的话，那就是：只要是有钱的企业就行。

我直截了当地告诉他："你们县的招商，其实就是随意！就是盲目。"

这时这位官员无话可说了，我注意到他的酒又醒了两分，而且居然没有恼羞成怒认为我在消遣他，而是继续很诚恳地向我请教——这一点倒让我不好意思不继续给他提供免费咨询了。

我对他说：地方政府招商，不要被那些"千亿产值"、"万亿规模"等蒙蔽了，一定要抵制住这一类的诱惑，要考虑当地的资源配置。

比如说，一个县城如果有相关的服装制造资源，招和服装相关的企业，肯定好招。相反，如果本地的优势资源跟企业经营是没有关系的，你把人家招过来，配套跟不上，结果人家就是来了也不会长久。

来了走，走了来，这样的招商有什么意思呢？

美的就有过这样的错误，当年它曾在重庆设了个风扇厂，地方很便宜，结果零配件要在广东采购，组装在重庆，组装好后还要再拉到广东去卖，虽然有便宜的土地、便宜的劳动力，甚至政府的支持，但是整个产业的配套跟不上。一来一回，成本反而高了，所以这个项目后来在我手里被砍掉了。

因此，一个地区所以一定要找好自己的资源配置，有自己的资源特色，这样就不仅仅是招商，而是利用招商就把整个地区给盘活了。不但企业来了之后不会走，而且来了一家之后还会带进第二家，最后是带进整个产业、形成整个产业链，这才是成功的招商。

"可是我们县没有李总你说的特色资源。"那位招商局的官员说。

"有的，只是你不知道。"

他一听好奇了："我在那里做了十几年的工作都没发现，李总你居然知道？"赶紧问我他们县的特色资源是什么，我就问了他第三组问题，他仍然回答不出来，跟着我自己给他说了答案，他听了之后恍然大悟，连说："李总，我们早遇上你该多好！"

没有一个地方是缺少特色资源的，"我们市（县）没有特色资源"——这绝对是借口，是偷懒的借口或者工作方法不到位的借口。不直面这个问题，那么你就是在推脱敷衍，招不到商属于活该。

上面提到的那位官员之前不服，说他们县就是没有特色资源，我就让他拿一个有特色资源的地方给我看，他想了想，不好意思拿深圳上海这样的中心城市，就举了南海。

南海是一个区，就行政级别来说和他们县平行，可两者经济发展的差距却如天比地，这个县去年的招商投资额，还不到南海的一个零头。

"他们的资源太多了。"这位官员抱怨着。

我一听笑了，因为这个官员一不小心跑到我门户之内来了——因为南海经济开发区的策划正是我接的。我就告诉他，南海的资源并不具备先天优势，"如果说有的话，那就是他们在一件事情上先行了一步。"

"哪件事情?"

"策划和规划。"

我告诉他,别看南海经济开发区现在这么威风,也不用说太远,哪怕只是五年前,"南海经济开发区"连影子都还没有呢,有的只是"南海软件科技园",更早的时候,则是"南海信息产业基地"。其级别,不过是一个镇级的园区罢了。

但是南海做了很好的策划与规划,通过策划把名气打了出去,通过规划把资源配套做好,让企业有进驻的欲望,比如狮山工业园,按规划清一色全是电子类和汽车类的企业。规划一成,奇美来了、本田来了、丰田来了。招不到规划中的企业,它会停下来,不会盲目地招商。这块土地不会因为停止招商而贬值,相反它的身价反而随着时间的推移不断地提升,能进来的全都是优质的企业,到后来是企业求着要进来。

所以,一个城市要招商,第一要有定位,第二要有配套资源,第三要有产业规划,此外还有第四个要点,而这个要点正是许多城市成败的关键。

"举个例子来说,天津的资源够多了吧,可本田为什么不去天津?就是因为没有这第四个优势。"

"这第四个要点是什么呢?"那个官员问。

在讲第四个要点之前,我先说一个故事。

有三个商人先后跑到南太平洋一个岛上做市场调查。

第一个人到岛上走了一趟,回来说岛上没人穿鞋,鞋卖不出去。

第二个人去了后,说每个人都穿鞋,不是就很有市场了吗? 于是他开始做鞋子买卖。

第三个人去了后,发现岛上的人脚上有病,如果鞋子有治疗的功效,就可以卖得更贵,把厂设在这里肯定好。

这个故事,讲的其实是一个"本地市场"的问题,第一个人找不到本地市场,他丢失了机会;第二个人找到了本地市场,他得到了机会;第三个人创造了一个新的本地市场,所以第三个人得到的利润最高。

本地的产品就近卖，效益高、成本省，比做好了产品卖到几千公里之外，其优势一目了然。

比如上面提到美的在重庆设厂的案例，后来为什么失败了呢？因为风扇真正热卖还是在炎热的岭南地区，这是一个夕阳产品，不是家家户户都需要，在重庆消化不了、单位利润又低，要将风扇万里迢迢地运到广东显然得不偿失。所以美的虽然是上千亿元的大企业，但重庆将这个项目引进去以后却不得善终，在这里面，缺乏本地市场是最大的关键。

又比如上面提到的狮山工业园，他们为什么要规划汽车产业？为什么规划好了本田丰田就来了？还是因为本地市场这个问题，围绕着大广州这个汽车销售市场，狮山工业园做起广州汽车配套来几乎就是顺理成章、水到渠成的事。

现在很多地方政府迷信所谓的"多元化"政策，这个政策害死人，一切只是贪图眼前的经济利益，短视，没有清楚地去了解本地市场的需求，反正领导在位四五年，土地卖出去再说，其他的事情交给后任吧，这种短视是极度不负责任的行为。

一座城市（城镇）要获得长远的、可持续的发展，必须要城镇定位、配套资源、区域规划、本地市场——做好了这四件事情，一个城市（城镇）的品牌就树起来了，一个城市（城镇）的品牌树起来以后，还怕招不到商吗？

是为序。

前　言

本书是对笔者多年城镇品牌营销实战的经验总结。

2008 年，金融风暴席卷全球，作为世界第三大经济体，中国也受到了巨大的影响，并至今尚未完全走出这场风波的阴影。

顺境让人忘忧，困境使人反思，在艰难的经济环境中，不但企业纷纷反思未来的发展之路，各级政府也在反省：现有的城市发展模式，是否出了问题？城市规模是否越大越好？西方发达国家城市已经走过的道路，能为我们提供哪些借鉴？他们的经验是否适合我们？我国中小城市以及城镇的发展现状是什么？主要问题是什么？出路又在哪里？

对于这些问题的思索以及回答，是本书第一章的主要内容。

从第二章开始，笔者将探讨的是城镇品牌营销的种种实战问题。第二章统摄全局，总体探讨如何寻找一座城镇的卖点，如何经营一座城镇的品牌以及当前我国城镇品牌营销的误区与困扰。

从第三章开始，将逐步对城镇的规划、定位、形象、文化、传播一一剖析。

城镇的规划，必须为城市的发展疏通经络，但是，我国当前的城镇规划还存在一定的困难与误区，如何认识一座城镇的本质，如何完成规划模型的构建，是解决问题、走出误区的关键所在。

城镇的定位，是一座城镇品牌营销的中心，在定位时代已经到来的今天，我们需要以真实性、导向性、美誉性、认同性的原则，对影响城市品牌定位的种种问题进行因子分析，才能掌握正确的城镇定位的方法。

城镇的形象，是城镇品牌营销之器。城镇的形象是城镇历史的延续，因此，我们既要建立起一套现代化的城镇识别系统，又不能割裂它与历史传统的联系，同时，广场等城市空间的塑造、高层建筑的设计、公共环境的艺术性以及城市 CI 的突出程度，都将对一座城市的形象造成巨大影响。

城镇的文化，则是城镇品牌营销的灵魂，城镇的文化是其外在形象与内在精神的人格化统一，是城镇的文脉意蕴所在，城镇的精神与城镇的个性，都是城镇提升其文化竞争力的决定性因素。

在规划、定位、形象、文化都取得成功的基础上，城镇的传播则将成为一座城镇崛起的关键因素。第七章将为读者分析当前城镇品牌营销的种种误区，分析城镇品牌营销与广告、政府公关、体育赛事、节事活动等的关系。

以上通过五位一体的分析与综合，全面地阐述建立城镇品牌的必要性、重要性以及如何建立的实操方法。这一部分的内容除了统一的布局、完备的理论、翔实的数据以外，中间又嵌入了笔者多年从事城镇品牌营销的无数经验所得。

笔者希望这本书，除了能够为读者带来关于城镇品牌营销的新颖观点之外，同时也希望读者能够得到一种全新的阅读体验。如果在读完本书之后能够得到一些实操手法，则将是笔者的最大心愿。

当然，限于编写时间的仓促，本文也一定还存在着许多的不足，希望广大读者批评指出。

目　　录

第一章　后金融危机时代城镇品牌模式思考

张五常说:"中国有10多亿人口,8亿人以上是农民。假若中国要在20年后有足以炫耀的经济表现,以我个人保守的估计,在这20年间必须要有三四亿人口从农村迁移到城市里去。这个大搬迁牵涉的数目等于80个现在广州市的人口。"

他认为在这个迁徙过程中,小城镇会扩大,新城市会出现,而迁徙到现有的大城市里的会接近2亿人!假若这个大搬迁不出现,经济现代化就难有大成。

表面上看,农村城市化是农村人口成为城市人口的过程。然而实质上真是这样吗?

从"严格控制大城市的人口"到中共十六大提出"大中小城市协调发展",再到现在所说的"城乡一体化",中国城市化进程一直在崎岖的山路和荆棘中蹒跚前行。那么,中国的城市化道路应该怎么走?

第一节　逃离大都市

一、城市,越庞大越容易生病

"货力为己,大人世及以为礼,城郭沟池以为固。"——《礼记》

城市的形成，是商品生产和商品交换日益发展的产物。它的发展，经历了漫长的历史阶段。在我国，早在原始社会的末期，就有小城镇的萌芽。当我国进入奴隶社会后，小城镇随之出现和兴起。在我国《礼记》中所记载的"货力为己，大人世及以为礼，城郭沟池以为固"，就是小城镇兴起的象征。从"夏鲧玄作城"的历史传说可推论，我国的小城镇起于夏代前后。到了封建社会，随着商品经济的进一步发展，我国小城镇不断地形成和增多，涌现出一批一批的城市，甚至大中城市。

　　那么，城市是否越大越好？

　　城市化是随着工业化的发展，人口由农村向城镇或城市地带不断集中，使城市数量和规模不断扩大，城市人口数量不断上升的过程。某些优势地区优先发展，必然促成一些大中型城市的产生，从而出现经济发展中的城市化倾向。城市化是部门和地区经济发展、工业聚集、人口集中的必然结果，尤其是地区不平衡增长的结果。城市的发展反过来又促进了部门和地区的经济发展，为"增长极"的形成提供了地理空间。城市化的主要标志是工业生产高度聚集（反映为工业产值占绝大比重）、人口高度密集（按人口密集度可分为大、中小型城市）、资本与技术高度集中、人的观念现代化、经济与政治体制的根本改变等。但过度的城市化也会产生人口过密、住房紧张、交通拥挤、环境污染、犯罪增多等问题。有研究表明，生活质量与城市人口规模存在平衡值，随着城市规模的扩大，生活质量曲线呈倒 U 形。

　　在工业时代至后工业时代，西方社会曾普遍认为，城市的规模体现出一个国家发展和发达的水平。纽约、巴黎、伦敦、东京等特大城市，正是在这样的背景下纷纷涌现并闻名于世。

　　而随着"二战"后环境污染、社会治安、文化价值观出现的变革，城市的"好大病"造成的一系列负面影响也越来越明显：能源短缺、空气污染、热岛效应、酸气酸雨、水系污染、噪声污染、再生自净能力缺失、私家车激增、道路拥挤、城市特征模糊、社区归属感减弱……城市居民能切身体会到，城市空气越来越浑浊，房价越来越高，交通费支出越来越沉重，市民浪费在上下班路上的时间也越来越多，等等。此外，在城市生活的细节层面，老人所熟悉的有轨电车悄悄地消失了，自行车被逼到街角，步行道被临时停车挤压得狭窄扭曲，孩子们的儿童游戏场被工地重重包围，往日洒满阳光的小院被淹没在邻近高层建筑的阴影中……

【案例】洛杉矶光化学烟雾事件

洛杉矶位于美国西南海岸，西面临海，三面环山，是个阳光明媚、气候温暖、风景宜人的地方。早期金矿、石油和运河的开发，加之得天独厚的地理位置，使它很快成为了一个商业、旅游业都很发达的港口城市。洛杉矶市很快就变得空前繁荣，著名的电影业中心好莱坞和美国第一个"迪士尼乐园"都建在了这里。城市的繁荣又使洛杉矶人口剧增。白天，纵横交错的城市高速公路上拥挤着数百万辆汽车，整个城市仿佛一个庞大的蚁穴。

然而好景不长，从 20 世纪 40 年代初开始，人们就发现这座城市一改以往的温柔，变得"疯狂"起来。每年从夏季至早秋，只要是晴朗的日子，城市上空就会弥漫着一种浅蓝色烟雾，使整座城市上空变得浑浊不清。这种烟雾使人眼睛发红，咽喉疼痛，呼吸憋闷，头昏、头痛。1943 年以后，烟雾更加肆虐，以致远离城市 100 千米以外的海拔 2000 米高山上的大片松林也因此枯死，柑橘减产。仅 1950 ~ 1951 年，美国因大气污染造成的损失就达 15 亿美元。1955 年，因呼吸系统衰竭死亡的 65 岁以上的老人达 400 多人；1970 年，约有 75% 以上的市民患上了红眼病。这就是最早出现的新型大气污染——光化学烟雾污染事件。

光化学烟雾是由于汽车尾气和工业废气排放造成的，一般发生在湿度低、气温在 24 ~ 32℃ 的夏季晴天的中午或午后。汽车尾气中的烯烃类碳氢化合物和二氧化氮被排放到大气中后，在强烈的阳光紫外线照射下，会吸收太阳光所具有的能量。这些物质的分子在吸收了太阳光的能量后，会变得不稳定起来，原有的化学链遭到破坏，形成新的物质。这种化学反应被称为光化学反应，其产物为含剧毒的光化学烟雾。

洛杉矶在20世纪40年代就拥有250万辆汽车，每天大约消耗1100吨汽油，排出1000多吨碳氢化合物、300多吨氮氧化合物、700多吨一氧化碳。另外，还有炼油厂、供油站等其他石油燃烧排放，这些化合物被排放到阳光明媚的洛杉矶上空，不啻于制造了一个毒烟雾工厂。

洛杉矶光化学烟雾事件是工业发达、汽车拥挤的大城市效应的一个典型实例。

二、我们需要卫星城

随着大城市效应一一显现，一些发达国家开始反思大城市文明所带来的"城市危机"，并着手加以解决。

一方面，一些大中型城市开始系统性和全局性地考虑城市规划，如新加坡提出建设"花园城市"、"家居城市"，巴西库里提巴提出兴建"联合国生态城市"，芝加哥和三藩市提出要建设"可持续发展城市"等口号。在中国，近几年还在高喊"大上海"、"大武汉"、"大北京"、"大重庆"、"大广州"的口号，但目前这些城市也在开始寻求新的发展途径，如深圳提出创建"可持续发展的全球先锋城市、生态城市"，天津提出创建"生态城"等口号。而不管是口号还是作秀，上面许多个城市不约而同的做法都在表明：城市在反思，城市在尝试另一条发展之路。

另一方面，依据经济大师霍华德"花园城市"及卫星城的理论，20世纪50年代末，欧美国家纷纷开始在大城市周边地区建立"卫星城"，从"卧城"、"科学城"、"大学城"、"创意产业城"到各类新城，卓有成效地分解分担了大城市居住及就业等方面的压力。20世纪80年代初，联合国教科文组织曾出版了一部专著《小的是美好的》，文章称"人类需要重新衡量'大城市'与'特大城市'带给我们城市生活的质量"，人类需要重新回到"小的天平"！提倡适当控制大城市的过快发展，积极发展中、小城市及小城镇。

经过近半个世纪的反思与纠错，欧美的小城市建设已经取得引人注目的成就，欧美的从小城市、小城镇向城市化的发展已经向世人表明，小城市生活其实可以更美好：

（1）生活环境更优美。城市小了，排污量就小了，空气可以更清新，河水更清澈，绿地面积可以达到50%，或者是更多，因为土地本身非常便宜。

（2）房价不再高不可攀。这样，大多数人都能购买得起房子，人们的手头将更宽裕，拥有多处住宅也不是遥不可及，而房子周围的环境以及设施无疑也可以更舒适、精细一些。

（3）社会更和谐。因为城市很小，相关的人士彼此熟悉，不需要太多社交礼节。

（4）生活依然便利。随着商业的日渐繁荣，大型超市已将连锁店纷纷开设在小城市；也可以在周末搭车到中心城市购物，便利的高速公路使人们在当天就可以返回。虽然没有通火车，但是最近的机场只有几十分钟的车程。

第二节　由大到小——西方城市理论的变异

新加坡说：我们要打造"花园城市"、"宜居城市"。

波特兰说：我们要打造绿色城市。

巴塞罗那说：我们要可持续发展。

这些都证明了一条道理：发达国家的城镇都在求变了。

一、发达国家的小城镇发展理论

国外小城镇发展的理论依据主要有：集聚理论、循环积累因果理论、区域比较优势理论、增长极理论。

1. 集聚理论

德国经济学家韦伯在研究工业区位移动的规律时，认为工业区位应当选在生产成本最小的地方，并把影响工业区位的经济因素分为区位因素和位置因素，而对区位起作用的因素则包括集聚因素和分散因素。企业选择工业区位时起决定作用的因素有运输费用、劳动力费用和集聚费用。当一个地方有便利的交通、丰富的矿藏资源和高科技等，工业就会集聚在交通枢纽或资源周围。韦伯认为，劳动费用的地域差异对工业区位有很大影响，运费高的区位可从工资节约中得到补偿。有些工业部门向一定地域集中后可产生集聚效益，集聚效益可由运费和工资决定的区位产生和二次空间偏离，这种集聚的生产是自下而上的，是通过企业对集聚好处的追求自发地形成的。

一个企业规模的增大能带来更多的利益或成本的节约，而若干个企业集聚在一个地方能带来更多收益或成本的节约，这使企业有集聚的愿望。集聚之所以能给企业带来利益或成本的下降，是有多种原因的。主要是由于当很多企业集聚在一起，随之而来的是那些与企业有着各种联系的工厂或部门，工厂和相关单位的聚集也吸引了有技术的劳动力来就业。由于众多的企业集聚在一起，还能有效促进地方公共设施和道路的改善。例如，专门的机器修理与制造厂可为各工厂提供服务，专门的劳动力市场可向各工厂提供所需要的劳动力。各工厂就可享有购买原材料、公用设施和道路的便利等，这些都有助于企业节约生产成本。

2. 循环积累因果理论

循环积累因果理论是瑞典社会学家缪尔达尔（Myrdal）在1957年提出的。他主张，不管是什么原因，一旦一种新工业配置于一个地区，就会产生连锁效应，从而进一步吸引新的工业。由于新工业的配置，地方的就业机会增加，个人的收入会增加，外地移民进入该地区就业，会使地区总人口增加。收入和人口的增加扩大了对开发地方产品和发展服务业的需求，因此吸引着资金和企业来开发地方产品和服务业。这就产生了乘数效应。如带动当地的教育发展，吸引相关的工业进入，增强对外经济实力等。同时，通过征税而使地方有更多的资金，建设更好的基础设施，提供更好的投资环境，从而加速工业在空间上的累积过程。

缪尔达尔用"循环积累因果关系"论说明了"地理上的二元经济"的形成。他认为，地理上二元经济产生的原因在于各地区经济发展的差别性，主要是地区间人均收入和工资水平差距的存在。在经济发展初期，各地区的人均收入、工资水平和利润率都大致相等，且生产要素可自由流动。这时，如果某些地区受到外部因素的作用，经济增长速度快于其他地区，经济发展就会出现不平衡。这种不平衡发展到一定程度，就会使地区间的经济发展、人均收入、工资水平和利润等产生差距，这种差距的产生会进而引起"累积性因果循环"，使发展快的地区发展更快，发展慢的地区发展更慢，从而逐渐拉大地区间的经济差距，形成地区性二元经济结构。由于这种二元经济结构的存在，各地区之间劳动力的转移、资本的运动、贸易的发展不仅阻碍某些落后地区的发展，而且还将使整个经济增长放慢。

3. 区域比较优势理论

区域比较优势理论认为，不同区域间资源配置效益存在差异的原因有两种，一是区域间外部经济差异、区域间生产要素比较优势差异。二是区域内已有资源的集聚会产生经济效益，同时区域内的基础设施、公共事业等也会给区域内各产业的生产经营活动带来经济效益，这就是所谓的区域外部经济。区域间的外部经济不同，会造成资源配置的区域比较优势差异。生产要素比较优势指区域间各种生产要素拥有状况及其相对价格的差异，不同的生产要素比较优势对应不同的资源配置的区域比较效益，具有资本、技术、信息、人力资源优势的区域与不具有这些要素优势的区域相比，其资源配置的区域比较效益显然要高。

区域比较优势理论，一方面汲取了马歇尔外部经济原理，另一方面继承了俄林生产要素禀赋论，揭示了不同区域比较优势落差对资源配置的作用。从理论上说，资本、人力、技术、信息等生产要素都具有较强的流动性，这种流动可由一个地区推向另一个地区。但从实际看，生产要素的跨区域流动，要受到来自各方面的阻滞，其中有经济的原因，有政治的、历史的、文化的原因，因此，生产要素的流动并不是完全的、充分的，而是相对的。

4. 增长极理论

增长极理论认为，把推动性工业嵌入某地区后，将形成集聚经济，产生增长中心，推动整个区域经济增长。根据增长极理论所制定政策的关键是在地区内建立推动性工业，同时需要考虑这些工业与当地经济的拟合性。

"增长极"具有吸引作用和扩散作用，一般表现在四个方面：

（1）技术的创新与扩散。"增长极"中有创新能力的企业不断进行技术创新，推出新技术、新产品、新组织与新生产方法。并且，一方面从其他地区或部门吸引最新技术或人才，另一方面又将自己的新技术推广或扩散出去，对其他地区产生技术影响。

（2）资本的集中与输出。"增长极"中一般拥有大量的资本和生产能力，为自身发展的需要，它可从所在地区或其他地区和部门吸引、集中大量的资本，进行大规模投资；同时，也可向其他地区和部门输出大量的资本，通过支持这些地区和部门的发展，来满足自己发展的需要。

（3）产生规模经济效益。"增长极"中的企业和行业，生产规模庞大，可形成规模经济。这不仅可产生经济效益，增加自身获利能力，而且由于公路、铁路等基础设施的建设，贸易、金融、信息和服务部门的建立等，使各部门、各地区共同受益，从而降低生产成本，产生外在经济效益。

（4）形成"凝聚经济效果"。"增长极"的产生，使人口、资本、生产、技术、贸易等高度聚集，产生"城市化趋向"，形成"经济区域"。这些大城市或经济区域往往是生产、贸易、金融、信息、交通运输等中心，可产生"中心城市"的作用并形成经济技术"网络"，从而起到吸引或扩散作用，推动了整个地区乃至一个国家的发展。

二、美国如何发展他们的小城镇

美国是世界上最发达的国家，城市化水平位居世界前列。但不要误会美国是由一个个的大城市构成的，实际上，美国真正的国家基石，是城镇。

1. 对美国小城镇的几点认识

美国是一个高度城市化的国家。1950 年城市化率已达到 50%，基本实现了城市化；目前90%左右的人口住在城市里，已达到高度城市化。全国50个州，3043个县（郡），35153个市（镇），基本实现了城乡一体化、农村城市化。我们说的小城镇，在美国包括小城市（Smallcity）和镇（Town）。在美国，一般200人的社区就可申请设镇，几千人的社区就可申请设市。

（1）小城镇是美国城市体系的重要组成部分。说到美国的城市，人们往往会想到纽约、波士顿和洛杉矶等大城市。其实，美国大多数城市的规模都不大，像纽约、波士顿和洛杉矶这样的大城市并不多。全美300万人以上的城市只有13个，20万以上人的城市有78个，10万~20万人的城市有131个，而人口在3万人以上的城市有1100个，大约占城市总数的90%。加州橘县共有城市34个，总人口294万人，平均每个城市只有816万人，人口在20万人以上的城市只有2个，人口在10万~20万人的城市只有7个，其余25个城市人口都在10万人以下。

从20世纪30年代开始，美国小城镇发展很快，小城镇人口比重显著上升。20世纪60年代，美国实行了"示范城市"试验计划，实质就是分流大城市人口，大力发展小城镇。在整个20世纪70年代，美国10万人以下的城镇人口从7700多万人增长到9600万人，增长了25%左右。目前，80%以上的美国城市人口分布在中小城市。近30年发展起来的大都会、城市圈或城市带，不是我们想象中的大城市的无限扩张，而是大批小城镇的集合，如富乐顿市（Fullerton）及周围的中小城镇，已与洛杉矶连成一片，构成了美国西海岸城市群之一。

综上所述，我们可以看出，美国城市规模大小差异很大，从几百万人到几百人都有，但以3万~10万人的居多，小城镇是美国城市体系的重要组成部分。

（2）政府机构精简、办事透明高效。美国政府的结构大致是四级：联邦政府、州政府、县政府、市（镇）政府。各级政府没有从属关系，各级政府只管法律赋予自己的事情。各市自治，各城市独立性很强。美国小城镇政府机构主要是根据当地的市政管理事务和地方财政状况等实际情况来自行决定的，各小城镇之间不相同，甚至差距很大。但总的来说，政府机构少，工作人员少，官员更少。加州州立大学——富乐顿大学所在的富乐顿市，实行市议会—经理制（这也是美国多数小城镇政府所采用的形式），市议会有 5 名成员，都由选民通过选举产生，议长即是市长。市议会掌握立法权和对行政部门的监督权，市议会和市长不履行任何管理职能，市政管理工作由市议会任命一名市政经理具体负责。富乐顿市政府管辖的部门包括行政服务部、城市经理办公室、社区服务部、工程部、消防局、维修服务部、独立公园、图书馆、博物馆、社会发展局、人事管理局和警察局、经济发展局、机场管理局和网球中心等 15 个部门。

（3）良好的城镇基础设施。交通四通八达，从小城镇到大中型城市及其他小城镇都有高速公路相连，有的小城镇还建有机场，如富乐顿市就拥有一个飞机场。城镇内部更是路网密集，小车可以从自己的家门口直接开到商场、学校和医院等任何地点。为方便顾客，节省时间，各快餐店都设计有专门的购餐线路，你不必下车就可即刻买到快餐食品。通信、供水、供电、供气和环卫等城市基础设施都很完善。

（4）生活环境优美、社区服务周到。美国非常重视小城镇的环境建设，街道整洁，公园、草坪随处可见。富乐顿是一个面积为 2213 平方英里、人口只有 1219 万人的小城市，但它拥有 45 座城市公园，总长 280 英里的街道两旁栽种有 415 万棵树木，整个城镇就像是一个大公园，蓝天白云、鸟语花香、绿树成荫。小城镇各种社区服务应有尽有，不仅有商店、银行、医院、宾馆和饭店，还拥有图书馆、艺术廊和影剧院等文化娱乐设施。富乐顿市就拥有一个博物馆、一个文化中心、两个图书馆、一个综合性体育场、两个高尔夫球场、一个网球中心、两个游泳中心等文化娱乐设施。

（5）小城镇产业以服务业为主。服务业是城市产业的支撑。在富乐顿市全部就业人口中，第一产业仅占 0.12%，第二产业占 17.15%，第三产业高达 82.13%。实际上，美国城市的产业结构正变得越来越弱化，服务业的比重不断上升，第三产业已成为推动城市化的主要力量。目前，美国城市服务业产值已占其国内生产总值的 70% 以上。特别是以网络作为快速传递媒介的现代金融、咨询、贸易、信息、文化和旅游等知识服务业迅速发展，知识服务业的比重在日益上升。

（6）高度重视城镇规划。美国非常重视城镇建设规划，每个城市都有自己的详细发展规划。城镇规划必须通过专家的论证和市民的审议，一经通过确定，规划就具有了法律效力，十分稳定，不得随意更改。如要变动，除遵循一定的论证程序外，还必须经市民重新审议通过。在城镇规划中，美国还十分重视城镇特色，形成了各具特色的城镇，比如工业城镇、资源城镇、能源城镇、军事城镇、旅游城镇，以及移民开发城镇、退休老人城镇，等等。值得一提的是美国的退休老人城镇。据介绍，亚利桑那州建有一退休老人城镇，城镇完全根据老年人的特点进行规划，建有许多适合老年人的娱乐设施。个性化的城镇，吸引了众多的老年人入住，目前该镇已居住了10多万名老年人。

（7）重视教育和人才的培养。美国各级政府非常重视教育和对人才的培养，各类学校的设施都很先进，政府对教育的投入很大，特别是县级政府，财政收入的一半左右投入在教育上。除公立学校外，还有众多的私立学校。美国公立学校从小学到高中全部实行义务教育，学杂费全免。富乐顿市拥有7所公立小学、8所公立中学、5所大学。在全市25岁以上人口中，高中毕业以上的人口占82%，拥有大学本科学历以上的人口占31%。良好的教育，高素质的人才，为富乐顿市的经济社会发展提供了坚实的人才保障。

2. 几点启示

美国的小城镇发展有其自己的特点和规律，由于历史传统、客观条件等诸多因素的差异，它们的一些做法，我们不能简单地生搬硬套，但有些做法和经验确实值得我们思考和借鉴。

（1）坚定不移地坚持发展小城镇的战略。美国是高度城市化的国家，小城镇在其城市体系中仍占有极其重要的地位。我国农村人口众多，经济基础比较薄弱，区域经济发展不平衡。小城镇在统筹城乡发展，实现农村城市化，推进我国城镇化进程中更具有十分重要的作用。小城镇位于城市之尾、农村之首，具有功能城市化、规模小型化和与农村经济发展联系紧密的特点，既是城市系统梯次结构的基点，也是农村区域的中心和发展极。大力发展小城镇对促进区域经济发展，解决"三农"问题，加快我国城镇化进程具有十分重要的意义。如果我们不重视小城镇、不研究小城镇、不发展小城镇，那么实现中国城镇化就会遇到很大困难。要顺利实现我国城镇化，就必须坚持大力发展小城镇，必须坚持大中小城市和小城镇协调发展，走中国特色的城镇化道路。

（2）大力抓好城镇规划。规划是城镇建设和发展的蓝图。没有一个好的规划，就一定不会建设好一个城市。目前在我国小城镇建设中，规划水平不高、边建设边规划、任意改变规划的现象时有发生，极大地影响了小城镇的健康发展。为此要充分认识到城镇规划的极端重要性，要根据小城镇的特点和定位，依靠专家，充分听取公众的意见，科学地制定好城镇规划。规划时要处理好局部与整体、经济建设与社会发展、城镇建设与环境保护、现代化建设与历史遗迹保护等关系，把近期与长远、需要与可能结合起来，立足当前，面向未来，统筹兼顾。要坚持规划的严肃性、权威性，规划一经法定程序批准，必须严格执行，任何人都不能随意更改。

（3）转变政府职能，建立精简、高效、透明的小城镇政府。机构臃肿、人浮于事、工作效率低和办事透明度低，是目前我国小城镇政府存在的主要弊端。为此，要坚持精简、统一、效能的原则，按照完善社会主义市场经济体制和推进政治体制改革的要求，紧紧抓住转变政府职能这个关键，大力精简机构和人员，改进管理方式，规范办事程序，提高办事效率，降低行政成本，形成行为规范、运转协调、公正透明、廉洁高效的小城镇行政管理体制。要按照维护广大群众的知情权、决策权、参与权和监督权的要求，切实搞好小城镇政务公开。对本镇人民群众普遍关心和涉及群众切身利益的问题，对群众反映强烈的问题，容易出现不公平、不公正甚至产生腐败的环节以及本镇经济和社会发展的重大问题，都应当公开。要采取公开栏、会议、简报以及广播、电视等多种形式进行政务公开，以利广大群众方便、快捷地获取信息，了解情况。

（4）大力加强小城镇基础设施和生态环境建设。良好的基础设施、优美的城镇环境，是保障小城镇生产、生活正常运转必不可少的条件，是衡量小城镇水平的重要标志。要坚持以人为本，满足人的生存和发展需要，要方便于人，服务于人，造福于人，大力发展交通、信息、供水、供电、供气、市场、医院、学校和文化娱乐等基础设施和配套设施建设，为城镇居民和农民提供快捷、灵敏、便利和优良的生产生活服务；大力抓好绿化美化、污染治理和环境保护工作，为广大人民群众创造一个舒适、美好的人居环境；大力加强小城镇的社会治安、环境卫生和镇容镇貌等方面的管理。

（5）发展特色经济，强化产业支撑。缺乏产业支撑，小城镇建设就难以持久，也难以发展壮大。要积极引导乡镇企业、民营企业向小城镇集聚。改变目前乡镇企业、民营企业分散布局造成的土地利用不经济、规模不经济和农村生态环境恶化的状况，把发展乡镇企业、民营经济与小城镇建设结合起来。根据各地的资源优势、区位条件、风俗习惯和历史传统等具体情况，大力发展特色经济，尤其要根据小城镇靠近农产品产地的特点，大力发展农产品加工业，实行农业产业化经营。根据小城镇处于城乡结合部的特点，大力发展第三产业，即要注重发展为城镇工业和城镇居民生活服务的服务行业。

（6）重视职业教育和成人教育，不断提高劳动者素质。与美国相比，我们与其在这方面的差距特别巨大。人才缺乏、劳动者素质较低已成为制约小城镇发展的"瓶颈"因素之一。我们在继续办好基础教育的同时，必须大力发展职业教育和成人教育。要改革办学体制，鼓励社会力量兴办教育，广泛吸引社会资金改造或兴办各类职业学校。要大力推进教学制度改革，根据劳动力市场需要调整设置专业，积极与用人单位合作开展"订单"培训。推行灵活的职业教学制，面向社会需要发展短期技术培训。积极探索在小城镇发展基础教育和职业教育相结合的路子，可在普通初中、高中教育阶段加进职教课程，也可在完成普通初中、高中教育后，延长半年或一年时间专门进行职业教育，鼓励学生在获得毕业证书的同时获得职业资格证书。通过不断的努力，为小城镇培养出用得上、留得住的实用人才，全力提高小城镇劳动者的综合素质。

第三节　回归小城

中国城市化程度的主体要素并非大城市或特大城市，而是遍及中国各个角落的小城市与集镇，发展小城镇是中国现代化进程的历史必然。特别是对于中国这样一个人口众多的发展中大国来说，小城镇发展的重要性更加突出、明显，其过程也更加任重而道远。

跨入21世纪，特别是金融风暴发生之后，经济全球化和区域经济集团化的冲击、信息化和知识化辐射、生态回归自然的现代消费观念的兴起等因素，对小城镇的影响越来越明显。小城镇作为社会经济系统的基层细胞，作为整个城市和区域系统的组成单元，小城镇正在加速纳入全国社会经济体系，甚至是全球体系，小城镇的资源再开发和混合滚动开发越来越受重视。

一、我国小城镇发展历程

新中国成立以来，特别是改革开放的30多年，我国已由传统农业国逐步演变为工业化（中期阶段）国家，城乡建设面貌发生了翻天覆地的变化，小城镇建设事业取得了令人瞩目的成就。60多年来，小城镇发展既有波折也有辉煌。小城镇发展正在进入持续飞跃发展的新时期。但是，应该看到，小城镇发展绝非完美无缺，它还存在着城镇生产要素聚集效率低、人口吸纳能力弱、投资发展环境竞争力不强、政策不配套，以及本身规模小、水平低等诸多问题，很值得认真分析研究。

早在原始社会末期，我国就有了小城镇的萌芽，到了奴隶社会，小城镇随之出现并兴起。尽管经过了长期的发展，到了近代小城镇仍然基本上还是依附于农业，是一种以自然经济为主的形态模式，绝大多数没有现代工业，手工业和商业也不发达。20世纪中叶，由于受战争等的影响，许多小城镇经济萎靡、发展停止。1949年新中国成立后，小城镇获得了新的生机，按其历程可分为五个不同的发展时期：

（1）恢复调整时期（1949～1961年）。这一时期，我国小城镇得到了初步发展。新中国成立后，我国政府根据生产力的布局对原有城镇体系做了调整，批准设立了136个城市，使之成为我国国民经济恢复时期的工业基地。

（2）萎缩停滞时期（1962～1978年）。由于"大跃进"盲目吸收大量农村劳动力进城，市镇增长过快，造成工农业和城乡发展比例失调，加上自然灾害的影响，农业特别是粮食生产大面积歉收，城镇人口膨胀超出了当时农业的承受能力，导致全国范围内的口粮短缺，城镇居民粮油副食品供应困难。为此，国家在20世纪60年代初期，被迫采取了压缩城镇人口，减少市镇数量的措施。

（3）缓慢发展时期（1979～1983年）。1978年改革开放后，随着农村商品经济的繁荣和产业结构、人口结构的变化，镇作为城乡之间的桥梁和纽带，逐步得以复苏，在政社分开、建立乡镇政权的过程中，恢复了一批镇的建制，建制镇进入了一个带有补偿性的发展时期。

（4）快速发展时期（1984～1999年）。随着农村改革的深入和市场经济机制的逐步引进，乡镇企业如雨后春笋般应运而生，农村生产力进一步提高。由于农村经济的发展，也给各地商业、服务业注入了新的活力，大批农村劳动力涌向集镇和乡镇企业从事各种非农业，农村从事非农经济活动的人口日渐增长。

（5）协调提升时期（2000年至今）。2000年7月4日，中共中央国务院下发了《关于促进小城镇健康发展的若干意见》，就我国发展小城镇的重大战略意义、必须坚持的指导原则等重大问题提出了指导性意见，为小城镇健康发展指明了道路。

二、我国小城镇发展面临的主要问题

这些年来，我国一些地方的城市化出现了不少问题，比如，劳民伤财的"形象工程"，急功近利的规划调整，寅吃卯粮的"圈地运动"，浪费资源的过度开发，盲目布局的基础设施，杂乱无章的城郊用地，任意肢解的城乡规划，屡禁不止的违法建筑，等等。这些问题的产生，虽然原因错综复杂，但与一些地方领导思想上的"盲目症"是密切相关的。这些"盲目症"，归纳起来有以下八种：

1. 盲目拔高城市的定位

在全国总共 661 个大中小城市中，竟然有 100 多个城市提出要建国际化的大都市或国际化城市，还有许多个城市要建 CBD。所有城市都向区域的中心挤，向网络化的节点上挤，这显然是不现实的。

2. 盲目扩大城市人口规模

由于国家的土地调控政策需要根据城市人口规模对用地进行审批管理，所以这种扩大人口规模的冲动就越来越强了。原来地方政府是"跑部钱进"，现在不要钱了，也不要项目，就要城市人口规模指标。这既有客观的体制策动，又有主观的盲目性。

3. 盲目提倡多组团的城市空间布局

片面地认为多组团的城市空间布局就是城市生态良好。其实，多组团与单核心的城市布局适应的条件是不同的。多组团布局适应于规模非常大的城市，一般是市区人口规模在 150 万～200 万人甚至超过的城市才可以考虑多组团。但有些一般的中小城市，不是因地制宜、因城制宜、因产业制宜，也盲目追求多组团的城市空间布局，结果导致城市集聚效应大大降低、能耗大增、土地利用效益下降、基础设施成本成倍增加。

4. 盲目进行旧城的成片改造

老城区是城市之根、文脉之本和风貌特色的基本组成部分。但是，新中国成立以来，我国城市中传承着城市文脉的历史古建筑和遗迹受到多次严重破坏，使某些城市的历史建筑、城市风貌遭受了灭绝性的毁坏。与此同时，一些地方盲目追求城市变大、变新、变洋，热衷于建设"标志性"建筑，大广场、豪华办公楼、景观房等席卷全国。

5. 盲目迎合小轿车的交通需求

片面强调防止道路交通堵塞，而建造大马路、立交桥和拓宽旧街道。决策者们是坐小汽车的，他们希望能加快行车速度，以至于盲目布置超宽的马路、不分青红皂白地拓宽机动车道、砍伐行道树、取消自行车道。不仅有 80 多个城市限制小排量汽车，有的城市还限制脚踩、电动两用自行车和自行车上路，甚至对取消自行车道予以立法。

6. 盲目地进行功能分区

在许多城市，开发区越建越多，不少还距离城区很远，结果是，每天数十万人的"上班族"浩浩荡荡到开发区工作，下班后又浩浩荡荡回到居住区休息，如此奔波于开发区和居住区，造成一种"钟摆效应"，从而产生用能、用地、交通三大障碍。

7. 盲目进行周边环境的再造

西部某个缺水的城市，竟然在城市外围开挖了一个人工湖，其面积比西湖还大 5 倍；有的城市在容易发生洪灾的地方填河变路，使泄洪疏导往往来不及；还有风貌单一的城市劈山为地，把山推平。

8. 盲目地体现第一责任人的权威

有些地方领导人认为自己既然是城市规划的第一责任人，就应该有绝对权力修改规划。于是，有的城市一换届，领导人就急于修编城市总体规划，出现了"一届政府一张规划"的现象。城市总体规划是第一资源，总体规划错误就会导致建设错误，而建设的错误往往是难以弥补的。

三、我国小城镇发展的出路

1. 高起点规划，确保小城镇健康有序地发展

规划是小城镇建设的龙头和灵魂。在制定小城镇发展规划时，必须要有战略眼光，超前意识，从工业化、城市化和现代化的大趋势中合理定位，按未来的发展前景和现代结构的要求，来构思、规划、设计小城镇建设。在单个小城镇的建设布局上，作为一个有机的整体应统筹安排各种功能小区，合理设置工业、农业、商贸、文教、娱乐、居住、水电、煤气、排污、绿化等综合规划，合理搭配，避免盲目、重复建设。

要正确确定小城镇建设规模，必须采取实事求是的态度，在客观分析研究的基础上，进行外在区位分析，根据镇区在县域范围内所处的地位和作用，因地制宜，确定各自的发展性质、方向和目标及建设规模和推进速度，实行重点突破；切不能为了美化自己而不顾自身实

际条件搞所谓的形象工程、政绩工程，劳民伤财，不利于政府树立良好的公众形象。

根据本地的经济社会发展水平和自然、人文条件以及城镇体系等因素选择小城镇的发展方向，体现地方特色。特色是优势、是形象、是知名度。各地在建设小城镇时要科学定位，扬长避短，突出特色，除了要合理规划外，还要明确定位。比如，对处在城区最佳辐射圈内的乡镇，可建成城区卫星型小城镇，积极发展那些有利于本地区经济发展的加工业、仓储业、旅游服务业等；对于旅游资源丰富的乡镇，可建成旅游服务型小城镇，大力发展旅游业，例如，苏州昆山周庄镇、吴江同里镇，旅游业已经成为当地的支柱产业之一。所以不管什么类型的小城镇，关键是善于发掘、组织和利用各自的优势，形成具有自己特色的支柱产业，这样的小城镇才会有生命力。

2. 突出特色，搞好小城镇绿化建设

绿色环境在很大程度上反映一个城市的自然风貌特点，也是城市形象和城市人民生活质量的标志，同时融合有生态环境的因素，所以规划好、建设好一个城市的绿色环境，对整个城市生态保护、经济发展、文化继承有不容忽视的效果，绿色环境是维持人类社会发展必不可少的组成因素，其效益是深远持久的。

特色是小城镇的灵魂，它可以树立小城镇的良好形象，提高小城镇的知名度，促进小城镇的发展。一个建筑要有特色，要求和其他建筑相异；而一个小城镇要有特色，也需要较其他小城镇有自己明显的个性。小城镇规模小，形成特色的景观要素也少，故小城镇景观要求"小而精，小而特"。要体现景观特色，不是把各景观要素简单罗列，而应是三维的，运用生态、人本、文化的观点去组织这些景观，形成"以人为本"的各自特点。规划设计人员要抓住构成其景观特色的基本要素，如地域自然条件、建筑风格、历史文化等，去塑造其景观特色。

实现生态、人本、特色三位一体化的小城镇景观规划需要一个长期的过程。需要紧密结合小城镇总体规划，用发展的眼光制定科学合理的规划目标，指导景观规划，确保小城镇景观持续、协调、健康发展。

3. 构建支柱产业，推进小城镇经济发展

乡镇企业必须向小城镇聚集，这是由乡镇企业的生产性质特点和小城镇的功能特点所决定的。因为乡镇企业虽然身处农村，但它同样要求具备现代工业发展的基本条件。由于农村自然村落的封闭性和落后性不可能满足乡镇企业发展的要求，而小城镇具有较大区位优势和较好的经济功能，比农村更靠近大中城市，易于接受大中城市的经济辐射，易于掌握信息进行商品交流，易于生产要素自由流动，实现资源优化配置。因此必须降低乡镇企业进城的门槛，制定有利于乡镇企业向小城镇聚集的优惠政策：

（1）对进城的乡镇企业在驻地、建房、办照等方面提供高效、快捷、方便的服务，可以设立专门的机构特事特办，如时下流行的行政大厅，所有手续在一个地方办理，简化了手续，提高了办事效率，从而调动了乡镇企业向小城镇聚集的积极性；

（2）取消以乡镇企业产值、发展速度作为评价政府领导人政绩的标准，降低企业集中的阻力；

（3）以市场为导向，打破行政分割和社区限制，促进乡镇企业生产要素自由流动；

（4）除合理的税、租、费以外，严禁地方政府及各部门向乡镇企业乱摊派，降低企业在小城镇的经营成本。

把小城镇建设与发展乡镇工业相结合，做到以工强镇。首先，要建设好工业小区。工业小区在选址、排污、行业产品的选择、园区环境等各方面要统筹兼顾，科学安排，使之成为小城镇的有机整体，成为现代化城镇的新园区。其次，要鼓励和引导乡镇企业到工业小区集中，原分布在村里的企业，可通过制定减收或免收城镇配套费和相应的其他收费，适当降低土地出让条件等措施，引导向小城镇集中。对于由"原籍"迁移落户的企业，应实行"四不变"政策，即隶属关系、产值统计、利润收取、税收缴纳不变，并在用水、用电、道路等方面与本地企业同等对待。

把小城镇建设与农业产业化相结合，做到以农稳镇。要围绕当地的主导农产品，大力发展和培育龙头企业，形成龙头企业联基地，基地联农户的产—加—销一条龙的生产格局。

把小城镇建设与市场建设相结合，做到以商活镇。在小城镇建设中，要根据各地的经济发展和产品流通的情况，大力加强商贸设施建设，搞好各种具有特色的专业市场建设，比如在养殖基地建立禽蛋市场、生猪市场、牛羊市场，在果品蔬菜基地建立果蔬市场，在山区小城镇建立林产品市场，等等。

加快调整结构既是促进乡镇企业发展的需要，也是增加农民就业、增加农民收入的需要，要引导乡镇企业与农业产业化经营、城乡一体化、小城镇建设、西部大开发和国有企业改革等方面有机结合。继续发展以加工业为主的劳动密集型产业。在乡镇企业发展过程中，重高新技术产业投入而轻劳动密集型产业是不足取的。因为高新技术产业需要较高的国民素质为基础，如果整体素质较差，必然导致产品质量低下，无疑会降低产品的价格与成本比，进而降低企业的经济效益；而劳动密集型产业也包含了大量的科技含量，通过发展劳动密集型产业可以提高劳动者素质和企业的管理水平，为发展高新技术产业打下坚实的基础。

第四节　生机勃勃的专业镇

顺德、南海以及小榄、古镇等的崛起，宣告中国产生了一批具有强大生命力的专业镇。

所谓专业镇是指城乡地域中经济规模较大、产业相对集中且分工程度或市场占有率较高、地域特色明显的建制镇。它是中国城乡经济未来发展的重要空间和增长中心。

一、专业镇的崛起

20 世纪 80 年代末 90 年代初，我国沿海地区一些乡镇通过开发一

些较有市场前景的产业或产品，带动了多数农户致富，初步形成了
"一村一品、一乡一业"的发展格局，这就是我国专业镇的雏形。目
前，我国沿海地区已出现了一些国际知名的专业镇，如中国有名的
"铝材第一镇"南海大沥镇，汇集了日本京瓷株式会社、美能达、中
国的方正等数家国内外著名 IT 企业的中国数码产品专业镇东莞市石龙
镇，亚洲最大的服装制造和集散地东莞市虎门镇，世界四大灯饰生产
和销售市场之一的中山市古镇，等等。实践证明，专业镇较为发达的
广东、浙江、江苏、福建等省，其经济发展水平也相对较高。专业镇
增强了县域、市域经济实力和竞争能力，实现了地域分工与产业分工
的有效结合，为本地和外地劳动力提供了大量的就业机会；促进了地
方财政和农民收入的增长，大大推进了农村城市化、现代化的进程。

二、专业镇的类型

1. 专业镇的基本特征

（1）专业镇经济的产业层次不高，其技术含量偏低，但特色产业
的主导性突出，市场占有率也较高。我国目前绝大多数专业镇由于起
点较低，故产业层次也较低，以传统的劳动密集型产业如纺织、服装、
食品、建材、塑料、鞋类、玩具、家具、五金制品等占主导地位，这
些行业的技术门槛不高，市场需求变化快，产品生命周期短，适合多
品种、小批量生产。只有接受国际产业转移而形成的一部分专业镇，
才建立起了如精密制造、电子信息设备制造等技术密集型产业，但其
产品的核心技术仍掌握在外商手中。专业镇的特色产业的主导性突出，
如 1997 年浙江省"块状经济"特别发达的 78 个专业乡镇，其特色产
业销售收入平均占总销售收入的 50% 左右，有相当一部分专业镇甚至
达 80% 以上。江苏省也已形成了若干"块状经济"专业镇群，如吴江
市的纺丝业和 IT 产业占全市工业产值比重已超过 60%，扬中市的低压
电器产业占全市工业产值比重高达 50%，邳州市的板材加工业占全市
工业产值比重接近 45%。另外，由于各专业镇（群）所生产的特色产
品适应产品需求的多样化特点，故其市场占有率也较高，如温州皮鞋
在国内的市场占有率为 20%、西服为 10%、打火机为 90%、眼镜为

80%、锁具为 65%、水彩笔为 90%、剃须刀为 60%、商标徽章为 40%。

（2）民营经济成为专业镇经济的主体。由于专业镇经济中的主导产品大多为传统的小商品，易被城市国有大工业所忽视，因而在依仗民间资本、民间企业家的创业精神和示范效应及外来资本而逐步兴旺起来的专业镇内，大部分企业亦为民营企业，包括合作企业、股份制企业、个体企业、私营企业和外资企业等。这些民营企业具有产权明晰、机制灵活、社会资本丰厚、市场化程度高等竞争优势。如浙江乐清市柳市镇为低压电器专业镇，其低压电器行业的发展经历了从个体资本的自我积累到家庭亲友的募集，再到社会性的资本积累（股份合作）的发展轨迹，目前该镇拥有股份合作企业 800 多家，组建企业集团 26 家；浙江省苍南县龙港镇有个体私营企业 8000 余家，其他民营企业 2000 多家，成为以印刷包装、毛纺、塑料编织为支柱产业的专业镇，形成了以民营经济为支柱、专业市场为依托、小商品为主导的经济格局。

（3）商贸流通型专业市场与生产加工型企业的集群共生成为专业镇经济的鲜明特征。专业市场与产业联动发展是专业镇经济的一个鲜明特征。无论是产业催发市场，还是市场带动产业，后来一般都会形成两者互为依托、联动发展的产销一体化格局。原来一些典型的生产—加工型专业镇，为了增强其竞争力，纷纷举办专业市场和展览会、博览会，以便扩大本地产品的市场销售。而那些原来以大型专业市场或市场群落为特色的商贸型专业镇，又将商业资本转化为产业资本，推动商贸型经济向工贸结合型经济转变，带动了周边地区加工经济的兴盛，涌现出更多的专业村和专业乡镇。从价值链上看，商贸流通型市场与生产加工型企业的集群共生，有力地推动了专业镇经济的产销一体化进程，增强了专业产品区的整体竞争力。

（4）专业镇具有网络组织特征。从专业镇的成长轨迹来看，专业镇首先是一种生产网络和销售网络。这种生产网络包括企业之间的水平合作与垂直合作及其网络联系，如分包联系是专业镇企业之间比较普遍的一种生产联系。专业镇的中小企业网络既有利于减少企业之间、人员之间的非正规交易费用，降低学习成本，又有利于形成区域产业优势和协同效应。另外，存在于专业镇中的社会关系网络又增进了人们之间的相互信赖关系，降低了交易费用，使专业镇发展成为一个交易密集区域，并由内向外构筑起多层次的营销网络。如浙江省永嘉县桥头镇为以纽扣交易和生产为主的专业镇，目前已形成了从内向外推进的三大营销网络：一是以桥头纽扣交易大楼和商贸城为中心的"第一营销网络"；二是由 12000 多名商贸大军在全国 200 多个大中城市承包 7000 多个商场或柜台经销批零而形成的"第二营销网络"；三是由遍布欧美、东南亚等 20 多个国家和地区的营销网点组成的"第三营销网络"。多层次营销网络的构建，将地方性市场、全国性市场和国际市场有效地结合成为一个市场网络组织体系。

（5）专业镇具有历史和文化的传承性。无论是生产加工型专业镇，还是商贸流通型专业镇，无不具有强烈的历史和文化的传承性。手工业的历史发展，为专业镇的形成提供了技术、设备和人力资本积累，并培育出一支庞大的企业家和劳工队伍。具有百工技艺的民间企业家的创业精神和示范效应，以及拥有精明灵活、重利务实、注重市场、勇于创新、善于竞争、自强不息等经营素质和经商传统的营销队伍，是专业镇形成的重要内在条件。而地方政府、中介组织、技术信息服务机构等多层次服务体系的构建，则成为专业镇成长的外部支撑条件。

2. 专业镇的分类

专业镇的崛起受多种因素和条件的影响。产业特性、区位条件、自然环境、建筑风格、历史渊源、文化特质、科技和人才资源、政府的扶持政策等均可成为专业镇成长的因素和条件。专业镇形成因素的多元化导致了其类型的多样性。

（1）生产加工型专业镇、商贸流通型专业镇和产销一体化型专业镇。

第一，以生产加工型经济为主要特色的专业镇。如浙江省宁波市石碶镇为服装加工专业镇，2000 年有加工企业 800 余家，产值 39183 亿元，占全镇工业总产值的比重达 4218%；广东省顺德区北滘镇为家用电器制造专业镇，有生产企业 49 家，年产值 123 亿元，占全镇工业总产值比重高达 88%。

第二，以商贸流通为主要特色的专业镇。如广东省顺德区乐从镇是以家具、钢材交易为主的专业镇，有市场交易摊位 2000 多个，年成交额 1819 亿元。

第三，产销一体化型专业镇。这类专业镇将越来越多，成为发展的主流，如浙江省永嘉县桥头镇是以纽扣的生产和交易为主的专业镇，有纽扣生产企业 700 多家，产量占全国 70% 以上，有市场交易摊位 2000 个，年成交额 20 亿元；广东省南海区西樵镇为纺织面料产销一体化专业镇，有生产企业 2000 家，年产纺织面料 10 亿平方米，有市场交易摊位 5000 多个，年成交额 139 亿元。

（2）内生型专业镇、外生型专业镇和外资嫁接型专业镇。

第一，内生型专业镇是依靠本地企业家的奋斗创业，从"一村一品"、"一镇一业"及大型集散型专业市场或市场群落演变而来。如在农业产业化经营中，商品生产基地、龙头企业、支柱产业和专业市场"四位一体"互动发展，构筑起内生型城市化的要素集聚基础、产业支撑体系和市场驱动作用，成为产业集聚、人口集中和城市化协同推进的重要诱导力量，催生出一座座内生型专业镇。如浙江省庆元县"中国香菇城"所覆盖的专业乡镇群即属此类。

第二，外生型专业镇则是通过外资移植或跨国公司落户某地而形成的。如广东东莞市清溪镇是一个外资主导的电子信息产品专业镇，最初，当台湾一家名为致福的生产 modem、主机板、显示器和手提电脑的大型电子制造企业迁入清溪镇后，大量的配套性中小企业就陆续随迁此地，形成配套嵌入式的分工合作网络。这种专业镇是跨国公司组织的全球商品链在国际范围内依据各国比较优势进行动态转移的结果。

第三，外资嫁接型专业镇是指当地民营企业通过与外资合资、合作发展起一个专业产品区。如浙江省上虞市崧厦镇"中国伞都"即属此类。该镇通过吸引外资嫁接改造本地传统作坊式伞业生产企业，现已形成了从拉丝、制管、喷塑到伞布缝纫、丝网印刷、伞骨架组装等配套成龙的伞具产业链。全镇 1050 家专业企业，年产成品伞 2 亿多把，2001 年出口各类伞具 111 亿把，行销日、美、韩、加等 28 个国家和地区，约占全球伞具贸易量的 1/3，实现出口交货值 1314 亿元。

（3）为大企业配套的产品零部件分包型专业镇。分包型专业产品区一般是由大型企业或企业集团培育出来的一种专业化产品区。汽车零部件专业镇即属此类。上海汽车工业在国内配套协作企业已达 400 多家，这些配套企业所分布的城镇形成了一系列汽车零部件专业产品区。如位于江苏泰州的绝缘材料厂一直为上汽集团生产汽车内饰件，每年在沪实现销售额达 1 亿元。江苏省镇江市也正在加紧建设汽车发动机缸体铸造专业产品基地。

三、专业镇对我国城乡经济发展的作用

1. 专业镇的崛起显著增强了县域、市域经济实力和竞争能力

由于专业镇大多是依托特色产业或专业市场而成长壮大的，因而具有"一镇一业"的块状经济特征，成为县域、市域经济发展的增长点。据测算，1997 年浙江省 20 个经济强县（市）的工业特色产业产值占其工业总产值的比重达到 43.6%，比全省 66 个县（市、区）工业特色产业占其工业总产值的平均水平高出 6.2 个百分点。专业镇的崛起既加快了农村工业化步伐，又提高了居民的收入水平。目前浙江全省已有 86 个特色园区和 46 个工业园区，使区域经济实力和竞争能力大大增强。广东省顺德区容桂镇，从小家电起步，现已发展成为全省最大的电气机械制造业专业镇，经济规模达 178 亿元，实现了企业从单打独斗向规模竞争的转变。从总体上看，我国专业镇较为发达的广东、浙江、江苏、河北、山东、福建等省，其经济发展水平也相对较高。

2. 专业镇形成了地域分工与产业分工的有效结合，有利于实现产供销一体化

大多数专业镇在培育支柱产业的同时，通过加快相关配套产业开发，延伸产业链，形成融产供销于一体、支柱产业与配套产业紧密联系的产业网络和大量中小企业集聚在一起的企业网络。如浙江省诸暨

市大唐镇是全球最大的袜业生产基地，年产袜子48亿双，产值达90亿元。整个生产过程被分成10道工序，原料生产和供给、织袜、缝头、印染、定型、包装、批发营销、运输、技术研究和开发等工序分别由不同企业完成，在镇区内形成10个大部门，包括1000家原料生产企业、400多家原料销售商、近8000家袜子生产厂、1000家定型厂、300家包装厂、200家机械配件供应商、600家袜子营销商、100家联合托运服务企业，形成了生产部门、销售部门和服务部门分工协作的产供销一体化格局。

3. 专业镇的网络化扩张使其竞争优势得到增强，并为本地和外地劳动力提供了大量的就业机会

专业镇作为一种典型的生产网络和销售网络组织，是一个由供应商、生产企业、销售商及金融、技术研发等服务机构共同组成的价值系统。专业镇除了比较充分的专业化分工而使中小企业实现了内部规模经济外，还可以借助相对完善的社会化服务获取一系列如生产、信息搜索、市场营销、辅助性服务等方面的外部规模经济效益。因此，专业镇的竞争优势除了来源于专业镇本身以外，还可以来自于专业镇的外部，从而使专业镇区内企业的竞争能力得到了范围经济优势和特色创新优势的进一步强化。与此同时，专业镇所带来的产业化衍生效应，不仅为本镇劳动力新增了就业岗位，而且为大量外来劳动力提供了就业机会。在一些专业镇中，外来人口数量甚至超过了本镇常住人口数量。

4. 专业镇是农村城市化和城市形成的重要推动力量

在专业镇的形成过程中，生产与经营相关行业产品的商贸型企业和生产型企业纷纷向专业产品区内集聚，引发了商品流、资金流、信息流、技术流和人才流等要素的汇聚和扩散。随着人口的集中和企业的集聚，城镇规模不断扩大，带动了供电、供水、交通运输、邮电通信等城镇基础设施建设，促进了金融、商贸、餐饮、教育、科技、文化、卫生、体育事业的全面发展，提高了城市化水平。据统计，1984～1996年，浙江省小城镇数量增加了742个，其中60%以上的新建镇是因专业市场和特色产业集群共生而成的专业镇。从专业市场到商贸城

镇、从企业集聚到专业化产业城镇是我国农村城镇化的两种主要成长模式。以商业贸易型小城镇为例，这类专业镇主要是由传统的商品集散地发展起来的，它们利用本地商品资源丰富的优势，通过改善市场基础设施，拓宽市场交易范围，增大市场容量，逐步发展成为以商品流通为主的专业性商贸城镇。此外，许多城镇为了规避单一集散型市场可能引发的市场风险，还逐步提高了市场主导产品的本地化生产份额，进而演变为产销一体化的专业镇。如河北高碑店市白沟镇（箱包市场），辽宁海城市西柳镇（服装市场），江苏吴江市盛泽镇（东方丝绸市场）、丹阳市界牌镇（东方灯具市场）、张家港市妙桥镇（羊毛衫市场）、浙江乐清市柳市镇（低压电器市场）、永嘉县桥头镇（纽扣市场）、绍兴县柯桥镇（化纤面料市场），广东南海区西樵镇（纺织面料市场）等。

第二章　城镇规划，城镇品牌营销之基

"科学发展观"、"可持续发展"等标语在中国每个城镇都随处可见，中国人都耳熟能详。

这仅仅是口号吗？

非也！一个城镇的发展要按照区域协调、城乡统筹、共同发展的要求，通盘考虑，认真分析确定城市发展目标、地位、性质与功能，明确城镇发展范围、规模、方向和作用；城乡规划必须坚持以人为本，必须始终把实现好、维护好、发展好最广大人民群众的根本利益作为做好城乡规划工作的出发点和落脚点，让人民群众的每一种需求，都要通过规划在空间上提供保证，将城镇的服务功能落到实处；树立科学发展观，要按照建设最佳人居环境城市的目标，紧紧围绕群众需求，按照规划要求，进一步加快城镇基础设施建设步伐，不断完善城镇功能，使城镇成为一个市容整洁、管理精细、居住温馨的美丽地方。

不谋万世者，不足谋一时，不谋全局者，不足谋一域。

一个城镇的长远发展需要一个全局科学的规划。要引导城镇科学建设、科学管理，要使城镇可持续发展，需要一个总的蓝图——城镇规划。科学的城镇规划，是城镇持久的生命力所在。

第一节　规划为城市疏通经络

一、城镇规划起源

现代意义的城镇规划始于工业革命。随着工业革命的兴起，大量的农民涌入城市，为改变当时的城市生活和工作条件，1875 年，第一部涉及城镇规划的法律（Public Heath Act）在英国诞生。工业革命促进了城市经济的发展，也导致环境受到了严重污染，大量物种消亡。因此，不少有识之士提出必须改造环境。罗伯特·欧文（Robert Owen，1771 ~ 1858），提出并实践了工人村运动，即"新城运动"。霍华德提出了一系列改造环境改造社会的城镇规划概念，著有对城市发展具有革命性意义的《田园城市》（Garden City）一书。霍华德提出的城镇规划原理和"田园城市"的概念一直沿用至今，所创立的"IFHP 国际住房与规划联合会"已有 100 年的历史，是国际上推动城镇规划发展的重要力量。

二、城镇规划的内涵

所谓城镇规划是对一定时期内城市的经济和社会发展、土地利用、空间布局以及各项建设的综合部署、具体安排和实施管理。城镇规划是旨在引导市场实现社会目标的城市经营的工具，城镇规划目标的实现是规划与市场紧密互动的结果。规划若要引导城市开发，政府就必须理解城市经济及土地房地产的经济规律和管理市场的方法，就必须掌握规划管理引导市场投资实施规划目标的手段和措施。

城镇规划又称为都市计划或都市规划，是指对城市的空间和发展进行的预先考虑。起对象偏重于城市的物质形态部分，涉及城市中产业的区域布局、建筑物的区域布局、道路及运输设施的设置、城市工程的安排等。

城镇规划（Urban Planning）是研究城市的未来发展、城市的合理布局和综合安排城市各项工程建设的综合部署。是一定时期内城市发展的蓝图，是城市建设和管理的依据。要建设好城市，必须有一个统一的、科学的城镇规划，并严格按照规划来进行建设。城镇规划是一项政策性、科学性、区域性和综合性很强的工作。它要预见并合理地确定城市的发展方向、规模和布局，做好环境预测和评价，协调各方面在发展中的关系，统筹安排各项建设，使整个城市的建设和发展，达到技术先进、经济合理、"骨、肉"协调、环境优美的综合效果，为城市人民的居住、劳动、学习、交通、休息以及各种社会活动创造良好的条件。

中国古代城镇规划的知识组成的基础是古代哲学，糅合了儒、道、法等各家思想，最鲜明的一点是讲求天人合一，道法自然。

三、城镇规划的任务

城镇规划的主要任务表现在以下几个方面：

（1）查明城市区域范围内的自然条件、自然资源、经济地理条件、城市建设条件、现有经济基础和历史发展的特点，确定本城市在区域中的地位和作用；

（2）确定城市性质、规模及长远发展方向，拟定城市发展的合理规模和各项技术经济指标；

（3）选择城市各项功能组成部分的建设用地，并进行合理组织和布局，确定城镇规划空间结构；

（4）拟定旧城改建的原则、方式、步骤及有关政策；

（5）为保持城市特色，拟定城市布局和城市设计方案；

（6）确定各项城市基础设施的规划原则和工程规划方案；

（7）与城市国民经济计划部门相结合，安排近期城市的各项建设项目。

四、城镇规划的主要内容

住宅及其环境问题是城市的基本问题之一。美国社会学家佩里通过研究邻里社区问题，在 20 世纪 20 年代提出居住区内要有绿地、小学、公共中心和商店，并应安排好区内的交通系统。他最先提出"邻里单位"概念，被称为社区规划理论的先驱。

后来建筑师斯坦因根据邻里单位理论设计纽约附近雷德布恩居住街坊，取得了巨大的成功。雷德布恩式的街坊被视为汽车时代城市结构的"基层细胞"。第二次世界大战后，西方国家把邻里单位作为住宅建设和城市改建的一项准则。

邻里单位理论本是社会学和建筑学结合的产物。从 20 世纪 60 年代开始，一些社会学家认为它不再符合现实社会生活的要求，因为城市生活是多样化的，人们的活动不限于邻里。邻里单位理论又逐渐发展成为社区规划理论。

人们流动自由度的增大反映了社会的进步。城镇规划家应当考虑不断变化的交通要求。产业革命后，城市的规模越来越大，市内交通问题成为城市发展中最大难题之一。交通技术的进步同旧城市结构的矛盾愈益明显。

英国警察总监特里普的《城镇规划与道路交通》一书，提出了许多切合实际的见解。他的关于"划区"的规划思想是在区段内建立次一级的交通系统，以减少地方支路的干扰。这种交通规划思想后来同邻里单位规划思想相结合，发展成为"扩大街坊"概念，试行于考文垂，直接影响了第二次世界大战后的大伦敦规划。

此后，学者们提出了树枝状道路系统、等级体系道路系统等多种城市交通网模式。发展公共交通的原则现已被广泛接受。城市交通规划同城市结构和城市其他规划问题息息相关，已成为城镇规划中的一项基本内容。人们对交通的认识，也从认识它的单纯运输功能，进而认识到它对空间组织的意义和空间联系作用，并了解到城市交通是土地使用的函数。对城市交通的研究也发展到从城市环境的多种要求出发论交通。

在 19 世纪，由于城市的脏乱，改善市容的问题被提出。1893 年为纪念美洲发现 400 周年，在芝加哥举办世界博览会，芝加哥湖滨地带修建了宏伟的古典建筑、宽阔的林荫大道和优美的游憩场地，使人们看到了宏大的规划对美化城市景观的作用，影响所及在美国掀起了"城市美化运动"。

沙里宁在奥地利建筑师席谛对城市形象所做的分析研究的基础上提出了"城市设计理论"，要求把物质环境设计，放在社会、经济、文化、技术和自然条件之中加以考虑，以创造满足居民基本生活需要的良好环境。针对当时形式主义的习尚，他还提出了自由灵活设计、建筑单体之间相互协调、建筑群空间构成以及建筑与自然协调等一些基本原则。这样，就将城市的美化与城市的各项功能要求有机地结合起来，使城镇规划思想进一步深化了。

20世纪50年代以来，城市设计问题除了从视觉艺术的角度继续进行探索以外，还从心理学、社会学、生态学、人类学等角度进行更深入、更广泛的理论研究和应用研究。城市设计的理论和实践从追求美丽的城市发展到追求有效率的城市——更适宜于人们健康愉快地工作和生活的城市。

与城市设计相联系的是城市公园的规划和建设。美国风景建筑师奥姆斯特德在1858年设计了纽约中央公园，后又设计了布法罗、底特律、芝加哥和波士顿等地的公园，这是有计划地建设城市园林绿地系统的开端。实践证明，在城镇规划一开始就应该将城市园林绿地系统的规划纳入其中。

城市的急剧发展，人工建筑对自然环境的破坏，促使人们日益重视保持自然和人工环境的平衡以及城市和乡村协调发展的问题。"大地景观"的概念开始引起人们的注意。有的城镇规划学者对此作了系统的阐述，引申出把大城市地区看做人类生态系统的组成部分等观念。现在，各国的城镇规划工作都考虑保护自然环境问题。

历史纪念物不仅是一个国家、一个民族的文化瑰宝，也是全人类共同的文化财富。自古以来，远见卓识之士都很重视文化遗产的保护工作。可是，近代由于城市迅速发展，许多古建筑和历史名城不仅受到自然的侵蚀，而且更多地遭到人为的破坏。1933年《雅典宪章》较早地从城镇规划角度提出了保护古建筑的问题。

由于这些工作的开展，人们深刻地认识到旧建筑、旧居住区在实用、经济和艺术方面的长远价值，开始以新的观点研究旧城、旧区、旧建筑的改造问题。通过全面调查、精心规划，把旧城、旧区、旧建筑合理地利用起来，使之既适应新的需要，又能保持城市的文化特性和地方文化的延续性，从而使城镇规划的观念和程序也发生相应的改变。

城市的发展和城市问题的日益严重使人们逐渐认识到不能仅就城市论城市，必须从更大的范围——区域的甚至国土的范围来研究与城市有关的问题。自从格迪斯提出区域原则以后，区域规划和国土规划的实践以1933年开始实施的美国田纳西州区域规划的成果最为卓著。大城市地区的区域规划工作以纽约及其周围地区规划较早，也较有代表性。20世纪40年代制定的大伦敦规划在这方面有创造性的发展。后来，一些城市纷纷从商业、交通等方面从事大城市影响区域的研究，出现了区域科学。

从区域角度对工矿区进行规划，是区域规划工作的一项内容。较典型的例子有英国顿克斯特城镇规划和苏联顿巴斯矿区规划等。对风景名胜区、休养疗养地区进行规划也属于区域规划领域。例如苏联黑海沿海地区和高加索矿泉地带的区域规划。

区域规划工作的另一内容是对农村地区的研究。美国格尔干的《农村社区的社会剖析》是这方面研究的最早成果。1933年德国地理学家克里斯塔勒在《德国南部的地区中心》一书中分析了该地区乡村的市场中心和服务范围，提出了有名的"中心地理论"。他根据这种理论探索了农村中心的分布，城市商业、服务业的分布，以及区域规划中的城镇体系。

20世纪初，格迪斯提出"生活图式"，从地理学、经济学、人类学的观点，就人、地、工作关系来综合分析城市。他的名言"调查先于规划，诊断先于治疗"已成为城镇规划工作的座右铭。这种调查—分析—规划的工作程序一直被广泛采用。

五、城镇规划应遵循的原则

城镇规划的原则有四项：整合原则、经济原则、安全原则和社会原则。

城镇规划的原则，是正确处理城市与国家、地区、其他城市的关系，城市建设与经济建设的关系，城市建设的内部关系等的指导思想。在城镇规划编制过程中，应遵循和坚持以下原则：

1. 整合原则

城镇规划要坚持从实际出发，正确处理和协调各种关系的整合原则。

（1）应当使城市的发展规模、各项建设标准、定额指标、计发程序同国家和地方的经济技术发展水平相适应。

（2）要正确处理好城市局部建设和整体发展的辩证关系。要从全局出发，使城市的各个组成部分在空间布局上做到职能明确、主次分明、互相衔接，科学考虑城市各类建设用地之间的内在联系，合理安排城市生活区、工业区、商业区、文教区等，形成统一协调的有机整体。

（3）要正确处理好城镇规划近期建设与远期发展的辩证关系。任何城市都有一个形成发展、改造更新的过程，城市的近期建设是远期发展的一个重要组成部分，因此，既要保持近期建设的相对完整，又要科学预测城市远景发展的需要，不能只顾眼前利益而忽视了长远发展，要为远期发展留有余地。

（4）要处理好城市经济发展和环境建设的辩证关系。注意保护和改善城市生态环境，防止污染和其他公害，加强城市绿化建设和市容环境卫生建设，保护历史文化遗产、城市传统风貌、地方特色和自然景观；不能片面追求经济效益，以污染环境、破坏生态平衡、影响城市发展为代价，避免重复"先污染，后治理"的老路，而要使城市的经济发展与环境建设同步进行。人与环境是相互依存的有机整体，保持人与自然相互协调，既是当代人类的共同责任，也是城镇规划工作的基本原则。

2. 经济原则

城镇规划要坚持适用、经济的原则，贯彻勤俭治国的方针，这对于中国这样一个发展中国家来说尤其重要。

（1）要本着合理用地、节约用地的原则，做到精打细算，珍惜城市的每一寸土地，尽量少占农田、不占良田。土地是城市的载体，是不可再生资源。我国耕地人均数量少，总体质量水平低，后备资源不富裕，必须长期坚持"十分珍惜和合理利用每寸土地，切实保护耕地"的方针。

（2）要量力而行，科学合理地制定城市各项建设用地和定额指标，对一些重大问题和决策进行经济综合论证，切忌仓促拍板，造成不良后果。我国城市在发展过程中，资源占用与能源消耗过大，建设行为过于分散，浪费了大量宝贵的土地资源。因此，在城市发展中要把集约建设放在首位，形成合理的功能与布局结构，加大投资密度；改革土地使用制度，实行有偿使用和有偿转让；处理好土地批租单元的改进、产权分割下成片开发的组织形式，提高对城市发展中可能出现的矛盾的预见性，为城市更新建设预留政府控制用地，以实现城市的可持续发展。

3. 安全原则

安全需要是人类最基本的需要之一。因此，城镇规划要将城市防灾对策纳入城镇规划指标体系。

（1）编制城镇规划应当符合城市防火、防爆、抗震、防洪、防泥石流等要求。在可能发生强烈地震和严重洪水灾害的地区，必须在规划中采取相应的抗震、防洪措施；特别注意高层建设的防火防风问题等。

（2）还要注意城镇规划的治安、交通管理、人民防空建设等问题。如城镇规划中要有意识地消除那些有利于犯罪的局部环境和防范上的"盲点"。

（3）规划是一门综合艺术，需要按照美的规律来安排城市的各种物质要素，以构成城市的整体美，给人以美的感受，避免"城市视觉污染"。

（4）要注意传统与现代的协调，保护好城市中那些有代表性的历史文化设施、名胜古迹的同时，也要注意体现时代精神，包括使用新材料、新工艺，让二者结合"神似"而不是"形似"。

（5）要自然景观和人文景观的协调，建筑格调与环境风貌的协调。城镇规划需要通过对建筑布局、密度、层高、空间和造型等方面的干预，体现城市的精神和气质，满足生态的要求。

4. 社会原则

所谓社会原则，就是在城镇规划中树立为全体市民服务的指导思想，贯彻有利生产、方便生活、促进流通、繁荣经济、促进科学技术文化教育事业的原则，尽量满足市民的各种需要。

（1）设计要注重人与环境的和谐。人是环境的主角，让建筑与人对话，引入公园、广场成为市民交流联系的空间，使市民充分享受阳光、绿地、清新的空气、现代化的公共设施、舒适安全的居住环境，这种富有生活情趣和人情味的城市环境，已成为世界上许多城市21世纪的规划和建设的目标。

（2）要大力推广无障碍环境设计。城市设施不仅要为健康成年人提供方便，而且要为老、弱、病、残、幼着想，在建筑出入口、街道商店、娱乐场所设置无障碍通道，体现社会高度文明。我国目前和将来都是老人和残疾人较多的国家，在城市中推广无障碍设计，其意义尤为重要。

六、城镇规划的作用

城镇规划的作用主要表现在如下六个方面：

1. 指导作用

城镇规划是城市政府根据城市经济、社会发展目标和客观规律，对城市在一定时期内的发展建设高瞻远瞩所作出的综合部署和统筹安排，是城市各项土地利用和建设必须遵循的指导性文件。它站得高、看得远、涉及面广，具有全局性、综合性、系统性、科学性、预见性和可持续发展的显著特点，是城市政府根据法定程序制定的关于城市发展建设的最直观的蓝图和指南。在市场经济条件下进行现代化城市建设，城镇规划的全局、系统、综合和立足当前，面向未来的指导作用就显得更加重要和突出。

2. 法制作用

《城镇规划法》的颁布实施为城镇规划法规体系的建立与不断健

全，使我国城镇规划工作有法可依，走上了法制的轨道。批准的城镇规划具有法律作用，是城市政府及其主管部门依法行政、依法治城的依据和准绳。它具有规范性、严肃性、强制性和任何人不能随意改变的显著特点。由于受到法律的保护和监督，凡是违背城镇规划和行为的就是违法行为，就要受到法律的惩处，这对于在市场经济条件下保证城市建设健康有序地发展显得特别重要和具有重大的现实意义。

3. 龙头作用

要把城镇规划好、建设好、管理好，首先必须把城镇规划好。城镇规划是城市发展建设和管理的龙头。从现代城市发展规律来看，城市建设和管理属于城镇规划实施的范畴，是城镇规划的后道工序和继续，如果没有或偏离规划进行建设和管理，往往会出现急功近利、各自为政、各行其是的局面，必然是杂乱无章和后患无穷，这已经是被实践证明了的道理和规律。在市场经济条件下进行现代化城市建设，更需要切实加强和充分发挥城镇规划的龙头地位与作用。

4. 调控作用

在市场经济条件下，由于建设项目投资的多元化、多样化，单靠计划来进行宏观调控的办法已经不能适应，因此，城市政府对于各项发展建设实行宏观调控的任务主要就落在了城镇规划的审批管理上。把住城镇规划审批这道关，就能够掌握在市场经济条件下进行宏观调控的主动权，引导和制约市场经济发展过程中，在建设项目方面出现的盲目性、利己性以及单纯追求经济效益与眼前利益的倾向和行为。

5. 优化作用

节约和合理利用城市土地及空间资源是我国城镇规划工作的基本原则。综合考虑全局与局部、近期与远期、发展与保护、地上与地下等各个方面的关系，以及经济效益、社会效益、环境效益，进行多方案比较和可行性研究与科学论证，经过优胜劣汰，筛选出合理可行的最佳方案，是城镇规划本质的体现和鲜明的特征。可以说，在城镇规划指导下进行的各项建设是综合考虑各种因素的优化选择，城镇规划具有优化建设的作用。

6. 服务作用

现代化城市发展建设，需要高效率、高效能、高质量的服务和高水平的管理，寓服务于管理之中。城镇规划涉及的经济、社会、环境、城市建设、科学技术、历史文化、空间艺术等各个领域，是一项量大面广的社会实践活动，城镇规划不仅是为城市建设包括土地利用、空间布局、房地产开发、环境保护等提供服务，同时也是为促进经济、社会发展提供直接和间接的服务。城镇规划的服务功能贯穿于城镇规划、建设和管理的全过程。在市场经济条件下进行现代化城市建设，加大了城镇规划服务作用的力度。

七、城镇规划与城市品牌

1. 城镇规划对城市品牌的决定作用

城镇规划是根据一定时期城市的经济社会发展目标和有关生产力布局的要求，充分研究城市的自然、经济、社会和区域发展的条件，确定城市性质，预测城市发展规模，选择城市用地的发展方向，合理利用土地，协调城市空间功能布局及进行各项建设的综合部署和全面安排。城镇规划既是政府行为，也是社会运动，对城市品牌起决定作用。

（1）城镇规划与城市经济发展。城镇规划是建设城市和管理城市的基本依据，是保证城市合理地进行建设和城市土地合理开发利用及其正常经营活动的前提和基础，是实现城市社会经济发展目标的综合性手段。宏观上，城市的性质、规模、产业结构、空间布局和发展方向都是决定着城市发展成败的基础；微观上，规划控制指标是决定城市效益的关键。城镇规划的好坏决定着城市聚集能力的大小，影响着城市经济的发展速度和持续发展能力。

（2）城镇规划与城市环境。城镇规划中的环境政策，为城市环境建设指明了方向，其中关于用地性质、位置、面积、容积率和绿化率等规定则是环境建设的直接依据。城市环境不仅指硬环境，还是软环境和硬环境的综合体。城镇规划工作具有综合性、政策性、地方性、实践性、长期性和经常性，其形成和落实过程中，由于公众的广泛参与，城镇规划亦是城市文化等软环境建设的有力武器。

（3）城镇规划与人居条件。城市的主体是人，优秀的城镇规划是以人为本。城镇规划以满足当前和未来城市居民的生产和生活的需求为宗旨，通过资源的优化配置和空间的合理布局，并通过城市经济发展与建设的实践，不断改善人们的居住条件，创造宜居的城市环境。

2. 城市品牌形成与城镇规划的交互作用

从经济的角度，城市品牌是无形资产，是城市价值的体现。从城市经济与城镇规划的关系角度，城市经济的发展规律是制定城镇规划的理论基础，城市经济发展水平是城镇规划制定的依据；城镇规划是提升城市价值的手段，是确保城市经济持续发展的前提。因此，两者息息相关。

（1）优与特。城镇规划明确了城市的发展目标，塑造城市品牌应依据城市发展目标处理好发挥城市传统优势与适应经济发展需求的关系，科学规划、合理定位、形成风格、拥有特色。既要注重增强城市内涵，提高综合经济实力，又要注重城市形象的包装和对外宣传。

（2）远与近。城镇规划通过总体规划和详细规划，明确了城市一定时期的远期和近期的发展目标。塑造城市品牌也不能一蹴而就，需要处理好当前利益与长远利益的关系，体现局部与整体的关系，单体建筑特色与整体风格相统一，局部功能与整体功能相融合，建设项目与城市发展相协调。同时，城市品牌塑造的过程又会为新一轮城镇规划的制定提供信息反馈和实证基础。

（3）软与硬。城市品牌属于城市发展的软环境，依据城镇规划所完成的城市建设则属于城市发展的硬环境。城市发展没有良好的硬件条件，光靠软件是不行的；同样没有良好的软件环境，城市建设水平也难提高，良好的城市形象更无从谈起。

（4）俗与雅。在城镇规划设计理论的讨论和实践中，在城市品牌的塑造中，始终存在俗与雅的矛盾。比如从对城市历史环境的点式保护到今天对整体环境或全城的保护，人们的认识已有了提升。但涉及经济与社会效益的冲突时，对环境的标志性、开发方式、公共空间处理及形象等，对相关要素在经营性与非经营性、阶段性与终极性、主体性与非主体性等方面均存在俗雅之争。

3. 创新规划理念适应城市品牌塑造

（1）城镇规划必须体现城市的灵魂。城市品牌是城市的灵魂，是城市无形资产的积累。城镇规划设计，应通过形象视觉设计的思想与方法，将城市整体化的精神与风貌特色，予以提炼升华，达到组织化、规范化、系统化、民族化、地方化、个性化和视觉化，塑造独特的城市文化形象，使社会公众对城市在情感上认同，这是关于城市"质"的指标。

（2）准确进行城市定位。城市品牌的形成与城市定位密切相关，准确进行城市定位，才能科学地制定城市品牌战略。威尼斯是"水上之城"，巴黎是"时装之都"，维也纳是"音乐之都"，"水"、"时装"和"音乐"分别是三个城市最亮的品牌。准确进行城市的定位，要求城镇规划必须善于张扬个性，独特的优势是形成特色城市品牌的前提和基础。

（3）注重多学科的交融。城市品牌要从全社会发展的角度找到自己城市的核心价值和品牌定位。这是综合平衡的过程，应着眼于长远发展的城市品牌，一旦确定了定位，就要整合全社会的资源持续不断地经营和推广自己的核心价值。城市可以自然形成，但城市品牌的塑造则是应用品牌策略和管理的结果。为塑造城市品牌，城镇规划学科必须向心理学、社会学和经济学等人文学科拓展，形成"人—社会—环境"交互作用的模式，以符合人对城市认识不断进步的实际。

（4）不断提升城市品位。城市品位是指城市的档次或形象，与城市的大小、等级无关，是一个与城市文化和城市生活方式密切相连的概念。城市品位的高低决定了城市的凝聚力、吸引力和辐射力，是城市品牌的决定因素之一。城镇规划的制定和执行，应有利于城市品位的不断提升，不能片面地追求经济的增长和外在的现代化形象。

（5）加强生态城市建设。符合科学发展观的要求，具有可持续的发展潜力，是任何城市品牌中不可缺少的价值理念。城镇规划应以科学发展观统揽全局，以调整优化产业结构，转变经济增长模式，提高产业竞争力为核心；以提高招商引资水平，推动内外经济发展为动力；以区域互补，城乡协调，加强薄弱地区发展为重点；以加强城乡规划建设管理，营造优美生态环境为载体；以建设文化名市、文明城市，构建和谐社会为保障，推进经济社会全面协调可持续发展。

第二节 我国城镇规划的现状、问题与发展趋势

一、我国城镇规划现状和问题

改革开放带来了中国经济的腾飞、社会财富的积累、综合国力的提升，使中国的城市化进程加快。不论从速度还是规模上，都是人类历史上前所未有的。如今中国的城市建设已经取得了让世人瞩目的巨大成就，同时正面临着更快更大规模的发展，但令人苦恼、彷徨的问题也随之而来。当前我国城市规划的现状，主要存在以下十个方面的问题：

1. 城市规划对城市发展失去调控作用

这种"规划失效"表现为两方面：一方面是许多城市总体规划尚未到期，但城市建设规模已经完全突破原定的框框，许多城市为期20年的规划指标在5年内"完成"已成为"常识"；另一方面总体规划的实施进程滞后于规划的期限，基础设施不能合理布局和相互衔接，反映在道路建设上就是修了挖，挖了又修，老百姓戏称应为城市道路安上拉链。

2. 城乡规划体制分割，城郊结合部建设混乱

城市郊区的规划管理没有具体细则，因而在城市总体规划编制过程中只能将其划成空白地带。实际工作中，规划部门与土地管理部门采取分而治之的办法，使城郊结合部成了"两不管"的脏、乱、差地带，造成引人注目的"城市郊区病"。

3. 开发区规划建设与城市总体规划脱节，自成体系

各类开发区、大学城、科技园、软件园、旅游度假村等，可以独立进行规划，肢解了城市的总体规划，给城市的长远健康发展埋下了

隐患。

4. 历史建筑、城市风貌受到严重破坏

新中国成立以来，我国城市中传承着城市文脉的历史古建筑和遗迹受到三次严重破坏，第一次是新中国成立初期到大炼钢铁时期，第二次是"文化大革命"时期，第三次是改革开放之后，借"改造旧城，消灭危房"等动人口号，使某些城市的历史建筑、城市风貌遭受了灭绝性的毁坏。

5. 城市生态受到破坏，环境污染日益严重

80%的城市污水未经处理直接排放，导致农村河道、地下水源受到严重污染。全球10大污染最严重的城市，我国就占了8个。

6. 规划监督约束机制软弱，违法建筑严重泛滥

我国600多个城市都不同程度地存在违法建筑蔓延的现象。尤其是城乡接合部，集体土地未经征用就进行开发建设，再加上与腐败现象相勾结的城郊"圈地风"，造成违法建设呈愈演愈烈之势。

7. 城市建设时序混乱，城市基础设施严重不足和重复建设浪费并存

房子成批盖起来了，但道路、供水、排水、供热等基础设施严重短缺，这种先盖房后修路、再修下水道的错误建设时序，造成污水横流，建筑垃圾遍地，绿地大量被占用，城市的生活环境质量持续下降。

8. 区域化规划或协调机制不健全，传统的大而全、小而全思想仍占上风

一些规划部门仍拘泥于"城市规划"的旧框框，忽视了城市与周边城镇的协调发展，这种"只见单个城市，不见区域城市群"的传统思维，使城市发展的良性循环受到破坏。

9. 城市建设风格雷同，千城一面

盲目追求城市变大、变新、变洋，热衷于建设"标志性"建筑，而为解决中低收入居民住房困难的经济适用房建设则被搁置一边。大广场、宽马路、大草坪、豪华办公楼、景观房、欧化建筑席卷全国。

10. 中小城镇规划建设未引起足够重视

许多小城镇选址不合理，只是长官意志的产物，而缺乏产业支撑，使小城镇发展脱离了周边村庄，缺失了为之服务的集聚功能。

二、我国城镇规划的发展趋势

1. 理念变革

城市规划不能仅限于理想模式的探讨，还要注重务实，从我国特有的国情出发，及时调整思路，加强应用理论的研究，以动态地解决城市发展中存在的问题。可以说，城市规划中规划研究是基础、规划技术是保证、规划实施是关键。

（1）以经济社会协调可持续发展为使命。可持续发展是人类发展的必然选择，实现经济社会文化人口等的协调发展是当代城市发展的主潮流。为了实现可持续发展，城市规划应当遵循城乡统筹、合理布局、节约土地、集约发展和先规划后建设的原则，改善生态环境，促进资源、能源节约和综合利用，保护耕地等自然资源和历史文化遗产。要采取科学合理的规划措施把这种消极影响降到最低，要把可持续发展的思想贯彻到规划的各个层面上。

（2）合理确定城市发展的环境容量。在淡化城市性质和功能定位以后，城市规划的调控目标要逐渐转向控制合理的环境容量，建设标准和相关要素的协调发展上来。一个城市能够发展到多大，是由城市的水资源和土地供给能力，周边的生态环境能力综合决定的。

（3）推行"四条线"管制方法，保护城市不可再生资源。"四条线"管制方法：一是绿线管制，城市的绿地系统管制。二是紫线管制，即历史保护区管制。三是蓝线管制，即城市水系管制。四是黄线管制，即城市基础设施用地规划管制。

（4）导入理性预期收益管理，有效经营城市资产。通过城市规划预先对重大建设项目的周边土地进行管制，可以更好地经营城市资产。如果善于经营城市资产，实际上可以通过预先的规划管制把设施投资收回来。

（5）推广"法定图则"，优化控制性规划的调控能力。在城市规划体系中，总体规划具有基础性作用，而控制性规划具有可操作性。控制性规划是刚性的，它具有引导建设、控制建设、产权界定等功能，只有强化控制性规划的管理工作，才能把城市总体规划实施好。

2. 规划实施

规划的实施指的是规划由蓝图变为现实的过程，其中一个突出的特点就是实施的不可逆转性。城市的面貌最终是由规划的实施阶段决定的。目前，我国处于经济转型的关键时期，各项法律法规还不完善，加上政治、文化、社会环境的变化都将影响规划的实施。

（1）强化城镇规划的严肃性。加强城镇规划的法制化进程，包括规划阶段和实施阶段都要注重法律在其中的重要作用，提高规划的严肃性，这与城镇规划的性质分不开，法制建设是保证规划顺利实施的重要保证。因此，要避免规划失效，使城市朝着人类所期望的方向发展，必须加大执法力度，推进执法进程，完善执法措施，强化对规划主体和客体的约束机制。

（2）城镇规划的管理要科学化。所谓城镇规划管理是指城市政府依据相关法规对城镇规划实施的管理。实质上它是对城市中各项建设项目的组织、控制、协调的过程。要与时俱进，对城市建设进行动态的管理、监测，同时规划部门要对反馈上来的信息进行综合考察论证，并根据变化了的情况对规划方案进行及时的补充和调整，这样才能实现城市建设的科学合理性。

（3）城镇规划要以人为本。现代城市大多是经济和商业的附庸，抹杀个性、牺牲市民的生活质量。随着社会的发展，未来的城市应当服务于人，以人为核心和导向，把城市环境质量视为头等大事。为此，城镇规划要全面体现民意，切实关注民生，把落脚点放在人民生活质量的提高上，创建舒适的民居环境，发展多样地方文化，培育城市的个性魅力。加强市民的城市环境意识教育，增进人与人之间心灵的交流，突出市民在城市中的地位，提高市民的生活质量。城镇规划要在交通、娱乐、就医、教育等方面体现市民的利益，切实做到以人为本。

（4）搞好生态城市建设。生态城市一词发端于20世纪70年代初，由于世界工业的大发展、城市化进程的加速，城市污染达到了非常严重的地步，人们赖以生存发展的自然界遭到了破坏，于是许多发达国家开始大力推进生态城市的建设，并注重环境的保护，提出不能牺牲下代人的利益来维持今天的奢侈。所以西方发达国家对于生态城市建设有着丰富的经验，我们要注重借鉴并加以吸收，在城市建设中要节约保护水资源，加大环保力度，建立健全与生态城市有关的法律法规和制度，加快生态城市的建设步伐。

我国新时期的城市发展正经历着质的飞跃，与此同时，城镇规划必然也要面临着一个从量变到质变的新跨越。而随着知识经济时代的到来，政策、科技和文化对我国城市发展的影响和推动将愈加强烈。因此，21世纪的城镇规划要善于抓住这一历史性的变革，加强其社会调控的功能，以保证城市的发展与社会公平、效率和生态环境保护之间的最佳平衡。

第三节 现代城镇规划模型的构建

一、基于城市本质认识的城镇规划模式构建

自20世纪60年代以来，城镇规划由单纯物质规划走向社会经济综合规划，由控制性规划走向引导发展规划，由线性蓝图式规划走向弹性动态规划，提倡规划中要"公众参与"和"以人为本"。但在实践中，城市问题仍层出不穷，"城市异化"现象愈演愈烈。比较典型的是城镇规划者往往出于"国际接轨"和建设"标志性建筑"的需要，大兴土木地"除旧布新"，大规模地建设广场、音乐喷泉和复制洋建筑，结果是铲除了地方特色、割裂了地方文脉、打碎了原本和谐的邻里关系，造就了一批"没有凝聚力、没有认同感、没有竞争力的失忆城市"。导致这些现象的原因不乏科学、技术性因素，但更多的是社会性、伦理性甚至政治性问题，其根源在于没有辨别清楚人与城市的关系，不了解城镇规划、城市建设的目的。人游离于城市之外，城市成为一个与自然无关的水泥构筑物。城市建设本身是目的，而人成为城市建设的手段，人与

城市之间是适者生存的关系，即人必须适应城市的发展需要。但实质上恰好相反，人类创造城市只是手段，目的是使人更好地生存。所以衡量城市最重要的标准就是看它是否满足了人的生存和发展需要，是否保证群体的公正、平等和平衡发展。因此，城镇规划必须打破以空间组织和单项满足物质消费为主导内容的传统规划模式，建立以满足人的生存发展需要为核心的规划模式如图2-1所示，构建一个展现人性回归具有特色个性和灵魂、适于人类生存和发展的人工环境。

二、基于城市本质认识的城镇规划模式解析

1. 符合城市本质要求的城镇规划模式出发点

（1）人与自然和谐发展。城镇规划要坚持人与自然和谐发展，就是强调城市生态环境的保护、城市建设与自然环境的和谐。吴良镛院士精辟分析了人与自然的关系：自然离开了人，仍能继续存在；而人离开了自然，则不能生存。自然是人居环境的基础，人的生产活动以及具体的人居环境建设都离不开更为广阔的自然背景。因此，一个良好的人居环境的获得，就必须首先尊重自然、保护自然，促进人工环境和自然环境的和谐互动和良性循环。

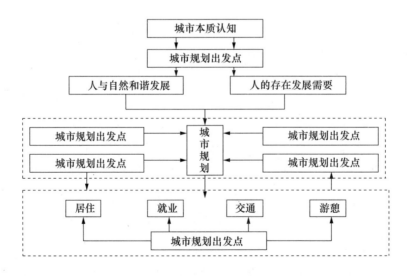

图 2-1　城市核心规划模式

城市扩张的过程中，既要预留城市居民必需的生活游憩空间进行必要的开发，配备相关基础设施，同时又要坚持保护自然环境、节约自然资源这一重要原则。

（2）满足人生存和发展的需要。城镇规划要满足人的生存和发展需要，是指城市发展要充分考虑人的物质和精神需求、促进人的身心健康发展，在公平原则下使每位居民都应能享受到平等、自由的权利和轻松、安全、舒适的生活工作环境。城镇规划的目的在于构建一个满足人生存、发展需要的人工环境，城市发展就是要提高城市居民的生活环境、生活质量，满足其物质、精神文化发展的需求。"以人为本"已成为城镇规划的主流思想之一。

2. 符合城市本质要求的城镇规划模式在城镇规划中的体现

（1）城市居住功能。一是设计宜人的建筑空间。建筑空间的设计是城镇规划微观层面的内容，目的是要为城市居民创造舒适的日常活动空间和居住环境。微观层面上的"人本"设计主要考虑设计细部之间的"统一、均衡、比例、尺度、韵律与秩序"等原则。良好宜人的空间尺度是城镇规划设计的主要内涵，也是城市设计人性化的体现。要尊重人对空间尺度的需求，除了充分考虑人本身的尺寸和比例、出行方式和习惯等还要充分顾及到不同的建筑布局户型及建筑材料、标志、色彩等对人产生的不同生理、心理影响。创造为居住者所认同、喜欢的活动环境空间。二是构建和谐的邻里环境。刘易斯·芒福德认为城市主要功能就是为人类交往提供舞台，是文化和社会关系的象征。人只有生活在一个和谐、融洽的邻里环境里，才能产生认同和归属感，才会培养"社区情感"。有着良好的交流和休闲娱乐空间的社区深受居民喜爱，有助于形成社区主体意识，强烈影响到对社区及附近居民的健康和行为。用开放式社区取代封闭式小区，引入渗透式街区和可步行社区理念增加邻里间的交流和社区活动，促进和谐邻里构建，提高城市公共空间品质。

（2）城市就业功能。一是创建多功能社区。在信息网络革命的影响下，产业通过信息化、分散化与居住环境融合，这种具备居住、就业、交通和游憩等典型城市功能的社区被称为多功能社区。多功能社区将成为网络化城市的基本空间载体。在新城市主义的影响下创建的几个美国新城镇里，40%～50%的居民是在社区内部的企业中上班，不但解决了居民的就业问题，也减少了交通问题，对缓解交通拥堵、减少环境污染、促进宜居城市环境的建设大有裨益。二是完善交通、通信设施。合理的交通组织是城市经济效率的保障，也是居民在城市中工作便利的前提。可以通过交通道路调查，了解居民出行习惯，并以此设计交通线路和制定一定的交通管制，是城市交通正常运行的前提和保障。通过完善通信基础设施，在信息网路技术的支持下，逐步实现远程办公电视电话、网络会议，可以有效地改善中心城的交通情况，也可解决居民工作的奔波之苦。

（3）城市交通功能。一是大力发展公共交通。提高私家车使用成本，限制私家车数量的不合理增长，确保公共交通工具的行驶空间。大力发展城市快速道路、轻轨、地铁、城际轨道和公交汽车，构建公共交通为主体、轨道交通为骨干、多种运输方式相协调的综合交通结构体系。缓解交通阻塞，减少交通事故，真正做到城市是以人为本，而不是以车为本，是以多数人为本，而不是以少数人为本。二是发展可渗透性街道网络。可渗透性街道网络是指人们能够通过选择路线轻松穿过一个地区的便捷性与可能性。在20世纪60年代，简·雅各布斯就注意到城市街道网络的可渗透性与城市公共空间品质之间的关系，认为由于不同的人群会因为不同的目的在不同的时间段使用同一条街道，因此小的街区和密集的街道数量能够提供更多的机会吸引多样化的人群和人流，从而能够给予社区更加多样性的功能支持。城市生活性街道的设计应该更多地尊重行人的利益，而不能仅从行车便捷考虑。

（4）城市游憩功能。一是构建社区人行导向交通体系。在社区内构建行人导向交通体系，重视人行空间，确保人行道不被挤占。将步行交通规划和自行车交通规划纳入到城市综合交通规划，使居民有更加自由的活动空间。社区街道尽量窄小一些，停车场另置尽量减少汽车在物理上、心理上和视觉上存在的可能性。二是加强城市生态环境保护。提高人均绿地水平，加强对城市河、湖、湿地、风景名胜区和生物多样性的保护，严格环境污染的治理使城市居民在高楼林立的城市中也能感受到大自然的魅力，充分享受绿色空间，消除疲劳，保持身心愉悦。三是延续城市文脉，塑造城市个性。城市现状是其历史发展沉积的结果，是地方传统文化的物化形式，是地方建筑风格与人文精神的完美现代城市研究结合，是历史传统与现代文明的有机统一，具有其特有的脉络和个性。我们要做的就是延续其发展脉络，发扬其独特个性，而不是大兴土木的贪大图洋。通过城镇规划的空间布局，社区设计和建筑户型等方式延续其发展脉络，强调城市的传统风格，凸显其文化特色。

三、符合城市本质要求的城镇规划模式的实现

1. 完善公众参与机制，保证居民利益诉求

城镇规划本身是一种社会运动，多元化的社会需要参与者的多元性，才能反映出不同性别、不同阶层、不同文化、不同宗教信仰和价值观的人群对城市发展的诉求。在当前的中国，伴随着经济的快速发展，城市建设日新月异，人口迁移的速度和规模不断攀升，公众参与显得尤为必要，多元参与有利于维护多方利益，维护社会安定，构建和谐社区。自20世纪90年代以来，我国城镇规划领域就引入了公众参与的理念。许多城市也在积极地进行探索，通过各种形式吸引公众关心、参与城市建设。但从总体上看，公众参与仍停留在形式化的表象运作阶段，远没有实现真正意义上的公众参与。仇保兴撰文指出，我国城镇规划过程中的公众参与是以"假参与"和"象征性参与"为主。公众是公共设施的主要使用者和社区的业主，没有他们的实际参与，不保护他们在城镇规划过程中的发言权，就不可能表达他们对城市建设的诉求，以人为本的宜居城市建设也只能是空中楼阁。因此，政府是城镇规划的主导力量，但政府也要保证公众在城镇规划上的话语权。政府"自上而下"的城镇规划模式并不能保证城市居民的高质量生活，而公众参与在塑造良好的生活环境方面大有可为。可以通过构建政府与社会团体的伙伴关系、委托代理权和实施市民参与控制的规划，来保障公众在城镇规划上与政府承担权利和责任，完善城镇规

划的公众参与机制。事实证明，凡是公众参与城镇规划实行比较好的城市，市民必然有较大的发言权，从而也保证了城市建设的良性循环。

2. 延续城市文脉，打造人文城市

城市文脉是城市发展变化中所具有的时空关联。城镇规划的终极关怀本质上就是对人的关怀，一个"人性化"的城市应该就是一个充满人文关怀的城市。一个人文城市不但是一个生态城市、园林城市，更是一个具有艺术性、地方风情性的城市。也是一个既能满足人生存需要的物质环境，又能满足人发展需要的精神家园。随着城市化的快速发展，我国的许多城市也"长"得越来越像，都是按照统一的大广场、高楼房模式进行规划，"千城一面"是这种城镇规划模式下的产物。城镇规划的简单工程技术化导致"城市更多的是一种产品，而不是一种文化"。城市的魅力在于生活在不同城市的人们所创造的文化差异，但目前的统一规划模式正在逐步消灭这种差异。一个仰慕北京城市民居文化的外国游客在看到北京城的巨大变化后写道："我在失望中离开了北京，再没去过。不想再去了，有何区别？另一个深圳而已。没有灵魂，没有魅力，不适合居住。"我国有许多值得骄傲的、可以向世界展示中国传统美学的历史文化古城镇，这些古城镇的空间形态可能不再适合于今天城市的社会经济内容。但是形成优美的中国文化空间形态的机制却可能在今天仍然有指导意义。其根本原因就是延续历史逐步形成的文化传统文脉。没有文脉就没有文明，没有城市文脉就没有城市文化。文脉被毁，一个城市的特色文明也就无以为继，"失忆城市"也就产生了。所以，城镇规划要千方百计地保护地方文化传统，延续地方文脉。传统的才是最具特色的，也是最富有人性化和持久生命力的。

3. 关注弱势群体，实现人际公平

社会学上认为弱势群体是相对于强势或优势群体而言的，一般将他们看成是在社会性资源分配上具有经济利益的贫困性、生活质量的低层次性和承受力的脆弱性的特殊社会群体。对弱势群体利益的保护，关系到基本的社会公平和社会正义，有利于促进人与人之间、家庭与社会之间的融合，有利于最终形成和谐的城市环境。城镇规划是城市最重要的公共政策之一，其目标就是公平、公正、合理、有效地分配城市资源。因此城镇规划包含两个层面的意义：一是公正性，城镇规划作为引导城市发展的公共政策，就必须为实现社会公正而采取措施和对策，顾及大多数居民对城市设施需要，保证城市资源更合理、更有效的分配。二是技术性，是以一定的技术手段来实现城镇规划目标，即可以通过技术手段考虑在微观、中观、宏观上怎样构建满足居民生存和发展诉求的宜居城市环境。二者相比较，技术性是城镇规划的手段，而实现城市资源合理、有效分配才是目的。但实际的情况却相反，城镇规划在政治权力结构中的弱势导致它更多地注重工程技术层面，城镇规划追随"长官意志"所出现的"城市快餐"效应也导致诸多公众诉求被漠视的现象。所以，城镇规划必须转变理念，关注弱势群体，关注人际公平，实现其公共政策职能。

4. 完善城镇规划体制改革，注重价值层面真理的阐述

伴随着我国经济社会的转型，城镇规划体制也在进行着深刻的变革，尤其是市场化倾向尤为明显。合理的规划制度能够有效地阻止不符合规划要求的城市开发，抑制环境污染和社会不公正的出现。那么，目前城镇规划的市场化变革会不会形成一种合理的规划制度呢？规划设计单位的企业化已是十分普遍的现实。作为企业，以利润最大化为目标是无可厚非的。但城市，不仅是社会和经济活动的场所，是历史和文化的载体，更是满足人生存和发展的物质和精神需要的手段。城镇规划是政府公共职能，不仅主导城市公共资源分配、保护城市文化，而且更是城市居民对城市发展诉求的实现者。企业是无法承担这样的公共责任和历史责任的。另外，企业以赚取更多利润为目的，高效大量地生产标准化、一致化产品，这又恰恰与城市生活的多样性、城市的地域特色和不同历史文化内涵背道而驰。所以说，城镇规划的市场化倾向会影响对城市历史与文化内涵的继承与发扬，也无法满足城市居民的物质精神需求。因此，我国科学合理的城镇规划制度还需要进一步地探索"向权利阐述真理"，被认为是规划师的职责定位。这一经典论述在当前情况下尤显重要。主要体现在规划师向权利阐述什么是真理，如果将真理分为"技术层面的真理"和"价值层面的真理"。

对照城镇规划，所拥有的"真理"基本都是属于技术层面上的，价值层面上的"真理"非常薄弱。很显然这与城镇规划本来应有的状况不匹配，不能够回答城市本质是什么，我们需要怎样的城市理论问题。在实践上，用简单的工程技术代替城镇规划是导致城市问题的主要原因之一，不但给城市居民生产、生活带来麻烦，甚至有可能将人类文脉引入歧途，欧洲名城华沙在"二战"后重建就是规划师"向权利阐述价值层面真理"的胜利；另外，在实践中，规划师不应该只关注付给钱的甲方，而应多关注永远"付不起钱"的百姓，关注大多数居民的利益诉求，维护城镇规划的公共政策属性，保证城市资源公平、公正、合理、有效的分配。

第三章　发现城镇品牌的第一基因

　　"地大物博"与"地大物薄"都可以很形象地形容中国，中国资源总量是很多，可中国人口也多，一旦分起来就很薄了。

　　中国有超过4万个乡镇级行政区。有限的商流、物流等各种资源能否同时支撑这4万多个乡镇的发展？答案是否定的。

　　市场经济，竞争成为时代的主题。

　　竞争是全方位的，有企业之间的竞争、国家之间的竞争、个人之间的竞争、行业之间的竞争，更有地区之间的竞争。有竞争就有营销，企业营销是为了销售产品，城市营销是为了获得更多的发展资源。在公平竞争的市场环境中，城市营销便成了获取资源的唯一手段，寻找城市品牌存在的第一基因要素，把城市卖出去，才能得到资源消费。

　　"城市营销"概念早已经有之，它最早来源于西方的"国家营销"理念。现代营销学之父菲利普·科特勒在《国家营销》中认为，一个国家，也可以像一个企业那样用心经营。在他看来，国家其实是由消费者、制造商、供应商和分销商的实际行为结合而成的一个整体。因此国家营销应当突出自己的特点，发现自己的优势所在，提高自己的竞争力。由"国家营销"衍生而来的"城市营销"，发展到今天，已经具备比较明显的内涵。城市营销力求是将城市视为一个企业，将城市的政治和经济资源进行系统的策划与整合，以求找到符合市场经济规律的发展路线，通过树立城市品牌，提高城市综合竞争力，广泛吸引更多可用的社会资源，来推动城市良性发展，满足城市人民物质文化生活需求。

目前，随着中国城镇化进程的加快，资金和资源约束日趋紧张，小城镇数量的增加和规模的扩大更加剧了竞争的激烈程度，要提升一个城市的竞争地位，经营城市、营销城市等成为中国城镇发展面临的一个新课题。

第一节　把城市卖出去

一、城镇品牌的内涵、类型及其价值

1. 城镇品牌的内涵

（1）城市品牌的概念。对于城市品牌的概念，有不同的流派，大多数流派认为，城市品牌应该包括三个部分，即城市信仰与城市基本理念系统、城市行为系统、城市视觉系统。本文在现有的理论基础上，试图对城市品牌给出比较全面的概念。简单来说，城市品牌就是人们对城市整体化的精神与风貌的一种感知，是城市本质的某种表现，是对城市的一种识别，是城市特有优势的一种体现，是城市全方位、全局性的形象，包括城市的整体风格与面貌，城市居民的整体价值观、精神面貌、文化水平等。

总体来讲，城市品牌主要由三个重要的部分组成：城市经济、城市文化和城市环境。具体来讲，一个城市的物产资源、自然景观、经济实力、人文沿革、建筑特色等不同的组合就形成了这个城市的特色，这种独特的特色就是城市的差异化特征，差异化特征的表现就形成了城市的核心竞争力。

城市品牌是将营销学原理移植到城市这一主体的结果，城市品牌的形成是营销学、CI 设计理论、城市经济学、城市社会学、城市地理学等相关学科交叉和综合的结果，城市品牌的理论和方法也都源于这些学科。

（2）城市品牌的特性。城市品牌是城市的特有资产在城市发展进程中所生成的特殊的识别效应，是城市特有竞争优势的体现。所谓城市特有资产，主要是指城市特有的自然资源、土地、人口、文化、生产能力等资产，这是城市蕴含的潜力与能量，是城市定位和核心价值确立的基础，是城市识别的实质，是城市专业化的核心体现，因而是城市品牌的本源。城市发展进程是指城市创造增加值的过程，反映出城市把自己的特有资产转化为增加值的方法和能力。城市发展进程包括了历史的沉积和人为的规划。历史的沉积是城市品牌的战略积累，是城市最持久、最具资源潜力和最有文化意义的品牌开发过程，独特的历史沉淀和因这一沉淀而形成的个性特色是城市极具魅力和活力的识别要素，是构成城市识别系统的精神和灵魂；而人为的规划是对一定时期内城市的各项建设的综合部署、具体安排和实施管理，这一过程是通过一系列的实践活动，将定位、价值和概念附着在可以满足目标市场需要的项目开发、战略规划、环境改造等一系列硬件和软件的实施环节中。

为了完整把握城市品牌的特性，我们可以从四个方面去理解。

第一，城市品牌符合品牌的基本概念，但这个辨识符号不是用于一般商品或服务的，而是城市这个特定的主体。品牌要具有个性，城市品牌的个性也是城市的特色，从某种角度来说，城市的特色是指城市在历史发展过程中已经形成的，具有地方特色的一些文化传统、民俗风情、历史建筑等特征，这些属于客观存在的个性要素，但在现代城市发展的过程中，有些已经被人们所遗忘或忽视。在挖掘城市特色的过程中，应该对这些"城市的财富"很好地加以发掘和利用；城市是随着人们改变自然的活动而不断发展变革的，因此，城市品牌要体现城市的发展方向，要从城市长远发展的角度设计城市品牌。这里体现了一种人为的因素，即人的主观能动作用，人们在积极地改善自身的生存环境。因此，城市品牌必须体现城市的特色和发展方向。

第二，品牌是个比较抽象的概念，但它们归根到底的目的是通过一定的符号给商品传递一个可供识别的独特形象。因此，城市品牌要给城市树立一个识别形象。城市品牌是一个城市独有的，作为一种符号，它不可能把城市的方方面面都表现出来，只是作为城市形象的代表。因此，城市品牌的建立必须对城市形象进行高度提炼和抽象概括之后才能形成，它是体现城市形象的抽象符号。

第三，城市品牌的战略着眼点不是品牌本身，而是城市的远期利益，它将对城市产生巨大的形象力与凝聚力，会使城市总体管理、管理体制、管理制度、运转模式等多方面发生巨大的改变，能集聚更多的生产资源，从而带来巨大的经济效益和社会效益。

第四，城市品牌是从战略高度树立城市形象，体现了一种城市经营和管理的指导思想和观念意识，同时城市品牌的塑造过程是一个动态的、周而复始的循环过程，在该过程中，随着城市的发展变化，城市品牌不断地完善、提升、延伸和维护。

2. 城镇品牌的类型

建设"品牌城镇"的过程是提高资源优化整合能力，使优势最大化的过程。由于资源条件、机遇和经营环境不同，会形成不同的小城镇品牌和发展模式。在我国的许多地区，已经积累了一些很好的"品牌城镇"建设经验，可以分为如下几种类型：

（1）资源开发型。例如，山西省煤、铝、铁等矿产资源丰富，在大中型矿周围的乡镇，通过发展资源深加工工业和为工矿企业服务的第三产业，带动经济的发展是最佳选择。大同市西韩岭乡的品牌就是发展中的煤炭深加工和煤炭发运基地。

（2）农业产业化服务型。在农业生产条件较好的地区，小城镇可以发展为农业生产服务的深加工企业及运输、销售企业等。比如，山东省寿光市的谭坊镇发展成为全国主要的出口蔬菜基地。湖北省襄阳县发展成为全国最大的蜗牛养殖基地。

（3）工业主导型。在自然资源丰富、条件优越的地区，小城镇可以发展具有相当规模的工业，吸纳大批农村劳动力，使工业增加值在本镇 GDP 中占较大份额，成为城镇主导产业和财政收入的主要来源。比如，山东省潍坊市羊口镇利用濒临大海的优势，发展海洋化工产业，使其成为该镇的主导产业。又比如，太原市清徐县充分发挥全国最大的暖气片生产基地和老陈醋生产基地的优势，规划建设以王答乡为主的"中国铸造工业城"和以孟封镇为主的"中国老陈醋工业城",引导乡镇企业向小城镇集中。目前"中国铸造工业城"吸纳务工人员达 2 万余人,"中国老陈醋工业城"直接带动建起了 5 万亩高粱基地和使一大批农户从事养殖业,大大促进了城乡经济一体化发展。

(4)旅游观光型。具有丰富的人文景观和自然景观,旅游资源丰富的地区可以发展旅游观光型"品牌城镇"。这类小城镇还可以发展与旅游资源相配套的行、游、住、食、购、娱等旅游产业。比如,五台县台怀镇、大同市云岗镇等就以旅游产业带动了全镇经济的发展。

(5)综合发展型。有些小城镇,在长期的发展中具备了较好的基础设施,聚集了较多的经商务工人口,从而成为多产业、多门类、功能较为齐全的中心城镇,第一、第二、第三产业齐头并进,城市轮廓初现。虽然产业特色不突出,但产业分布面广,对周边地区有较强的辐射和带动作用。比如,稷山县翟店镇,自古以来就是商贸重镇,素有"旱码头"之称,城镇各类民营企业 200 余家,并形成了以煤焦发电、硅镁冶炼、纸箱加工、服装加工、造纸业为主的五大支柱产业。全镇 3.8 万人和上千名外来民工,构成了综合发展型的"品牌城镇"。

(6)外资促进型。有些小城镇通过加强基础设施和服务设施建设,改善环境,吸引外部资金投入,逐步形成以外向型经济为主的经济强镇。我国沿海地区许多小城镇走的正是这样的发展道路。

3. 城镇品牌的价值

品牌城镇的与众不同之处在于,它具有强烈的个性,在众多的小城镇中呈现出唯一性和鲜明的可识别性,品牌城镇能够创造巨大的商业利益,产生较强的活力。

(1)凝聚力。品牌城镇是农村小城镇中的精品,具有特殊的性质和功能,具有独特资源、产业、产品,发展环境优越,人口素质高,信誉好,效益高,对国家贡献大,是具有一定知名度的小城镇。一个好的品牌城镇可以凭借它良好的信誉和高效益,对本镇居民产生极大的鼓舞作用,使他们萌生作为本镇一员的荣誉感和自豪感,对小城镇发展目标形成较高的认同感和责任感,愿意努力投身于小城镇建设事业中。进入小城镇后的农民,收入不断增加必然推动农民消费观念、生活方式的转变，农民迫切要求改变生活方式的愿望又可成为小城镇可持续发展的强大动力。农民生活方式的转变也会带来生育观念上的转变，在一定程度上也会降低人口增长速度，缓解人口增长对自然资源和生态环境的压力，促进小城镇的可持续发展。例如，广西苍梧县旺甫镇老义村是典型的宝石品牌村，全村 430 户 2150 人，只有 28 人外出打工，全村近 90%的农户从事宝石加工，并靠宝石加工盖起了新楼房，添置了新家具、新家电和农耕机械，有的还购买了价值 20 多万元的小汽车，在市区盖起了豪华的别墅。

（2）吸引力。好的品牌城镇对人、财、物等具有较强的磁场效应。因为品牌城镇代表的是一种城镇环境和人文价值，它会给人们的生产、生活和其他活动带来一定的物质效益和精神效益，成为人们向往的地方。小城镇作为人口聚集地和人才聚集区，为主导产业及其上、下游产业发展提供了大量的劳动力和专业技术人才，为农业产业化的规模经营创造了有利条件；小城镇的产业聚集和资金聚集，壮大了小城镇的经济实力，使工业反哺农业成为现实，为农业产业化经营提供了资金积累，使产业链条的延伸成为可能；小城镇对外联系密切，信息灵通，容易形成产供销、贸工农一条龙式的综合信息网，为农业产业化经营更好地面向市场，发展具有本地特色的名牌产品等创造了良好的机遇。在"重工强农，工农互促，以工补农"的思路下，广西苍梧县旺甫镇乡镇企业已发展近 500 多家，涉及建材、机械、医药、食品、房地产和农业综合开发等领域，形成各具特色的企业群体，产品出口东南亚、美国和欧洲，走进了国际市场，主动接受国际、国内产业转移。截至 2004 年，全镇共引进外来资金 1 亿多元。

（3）辐射力。品牌城镇对外部世界有很强的扩散力和辐射力。品牌城镇的内涵愈丰富，品牌价值愈高，其辐射力也就愈强。品牌城镇不仅会在物质和产业层面产生辐射作用，它所包含的先进文化、价值观念和现代意识同样会对周围地区产生渗透和潜移默化的影响，从而带动区域经济发展。引导生产、深化加工作为农业产业化经营的关键农副产品加工、储藏、保鲜、运输为主的龙头企业向小城镇集中，使其借助小城镇独特的区位优势，向周边广大农村地区辐射，把周边地区建成自己的农产品生产基地，更好地发挥服务基地、开拓市场的作用，从而促使龙头企业向做大做强的方向发展。一是产业发展促进农业生产率迅速提高，不仅为城镇发展提供必需的原料、资金市场和食物，而且游离出大量的剩余劳动力；二是特色产业加工体系的发展，引起农业人口向非农产业相对集中，产生显著的空间聚集效应和规模效益；三是特色产业加工体系发展，还具有其他外部聚集效应，需要能源、交通、通信、金融、供水、供电、仓储、排污等基础设施和社会服务系统的支持，要求相对集中，连片发展；四是特色产业加工体系发展，还会引发第三产业、相关产业发展及科技文化教育等其他因素的发展，进而推动城镇发展。例如，有"中国锁都"美誉之称的中山市小榄镇，其制锁业的发展带动了五金、塑料、电子电器、印刷包装等产业的发展，形成了年产值上百亿元的五金专业镇。

（4）较高的管理水平。品牌城镇是小城镇发展中的竞争策略，是城镇管理的重要手段，也是小城镇在现代市场经济中高层次竞争的新形式。品牌城镇不断增强城镇的凝聚力、吸引力和辐射力，塑造优秀城镇形象，全面提升城镇的竞争力，加强对城镇的科学管理。哪里的管理能力强、水平高，哪里的竞争力就强。例如，绍兴市钱清镇2004年名列全国千名强镇第4位。全镇现有工业企业113家，其中年销售50亿元以上的企业139家，拥有亚洲最大的轻纺原料集散中心中国轻纺城钱清轻纺原料市场，目前已拥有5个专业交易区，1800多套营业用房，100多幢配套仓库，700多个经营户，2004年市场总成交额达151亿元，是全国十大生产资料市场之一。

二、城镇品牌要素指标体系

城市品牌系统是城市品牌建设的前提，它表现为城市品牌战略的主体框架和具体战术指导，是创造有独特文化内涵要素的运作模式。

1. 城市品牌系统的理论创新

城市形象建设借助于企业的一些重要思想，但不能简单地认为城市形象建设就是企业战略在城市中的应用，城市品牌系统与企业有着本质上的区别。首先，城市品牌建设属于城市管理行为，强调行政性企业形象设计属于企业经营行为,强调经济性。其次,城市形象建设中政府的引导作用突出而企业形象设计必须围绕产品展开,往往渗透着名牌效应。最后,城市品牌系统作为一个完整的社会系统工程,不仅是为了包装一个城市,也不仅是为了给谁看,更不是为了某种特定的消费群,它的塑造有着明显的多重目的,如为了提升城市素质,提高城市管理水平、政策水平,加快城市经济的发展,为城市居民创造良好的生活环境,它有着明显的公共性与社会责任意义。

2. 城市品牌系统的组成部分

(1)理念价值系统(MI)。从总体上说,城市的理念即为城市整体存在的意义,它对城市的建设具有统率作用。它集中表现为城市的整体价值观及城市市民社会的价值取向,它在城市品牌的运作体系中,就是贯彻一种城市存在的价值理念,使城市的各种要素形成与时俱进的价值,对城市进行新的创意,进而使城市社会全员都能够成为城市的建设者、城市发展的推动者和城市价值的享受者。

(2)印象系统(VI)。这里所说的印象系统不是指条件反射式的客观印象,而是指城市管理者有目的的、自觉的、主动塑造的结果,是城市品牌传播后的受众反应,是现代城市发展战略和城市全员参与的一种城市行为。它分为城市品牌的静态表现系统和城市主体的动态表现系统。

(3)传播系统(CC)。城市品牌理念一经确立,就必须通过传播系统来具体地再现,系统就是指以利益相关者为核心,重组城市品牌要素,综合协调各种形式的传播方式,以统一的目标和统一的传播形象,传递清晰、一致的城市信息,实现与利益相关者之间的双向沟通,在最大程度上树立、巩固城市形象在利益相关者心目中的地位。

(4)管理系统(CM)。城市形象建设体系中的政府职能,体现在政府的行为上,是指政府应城市形象建设的要求,要在管理社会公共事务中,所负有的职责和应发挥的作用。它涉及的是政府在保证城市形象建设体系形成与运行中应该做什么、不该做什么的问题,即政府在整个社会中这方面的作用及限度。城市政府在城市品牌建设中的基本职能体现在规划、协调、监控和品牌维护四个方面。

城市品牌系统与企业一样,表现为一定层次上的结构关系,它既有企业的结构性，又有城市所属的特殊性。其中，城市品牌的理念系统是整个结构的核心，起着决定性作用，"没有理念的城市形象系统就等于是没有头脑的人"。管理系统为次核心系统，城市品牌的一切设计要与城市发展的总体目标相协调，它是城市品牌建设的范畴规划、前提条件和必要保障。传播系统是中间层面的，直接反映人的理念行为表现和方式运作，跟企业的营销系统一样，它包括了广泛的内容，是创造城市价值的途径和生命线。印象系统主要体现城市品牌对人感官的影响作用，属于表层文化，它主要包括城市的静态表现和城市各主体行为的动态表现。

综上所述，城市品牌系统是指导城市管理者利用城市所具有的独特的要素禀赋、历史文化角色、产业优势等差别化品牌要素，向目标受众提供持续的、值得信赖的效用的战略框架和战术指导，其具体化的内容如表 3-1 所示，这是建立品牌要素指标体系的前提和依据。

表 3-1 城市品牌系统具体化的内容

	主 题	内 容 说 明
城市理念	精神理念	城市的价值观与发展观
	经营理念	城市的经营模式与管理模式
	城市哲学	市民观念、理念、价值观及生活方式、风俗
	城市口号	对内对外宣传口号，具有国内和国际性意义的表述
城市管理	发展规划	城市发展的目标、方针、政策
	建设规划	城市空间规划、旅游景区规划、市政规划
	方针政策	投资优惠政策、建设方式约束政策、品牌维护政策
	管理水平	政府部门服务方式、服务手段、服务效率、文明程度
城市传播	市民素质	市民民主意识、自主意识、自律程度、文明礼貌
	企业品牌	城市企业产品品牌数量、知名度、美誉度、满意度
	主题活动	城市节日、大型文体活动、大型科技及经贸等交流活动、城市重大公关宣传活动情况及满意度
	特征内容	知名品牌、城市特产、城市传媒、城市艺术、城市景观
	广告信息	城市广告表现、广告标准、广告形式

	主 题	内 容 说 明
城市印象	城市资源	自然资源、休闲旅游资源、产业旅游资源、科技旅游资源
	标志性系列	城市标志、城市标志性建筑景观、标志性雕塑、标准字
	建筑风格	城市建筑文化特色、城市建筑规划、建筑空间
	场馆经济	城市体育场、运动场、艺术馆、博物馆、图书馆、展览馆

3. 城市品牌要素指标体系的构建

如前所述，城市品牌系统的四个部分相互依存、互相作用，构成了城市品牌建设的指导框架，包含了从外在城市形象、人居环境到城市竞争力、综合环境等物质的、制度的、机制的各个层次的内容，这些内容具体化后就成为城市品牌要素指标体系的基础依据。但是，直接将四个系统作为指标体系的子系统并往下建立指标体系却是不可取的，其根本原因在于系统是一个有层次性的系统，相互间有很多内容的交织，而且也很难在指标中体现出这种层与层之间的升华。基于这样的考虑，本文站在品牌受众的角度，将城市品牌系统的内容具体化后概括为环境要素、经济要素、人居要素和政府要素四个方面，城市品牌系统具体化的内容依据针对性、全面性、系统性及可操作性原则，构建城市品牌要素指标体系，该指标体系充分体现了品牌受众，即投资者、旅游者和市民对城市品牌评价可能考虑的因素，具有很强的实践指导意义。

（1）经济要素。

第一，经济发展水平。表明城市经济发展能在多大程度上对城市品牌建设提供有力的经济支持。这里选取了 GDP、人均财政收入、社会劳动生产率三个指标。

第二，经济增长水平。说明城市经济的活力状况，反映城市的资本增值能力，对于投资者来说，品牌的影响力很大程度上由它体现。它包括人均增长率、固定资产投资增长率、进出口额增长率和税收增长率四个指标。

第三，产业结构布局。反映城市产业分布状况，为投资者提供投资方向的参考。

（2）环境要素。

第一，基础设施状况。基础设施建设是城市品牌建设的重要物质基础，又是城市形象建设成果的外在体现。选取了每万人公交车数、每百人拥有电话机数和基础设施投资占比三个指标。

第二，城市风貌。这是反映城市自然资源及人工努力对品牌贡献的主题，可选用旅游景点数量、人均旅游收入、全国性主题活动举办数量各定量指标及城市标志物评价、城市中心地段评价各模糊性指标对其进行测量。

第三，文化环境。城市品牌建设要紧紧把握城市特色，谋求历史传统、地域文化、民族特色与现代化前景的延续与融和。这里选取了人均公共图书拥有数、每万人文化场馆数量、教育经费投入占 GDP 比重、各级重点保护文物数量四个指标。

第四，市民综合素质。城市市民作为城市主体，既是城市品牌的主要推动力量，也是城市形象的评价者和受益者。这里选取了市民法制观念、市民参与意识、市民竞争意识和市民精神文明状况等模糊个性指标和人均受教育年限、人均文化消费额等几个定量指标。

第五，公众服务水平。这里选取了办事效率、职业道德评价、办公自动化程度三个模糊性指标和社会服务业占第三产业比重、社会服务业增长率、大中专以上社会服务从业人员比重三个定量指标。

（3）政府要素。

第一，公务员素质。作为城市品牌建设的主体，政府可以被看做城市品牌形象的集中代表，其公务员的素质表现就成了品牌形象的载体。这里选用大专以上公务员比重、办公效率和廉洁度作为测定指标，其后两项指标为模糊性指标。

第二，政府能力。在城市品牌管理系统中，政府担负着城市品牌建设规划、协调、控制等方面的职能，是整个系统中的掌舵者，其能力的高低直接影响着城市品牌建设的水平。这里选取规划的有效性、政策的稳定性、政务信息化程度、城市推广能力、品牌风险防范能力五个模糊性指标对其进行测量。

（4）人居要素。

第一，居住条件。它是构成城市人居环境的物质基础环境，居住条件质量如何,不仅直接影响到城市人居环境的物质基础,而且影响到居民对人居环境的主观满意程度,进而影响到城市的凝聚。它具体包含人均居住面积、住宅投资占固定资产投资额比重和市区人口密度三个指标。

第二,住区环境。城市人居环境是一个人口高密度集中的复合人类生态系统,住区环境因子长期的作用对于人的生理、心理、观念和行为都将会产生直接或间接的影响。这里选取空气污染指数、废物综合处理率、绿地覆盖率和人均公共绿地四个指标对其测量。

第三,居民生活质量。这里选取了人均可支配收入、人均生活用电量、恩格尔系数、社会保障覆盖率四个指标对其测量。

综上所述,城市品牌要素指标体系,如表 3 - 2 所示。

表 3 - 2　城市品牌要素指标体系

	子系统层 B	主题基 C	指标基 D
城市品牌要素指标体系	B1 经济要素	C1 经济发展水平	D1 GDP
			D2 人均财政收入
			D3 社会劳动生产率
		C2 经济增长水平	D4 人均 GDP 增长率
			D5 固定资产投资增长率
			D6 进出口额增长率
			D7 税收增长率
		C3 产业结构布局	D8 产业趋同系数
			D9 第二产业比重
			D10 第三产业比重
			D11 科技型企业比重
	B2 环境要素	C4 基础设施状况	D12 每万人公交年数
			D13 每百人电话机数
			D14 基础对投资占 GDP 比重
		C5 城市风貌	D15 人均旅游收入
			D16 旅游景点数量
			D17 全国性主题活动办次数
			D18 城市标志评价(模)
			D19 城市中心地段评价(模)

续表

子系统层 B	主题基 C	指标基 D
B2 环境要素	C6 文化环境	D20 每万人文化场馆数量
		D21 各级重点文物数量
		D22 教育经费投入占 GDP 比重
	C7 市民素质	D23 人均受教育年限
		D24 人均文化消费额
		D25 观念意识（模）
	C8 公众服务水平	D26 公众服务业所占产业比重
		D27 公众服务业 GDP 增长率
		D28 大中专以上服务人员比重
		D29 办事效率（模）
		D30 职业道德（模）
		D31 办公自动化程度
B3 政府要素	C9 公务员素质	D32 大专以上公务员比重
		D33 办公效率（模）
		D34 结度评价（模）
	C10 政府能力	D35 规划的有效性（模）
		D36 政策的稳定性（模）
		D37 政务信息化程度
		D38 城市推广能力（模）
		D39 品牌风险防范能力（模）
B4 人居要素	C11 居住条件	D40 人均居住面积
		D41 住宅投资占固定的比重
		D42 市区人口密度
		D43 空气污染指数
		D44 废物综合处理率
		D45 绿地覆盖率
	C12 生活质量	D46 人均可支配收入
		D47 人均生活用电量
		D48 恩格尔系数
		D49 社会保障覆盖率

城市品牌要素指标体系

第二节　构建第一品牌城市认知

一、认识城市本质

对城市本质的探索最早起源于古希腊学者普罗泰戈拉，他认为，"人是万物的尺度"，提倡"承认人的价值和尊严"。亚里士多德认为，城市要为公民提供一个平等、参与、民主的环境，只有在这个环境中才能够体现出人的灵魂之善、人的道德之美、人的品行之纯。城市的本质是以人为主体，以对人的关注和人的完善为目的。刘易斯·芒福德从城市发展的历史过程来认识城市本质，他认为，城市本质是传播和延续文化。我国城市学者梅保华和江美球也明确指出："城市是以人为主体，是人口、活动、设施、物资、文化等高度集中并不断运转的开放的有机整体。以人为主体是城市的根本性质"。

可见，人是城市的主宰和主体，城市因人类的需要而诞生、发展，城市的建设发展归根到底要围绕人的各种需求进行，城镇规划的根本目的就是创造满足人们各种需要的活动空间和人居环境。正如芒福德曾指出，"人为什么要到城市，就是为了追求更加美好的生活。"城市建设是一种手段，而人生存、发展需求的满足是目的。所以城市不应该成为制约与束缚人的工具而应是一个实现人物质、精神需求理想的人工环境。如果人建造了城市，最后又不得不逃离出城市，这不仅是城市的不幸，更是人的悲哀。这应该是理解城市本质的最为重要的要素。从这个角度可以认同纪晓岚女士关于城市本质认识的观点——城市本质上是人类为满足自身生存和发展需要而创造的人工环境。所谓"城市异化"，即城市的增长往往与人的基本需要背道而驰，城市异化现象本质上是城镇规划、城市建设对人性的漠视，其根源是人对城市建设的目的认识不够，颠倒了人与城市之间的目的、手段关系，即在城市建设实践中，城市成了目的，人却成了手段。因此，基于城市本质的认识，城镇规划应坚持"满足人的生存和发展需要"为城市建设的根本目的，以人与自然和谐发展和人的生存发展需要为出发点，创造满足人们物质和精神需求的人工环境。

二、寻找差异化，打造城镇核心竞争力

无规矩不成方圆，但唯有突破观念中的条条框框，才能有所创新。想让城镇发展更加出类拔萃，并不是试图在各方面超越对手，而是要区隔对手，和对手做得不一样，形成差异。城镇品牌不一定需要特殊功能，但是一定要显示出与同类城市的不同之处，才能进行差异化区隔。

城市差异化发展，是城市在发展过程中，依据历史与现实考量，着眼未来，充分发挥和运用城市某一独特方面，形成城市发展的比较优势和规模效益，提升竞争力，实现城市的可持续发展。城市差异化发展实质是城市在一定的区域范围内的合理分工，不同质的要素向不同的城市流动，而同质要素则趋于聚集，实现资源优化配置，从而在城市发展过程中逐渐形成明显差异和比较优势，提升城市竞争力。

目前，已有部分地区提出了分类发展的思路。福建省三明市尤溪县在打造"朱子文化城"方面，就为城镇化差异发展提供了借鉴。

尤溪县是一代理学大师朱熹的诞生地，根据资源禀赋提出打造"朱子文化城"，应当说是实至名归。什么是朱子文化城的内涵？怎样打造朱子文化城？该县一直在摸索，甚至试图用"中华理学文化城"的概念来取代"朱子文化城"。

尤溪县以"千年古县，朱子故里"对外宣传。"千年古县"缘于福建省第一个获得联合国地名专家组的命名，始于公元741年建县。"朱子故里"虽存有异议，除了尤溪，福建建阳市、武夷山市以及江西婺源县，也都在打"朱子故里"这张牌。

朱熹能够成为继孔子之后的"万世师表"，能够产生世界性的影响，与他的"朱子家训"、蒙学以及他所倡导的"四个之本"有关（读书起家之本、循理保家之本、和顺齐家之本、勤俭治家之本）。中

国文化能够生生不息、五千年薪火相传，是因为中国文化的特色是以家庭为本位。"天下之本在国，国之本在家"。礼仪教化自家庭出，家风乃吾国之民风。宣传朱子家训，不仅有利于培养和弘扬社会主义核心价值观，还能用好朱子优秀传统文化这一源头活水。

"中华理学文化城"概念固然是大，但大得似乎无所不包；"朱子家训主题园"好像是小，却小得独一无二。对朱子故里所在地为什么发生争议？谁都想唯我独尊，谁都不去想怎样让人无法取代。家训文化是尤溪朱子文化的特色之所在，抓住家训也就抓住了尤溪朱子文化的个性，这样才能获得长久的生命力。"朱子家训主题园"是"朱子文化城"的核心竞争力。若只是一味求大，没抓住核心，则会导致舍本求末，不着边际。

所以城镇化的差异发展来源于城镇独特的、难以被其他城镇模仿的优势。文化是城镇功能的最高价值，也是城镇功能的最终价值。因此，城镇应当根据自身特点，不仅要发现当地的固有的特色（这种特色可能包括政治、经济方面，也可能是文化、地狱方面），而且要将这种特色细分，寻求城镇特色上的差异化、本地化，与其他城市区隔开来！

第三节　像经营企业一样经营城镇

21 世纪是城市化的世纪。西方学者根据新公共管理理论和城市经济学提出了"城市企业"的概念，认为应当用企业的方法来管理和经营城市。可以说，走向城市化的过程，就是经营城市、高度进入市场、参与市场竞争的过程。企业经营的目的是创造价值，城市经营的实质就是不断提高和实现城市总价值。

一、城镇品牌营销的内涵

关于城镇营销，目前理论界沿用最多的是菲利浦·科特勒及其合作者在地区营销的系列论著中逐渐发展和形成的地区营销定义："地区营销是指为满足地区目标市场的需求而进行的规划和设计，成功的地区营销应使市民、企业对其所在的社区感到满意，游客和投资者对地区的期望得到满足。"这一理论认为，城市地区整体社会福利的提升、城市的经济促进及发展，与它的物质和社会规划密切相关，以生产一个"和谐之城"来满足不同使用者（市民、投资人或旅游者）的需要。Ashworth 和 Voogd 给出的定义是：城市营销是通过城市活动尽可能与目标顾客群的需要相关，根据既定目标及相应的战略规划，追求社会及经济功能最大化的过程。

综合起来讲城市营销的基本实质，是利用市场营销理念和方法管理城市。即借鉴企业的管理经验管理城市和城市政府，把投资者、旅游者和居住者当作顾客和消费者，把城市软硬环境当作"城市产品"，按照企业市场营销管理的策略和方法，改进"城市产品"的生产和服务，了解满足顾客需求，吸引顾客消费更多的"城市产品"。城市营销的核心内容：为城市树立强大而有吸引力的地位和形象；为现有和潜在的商品、服务的购买者和使用者提供有吸引力的刺激；以有效、可行的方法分发、配送城市的产品和服务；推广城市吸引点和利益，让潜在的使用者完全了解该地区独特的长处。

知道了什么是城市营销，再从品牌开始看看什么是城镇品牌营销。

科特勒认为，品牌是一种名称、术语、标记、符号或图案，或是它们的相互组合，用以识别企业提供给某个或某群消费者的产品或服务，并使之与竞争对手的产品或服务相区别。《品牌制胜》中莱斯利·德·彻纳东尼认为，从本质上说，品牌是一系列功能性与情感性的价值元素。1998 年彻纳东尼和麦克唐纳总结出：一个成功的品牌是一个可辨认的产品、服务、个人或场所，以某种方式增加自身的意义，使买方或用户察觉到相关的、独特的、可持续的附加价值，这些附加价值最可能满足他们的需要。城镇品牌的定义为：蕴含城市独特个性及受众效用的城市名称和标记。它是指构成城市的各种因素之总和在城市公众心目中的总体印象和实际评价，是城市性质、功能和文明的外在表现，具有可识别性、可接受性和差异性。

城镇品牌实际就是城市给予顾客的价值在顾客心里的某种感觉，

是一个顾客对城市喜好的表现，是理性的与感性的结合。它能给城市顾客功能性利益、社会性利益、情感性利益、文化性利益、心理性利益。城镇品牌的营销有两个层次，一是用于打造城市某个侧面形象的一个个的城市产品品牌，这是较低层次的；二是更高的层次就是城市本身的总体形象品牌的营销。单个城镇品牌在很多时候只是利用城市现在的资源加以包装就可以了，而城市总体品牌的营销则要复杂得多，往往是经过系统的设计和创造才能完成的。城镇品牌营销就是总体品牌的营销，它是在品牌系统支持下可以被当地组织执行的战略，是为了城市更好的发展以品牌定位、品牌包装、品牌宣传、品牌评估为内容的城市营销活动，吸引着核心价值观与其相同的人们，确保他们有自己的生活方式的主张。城镇品牌营销是带有鲜明特征的具体营销模式，其目的是打造城市独特的价值观，争取更多顾客的认同。让城市在顾客心里形成某种特定的认识，让城市与品牌融为一体，在这个品牌的指引下完成城市的营销，让城市的价值在品牌的包装下顺利让渡给顾客。简单地说，城镇品牌营销就是一种城市营销的手段，它用品牌形象传递城市价值，把顾客与城市品牌连接起来，用价值保证连接的长久性。

二、城镇品牌营销与企业品牌营销的联系

1. 城镇品牌营销的主体

按照菲利普·科特勒的观点，地区营销的主要行为者包括三大类：当地行为者（其中又分为公共部门行为者和私人部门行为者）、区域行为者和国际行为者。按照中国的情况，地区营销的主要行为者分为四类。

（1）政府机关。城市政府机关包括地区政府各部门办公厅（室）、宣传部及新闻办公室、经贸发展部门、国土、城建、交通部门、招商局或经济协作部门、旅游局、文化、教育部门等。它们既是城市营销活动的组织者、指挥者，又是城市生产、生活、工作环境和条件的提供者。寻找当地经济发展的上升空间，寻找与经济全球化的对接点，寻找一条可持续发展的路径，成为各地方政府的首要工作。政府机构

必须成为城市营销的最主要的责任人和推动者。

从 2002 年初以来，昆明开始了政府转型尝试，用一种新的方式去发现、协调、整合和营销整个城市的优势资源和企业。通过"营销昆明"这个活动，对昆明市的投资环境、贸易环境、人居环境、旅游环境，作深刻的反思、调适，把昆明企业走向世界的通道障碍逐一清除，把昆明的企业、产品、技术、工艺、景点、人才向全中国全世界推介或销售出去。

（2）公共机构。公共机构包括媒体、各种行业或专业协会、各类公益性社会团体、金融机构、商业及旅游接待业、展览和会议中心、劳动力及人才市场、交通部门，水、电、气供应及电信业等。它们虽然不是城市营销的直接责任者，也是为着自己局部的利益在努力，但是它们的运作间接地推动了城市营销的展开。如果公共机构的资源能够被政府组织和整合起来，将会使城市营销看起来更加丰富多彩。当地的媒体传统上总是自觉不自觉地在扮演着一个城市文化及精神发展轨迹的记录者、挖掘者和守护者的角色。在展览和会议中心举办的各种展览活动、劳动力及人才市场各类人才招聘会、商业及旅游接待行业举办的嘉年华会等，都是公共机构对地区营销的代表作。

（3）企业。企业即制造业、房地产开发商及代理、各种企业联合组织等，可以说是城市营销最直接和最大的受益者，因为城市营销的成功，不是只换来一个虚名，而是要获得更多的投资，有更多的人更大量地采购本地出产的产品，有更多的人到本地旅游观光或者从事商贸活动。即使是一间新办的企业，也会因为地区广泛的知名度和较强的竞争力，而使自己获得一张"地域标签"，从而使自己的产品比来自不知名地区的同类产品更容易打入市场。同时，企业尤其是成功的知名企业，也是城市营销的重要推动者，尤其是对城镇品牌形象的形成与提升，起着非常重要的作用。

（4）个人。一个公民决定不了一个城市的营销的成败，但他能够给营销带来不小的影响。但是名人，如政府及各部门首长、著名人物、成功的企业家、各种专家学者、有影响力的记者和作家、不同行业专业人士、成功的新移民等，参与到城市营销已经逐渐成为一种潮流。

不管这些名人是否仍健在。如果是已故的，人们就帮他重建陵墓、修建纪念馆或者举行纪念活动；如果一旦有机会，比如像刚拿到了奥运金牌，或者获得了什么国际大奖的时候，他就会成为他所在地区人们的追逐对象，要求他参加一些推广故乡的活动。由于他们身份特殊，经常发表演讲，其中有直接或间接涉及城市形象的言论，从而有意无意间扮演了城市形象传播者的角色。

因为城镇品牌营销主体的多样性，营销目标的多元性，若要制定一个统一的品牌营销策略而不导致冲突，就需要建立一个城镇品牌管理部门，专门组织和协调各目标、各城市主体。还要动员最广泛的主体成员参与到城镇品牌营销中来，使各主体尽最大的努力为城镇品牌做贡献。

2. 城镇品牌营销的客体

城镇品牌营销的主体解决了"谁在卖?"的问题，城镇品牌营销客体解决的问题是"卖什么?"卖什么? 当然是卖产品。美国经济学家威廉·吉·尼克尔斯说："产品可以是一个人、一个地方、一种思想、一种实在的物品、一种服务、一项政府规划、一个慈善机构、一种福利事业，或者任何其他能够在某种程度上满足他人的事物。"这样的定义是非常适用于城镇品牌营销的，列举如下：

（1）城市土地。土地是城市最大的国有资产，营销城市首先是城市土地。土地是一个城市产业结构空间布局和城市功能的载体，土地供应状况直接关系到一个城市的发展空间、发展潜力和发展方向。因此，要使有限的城市空间发挥最大的效用，必须高度重视对城市土地的供应和运营的管理，努力提高土地资本的利用效率和地域空间的生态环境效益及经济效益。土地是一切经济活动最基本的载体，土地还是不可再生的资源。土地的重要性及其资源的稀缺性，决定了城市政府必须对土地一级市场实行垄断，城市的国有土地必须掌握在政府手中。

（2）城市基础设施。城市基础设施有广义与狭义之分，狭义指供电、供水、供气、交通运输和邮电通信等设施，广义基础设施还包括文化、教育、科学、卫生等设施和部门。城市基础设施是整个国民经济基础设施在城市地域的集结和延伸，其服务对象是城市的生产和生活。"既为城市物质生产、社会发展，又为城市人民生活提供一般条件的基础性公共设施，是城市生存和发展的基础"。

（3）城市的投资环境。为了发展经济，过去很多城市都是走一条路子：争项目、找贷款、办工厂。通过兴办企业，出产品、上产值、拿利润、增税收。由于市场竞争日趋激烈，各地重复建设项目众多，往往面临诸多风险，不仅不能挣钱，还要背上债务包袱，然后不得不再拿财政的钱即纳税人的钱去填补，造成恶性循环。良好的投资环境是吸引外资极为重要的条件，是城市竞争力的重要组成部分。良好的投资环境，包括完备的城市基础设施和市政公用设施，完善的城市功能，优美的自然环境与人文环境的和谐以及开放的政策和法规。这种环境条件，是吸引国内外资金的前提，环境优势可以转化为经济优势。

（4）城市的品牌形象。城市特色和城市吸引力是城镇品牌营销以及城市经济发展的重要载体，没有良好的环境和形象，城市就没有吸引力，营销城市也就失去了载体依托。因此，从长远看，进行城市营销，不仅要重视直接收益的经营项目，更要把城市作为一个"品牌"来经营。必须在完善城市功能、改善城市环境、突出城市特色中，着重打造城市"品牌"，不断提高和实现城市自身增值。城镇品牌形象一般表现为城市外部的知名度和口碑，它是由城市外在的和内在的经济、环境和社会变化的深度、广度和速度的信息传递形成的。城镇品牌是城市的无形资产，要充分认识它的价值，打造出城市"品牌"。

（5）城市的文化品位。城市是立体的图画，流动的风景线。城市建筑是凝固的艺术，欧洲人把他们的古城、古建筑都视为珍宝。建筑物既是物质产品，也是文化产品，是物质文明和精神文明的载体和结晶。搞好城市需要有艺术眼光和文化品位。提高城市建筑的文化含量和质量，既要求这种文化的先进性和代表性，也要求这种文化兼收并蓄的多样性和艺术性；既反映现代城市生产力水平和生活水平，又反映民族和时代精神，通古达今，中西合璧，雅俗共赏。营销城市的文化品位，发展文化产业，弘扬先进文化，将提升城市整体形象，提高城市的整体价值。

3. 城镇品牌营销与企业品牌营销的关系

城镇品牌营销的主体包括企业，城镇品牌营销与企业品牌的关系有如下几点：

（1）品牌营销的目的。城镇品牌营销的目的是实现利润、环境、社区、经济等各个方面的平衡发展，它重视的是城市整体形象和长远发展。企业品牌营销也是着眼于未来，也越来越关系着市民、环境等问题。但企业品牌营销更关注的是利润、股东价值，而城镇品牌营销更多考虑的是和谐。

（2）品牌营销的资源。城市营销利用的是整个城市所富有的资源和人力，政府的决策是主导，它可以利用企业为城市宣传。而企业品牌营销只要它合法不受政府控制，就可以利用城市公共资源，更好地为自己的品牌营销。

（3）品牌营销的手段。城镇品牌营销手段不仅可以利用企业品牌营销的手段如广告、网站等，更可以充分利用会展、文化节、博览会等企业不善利用的渠道，这些手段不是直接为城镇品牌服务的，而是能让外界更加了解城市的契机。

（4）城镇品牌需要企业品牌的支撑，城镇品牌还能够提升企业品牌。一个没有好企业的城市等同于品牌失去了产品支持，即使那是一个原生态城市，那里没有污染，民风淳朴，它也要有一个旅游企业介绍它的个性，不然就只能是一个空城。品牌是在市场中与顾客的接触中形成的，它需要顾客的认同，更需要城市向外主动的传播。而企业更是可以借助城镇品牌提高自己品牌的档次，也可以借产业集群优势降低宣传成本。所以企业品牌是城镇品牌的支撑，城镇品牌也可以提升企业品牌。城镇品牌营销与企业品牌营销既有相同也有不同，在品牌营销过程中，既不能只按照企业的做法，也不能不参考企业品牌营销成熟的理论。

三、城镇品牌营销的战略框架

城镇品牌是人们对一座城市的整体认识，是城市的性质、名称、历史、声誉以及承诺的无形总和，同时也是目标受众对城市产生清晰明确的印象和美好的联想，如在人们的心目中，巴黎是"时尚之都"、维也纳是"音乐之都"等一个个响亮的城镇品牌，个性鲜明代表着这座城市的竞争力。从市场营销的角度看，城镇品牌是通过城市顾客的需求和城市顾客的满意度而实现的。城市营销的努力，正是通过优化、提升城市环境及相关服务，发掘和创新城市的独特吸引力，来满足城市顾客各种需求，树立城市良好的形象，提升城市的核心竞争力，进而创建城市在城市顾客心目中的品牌地位。因此，城镇品牌价值也可视为是一个选择价值、承诺价值、创造价值、评估价值和改进价值的过程。为打造城镇品牌，解决城市发展中已经遇到和将要遇到的问题，从科学的角度看，在发掘城市现有优势与劣势的情况下，确定城市的顾客及需求，制定出有目标的、有可行性的城镇品牌战略规划。

在竞争激烈的今天，很多城市都进行了系统的城市建设整体规划，但同时也存在着一些比较明显的问题，比如，城镇品牌营销的战略缺乏系统性、长期性和可操作性等。本文结合战略管理理论和品牌营销理论制定了城镇品牌营销的战略框架，如图3-1所示。

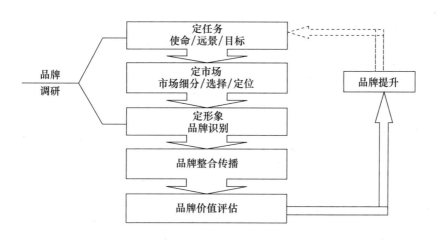

图3-1　城镇品牌营销的战略框架

1. 品牌调研

品牌调研是指在品牌系统支持下所展开的针对品牌存在的三个层面（社会、文化、市场）的信息搜集、调查研究、市场判断行为等方面的系统化作业。品牌文化类调研是针对品牌在文化层面的专题性调研，是调查研究具体品牌及相关文化在历史和未来的表现与内在关联性，揭示其规律，研究品牌存在价值、历史依据，从而为城市提供文化上的存在理由。品牌市场调研是指围绕城市组织与其产品在市场方面的调查、研究与判断，为解决品牌与目标市场的矛盾，为品牌制定科学的发展战略提供依据。社会调查是指城市在寻求自身社会存在依据方面所展开的系统调研工作，侧重品牌城市与顾客、环境、经济之间的利益关系，品牌社会调研可以为品牌获得持久发展、社会效益奠定基础。品牌调研是从城市市场环境和自身能力，历史文化和发展趋势方面挖掘那些最有可能影响城镇品牌营销的关键因素，识别城市当前的优势和劣势与周围环境的相关程度，以及城市解决这些问题能力的大小，目的是为品牌定位与再定位做准备。

2. 定任务

所谓定任务，是指城市管理者为城市设定发展方向、制定发展战略方案、规划发展途径、建立目标体系的过程。城镇品牌营销作为一种市场驱动的城市发展战略服务于城市的根本任务和目标。定任务是确定使命（Mission）、远景（Vision）、设立目标（Goal）体系。在此基础上，结合城市识别、形象和品牌传播工作，以及市场的选择和定位，才能有针对性地配置城市资源、设计旨在达成战略目标的合理的计划方案。定任务是城镇品牌营销战略的方向性要素，是城市管理者的承诺。理性的任务设定和管理，可以规避城市追求政绩的盲目发展和投入，规避为营销而营销的"眼球游戏"。

3. 定市场

所谓定市场，即选择目标市场（Targeting）以及确定城市产品的市场定位（Positioning），构成完整的目标市场营销战略。城镇品牌营销中的目标市场选择与定位，应该从城市产品和城市市场两个方面来认识。城市产品包括作为城市整体的无形产品（一般指城市形象或品牌）和面向不同需求的城市有形产品（如人居生活类城市产品、旅游休闲类城市产品、创业投资类城市产品等）。城市营销的市场可分为内部市场和外部市场两类。内部市场包括居民、雇员和企业，它们既是品牌营销的顾客也是主体。在针对外部市场（吸引外部居民、游客、企业及投资者）时，本地市民和企业就是参与主体。只有满足市场需求的定位才是准确的定位，只有产品定位对了，才有品牌建立的可能，因为品牌不是实体，它需要产品的支撑，没有产品就不会有品牌。城市产品定位是城镇品牌营销战略中至关重要的环节，关于定位的任何决策，都会直接对城镇品牌营销组合策略产生影响。

4. 定形象

城市可以像产品或服务一样进行品牌建设和管理，已成为国内外学界的一种共识。所谓定形象作为城镇品牌营销战略要素，是指以城镇品牌识别为核心的城镇品牌设计和管理策略。城镇品牌识别是指城市营销者希望创造和保持的能引起人们对城市美好印象的独特联想。这些联想代表着城市的价值特征，暗示着城市对其顾客的承诺。城镇品牌识别是一种主动的策略安排，表明城市管理者希望城市如何被认知，或者说是城市管理者所希望标榜的城市特质。确立清晰的城镇品牌识别是塑造城市形象的前提和基础。良好的大众认同的识别能够帮助品牌传播等营销活动，在识别设计中需要大量专家的参与，城市顾客也是重要的部分，他们的意见影响着城市的发展方向。

5. 品牌整合传播

品牌识别确定以后，就要进行品牌化传播工作了，使顾客心里形成美好的与设计相符的形象。城镇品牌形象是城市管理者就城镇品牌识别进行营销沟通的产物，即城镇品牌投射到受众头脑或心智中所形成的"图像"。城镇品牌化是对城镇品牌识别和城镇品牌形象的设计和管理的过程。这个过程中关键的环节是要做好城镇品牌的传播。所谓整合传播是将城镇品牌设计开发的一系列成果付诸实施和大力推广，让新的城市理念扎根在城市顾客的心中，让城镇品牌的传播成为城市顾客共同参与的"运动"。品牌传播首要的任务是制定城镇品牌传播工作计划，应包括：传播目的、传播内容、传播策略、传播程序与时间安排、传播费用预算。计划制定后，首先，在城市内部进行推广，造成全体市民对城镇品牌的理解和认同，并将城市新理念贯彻到全体成员的日常行为中，创造城市新风貌、新气象。其次，向城市外部进行推广，可以考虑举办各种活动或者是通过媒体进行对外传播，在对城镇品牌的具体经历和感受中得到快乐体验。

6. 品牌价值评估

所谓城镇品牌价值评估是指在城镇品牌营销战略运用过程中时时监测环境的变化，评估品牌自身价值，找出城镇品牌价值与城镇品牌各构成要素之间的关系，将城镇品牌营销的各个构成因素纳入到价值评估体系中，及时对品牌识别系统作出调整，以保证品牌形象与时俱进。适时对已有的品牌识别系统进行部分或者全部的更新，以便与品牌新的发展阶段相适应。

7. 品牌提升

众所周知，任何产品都有生命周期，任何品牌也有生命周期，城镇品牌也不例外。所谓城镇品牌提升是指当城市的竞争环境等因素变化了，城镇品牌也要寻求新的城镇品牌定位或是在原有品牌的基础上强化自己品牌，增强自己竞争力的过程，是对城镇品牌价值评估后的市场行为。

第四章 城镇定位，城镇品牌营销之本

1972 年，美国权威营销传播类刊物《广告时代》刊登了艾·里斯和特劳特的系列文章《定位时代来临》，定位观念从此进入人们的视野。定位的本意为"确定品牌在顾客心智中的位置"，指出营销和商业战争并不发生在任何的街道和商店，而是发生在顾客的心智中，顾客心智是竞争的终极战场。定位提出以来，逐渐成为营销领域的工业标准，并成为战略的关键来源。竞争大师麦克·波特在《竞争论》中承认，其战略思想动力来自于定位。2001 年，定位被美国营销协会评为"有史以来对美国营销影响最大的观念"。

现在也有人认为，定位是有效营销的重要基础之一。

同样，要有效进行城镇品牌营销，城镇品牌也必须从全社会发展的角度找到自己城市的核心价值和品牌定位。品牌定位是指为城镇的品牌确定一个适当的且最能发挥优势的市场位置，并塑造一个明确的、有别于竞争对手、符合消费者需要的品牌形象，使城镇品牌在消费者的心智空间占领一个特殊的地位，从而使消费者在产生某种商品的需求时，就会想到该品牌。

可以说，定位是整个城镇品牌营销战略的核心，正确与否，决定了城镇品牌发展方向的对与不对。如果品牌定位有误，就像你走错了方向，怎么走也不可能到达目的地。

那么，城镇企业要如何确定自己该走哪个方向？首先需要洞察，明白企业的状况和市场的形势，摸清用户的需求；然后根据掌握的信息，分析出市场的机会在哪里，自身优势劣势是什么，选择何种定位，

然后制定策略。

确定了自己的定位，才能在自己的城镇中找出比竞争者更具有优势的特性，并通过持续不断的经营将其独特的竞争优势准确传播给潜在顾客，将自己定位成城镇品牌的领导者，占据第一的位置，成为城镇用户的首选品牌，逐步建立起一个城镇的品牌。

第一节　定位时代的到来

一、城镇品牌定位的含义

自从里斯和屈劳特在 20 世纪 70 年代提出"定位"观念之后，"定位"成为市场营销领域影响最重要的观念。随后，美国营销学权威菲利浦·科特勒在他的著作《营销管理》中提出了著名的市场定位三部曲，即 STP 战略。

STP 战略是品牌市场定位的核心，包含市场细分（Segmenting）、选择目标市场（Targeting）和具体定位（Positioning）：一是市场细分。按照购买者所需要的产品或营销组合，将一个市场分为若干不同的购买群体并描述它们的轮廓。二是选择目标市场。选择一个或几个准备进入的细分市场。这些细分市场就是企业认为具有独特竞争优势的事业领域，往往诞生在竞争对手未满足的细分市场或竞争对手受到资源约束的方面。三是具体定位。建立在市场上传播该产品的关键特征与利益，也就是说制定定位策略。

竞争将市场推向定位时代，定位的基本观点是：每个产品不可能满足所有消费者的要求，每一家公司只有以市场的部分特定顾客为服务对象，才能充分发挥其优势，提供更有效的服务。因而，明智的公司会根据消费者需求的差别将市场细分化，并从中选出有一定规模和发展前景，并符合公司目标和能力的细分市场，作为公司的目标市场。但只是确定了目标消费者是远远不够的，因为这时公司还是处于"一厢情愿"的阶段，令目标消费者以你的产品作为他们的购买目标才更为关键。为此，企业需要将产品定在目标消费者所偏爱的位置上，并通过一系列营销活动向目标消费者传达这一定位信息，让消费者注意到这一品牌并感到它就是自己所需要的，这样才能真正占据消费者的心，使你所选定的目标市场真正成为你的市场。市场细分和选择目标市场是寻找"靶子"，而定位就是将"箭"射向靶子。

定位是建立品牌的灵魂，城镇品牌存在价值是它在市场上的定位和不可替代的个性，就如同产品品牌一样，著名品牌之所以屹立百年不倒，就因为它始终遵循着自己的定位和保持着与竞争对手的差异。任何产品和服务在市场上的竞争都离不开独特的市场定位，同样，城市也不例外。

定位是指目标受众对一个具体品牌的相对知觉。因为一个品牌一般来说并不是孤立地被感知或判断，而是相对于其他品牌被评价的，觉得一个城市人居环境好，必然存在一个与之相比较的城市人居环境不好。所以城镇品牌定位的目的就是要体现城市的个性，给人以明确、清晰、系统的整体形象，换言之，即为城市确定一个满足目标受众需求的品牌形象，其结果是获取目标受众认可而消费城市产品。因此，可以说城镇品牌是城市核心价值的高度概括、提炼，而城镇品牌定位的实质就是将城市放在目标受众心目中给它一个独一无二的位置，由此而形成这个城市鲜明的品牌个性。

1. 城镇品牌定位与品牌定位的区别

品牌定位的提出始于 1972 年，美国广告专家艾尔·里斯和杰克·屈劳特曾写了一系列名为《定位时代》的文章，载于美国专业期刊《广告时代》上，文章提出："定位，是你对未来的潜在顾客心智所下的功夫，即要将产品在潜在顾客的心目中定一个适当的位置。"即企业针对目标市场，建立一个独特品牌形象，并对产品品牌的整体形象进行设计、传播，从而在目标顾客中占据一个独特的价值地位的过程或行动。品牌定位的理念一经提出，便受到企业家们的高度关注和普遍采用。

企业品牌定位与城镇品牌定位的共同点在于，两者都基于"定位理论"，都是要在目标消费者的心目中形成独特的形象、从而与竞争者形成差异。其区别则在于定位主体和客体双方面均有所不同，主要体现在：

（1）定位主体的角度。一般企业的品牌定位是针对一个单体形式的商品，或者是一项具体服务的产品，这样的定位针对性更强、更为具体，并且过程相对简单。而城市是由很多因素组成的，是一个复杂的空间组合体，城镇品牌定位时所要涉及和考虑的因素方方面面，并且要考虑到一个相对长的时间跨度，因而是一项整体性、系统性的定位工程。

（2）定位客体的角度。消费者对品牌定位的认同周期不同。品牌定位只有得到消费者的认同才能够达到真正的目的，"认同"则需要一个购买、使用和评价的过程。由于企业产品和城市产品的复杂程度、可达性等因素的不同，消费者对其购买、使用和评价的难易程度均有不同，从而形成了消费者对城镇品牌定位的认同，相对于企业品牌定位的认同，需要更长的感知时间。

所以总的来说，城镇品牌定位相对于企业品牌定位更加复杂，在定位过程中时间维度成为更加重要的因素。

2. 城镇品牌定位与城市定位的区别与联系

城市定位是指在社会经济发展的坐标系中综合地确定城市坐标的过程。城市是区域的核心，城市定位对于城市竞争力的形成和提高、对于区域的整体发展，具有重要的意义。城市定位由定性、定向、定形和定量四个层面组成。所谓定性是指确定城市的性质，即在详尽分析城市在区域社会经济发展中的各种职能作用的基础上，筛选出对城市发展具有重大意义的主导性和支配性的城市职能。所谓定向是指确定城市的发展方向，包括城市的发展方针、目标走向、战略模式等，这一工作是以区域分析、城市对比分析和发展战略研究为基础的。所谓定型是指城市形象的确定，这里不仅是指具有城市代表性的景观特色，更重要的是指城市的内在的、相对稳定的、个性化的东西。为此，必须处理好历史文脉的继承和发展创新的关系，处理好自然生态潜质和人文社会发展的关系，做到城市形象与城市灵魂、活力的有机融合。所谓定量是指从数量的角度给城市发展以某种形式的标定，它既包括城市人口规模、用地规模的确定，也包括城市经济地位、发展水平等的科学预测和数量分析。

从以上城市定位的含义和内容的分析中可以看出，城镇品牌定位和城市定位之间既存在着不同，也有着密切的联系。城市定位和城镇品牌定位，都强调以最终能够提高城市的竞争能力、促进城市的快速发展为目的，这是两者之间的联系。它们的区别则在于，城市定位在一定的意义上，力求提高城市的"综合竞争力"，而城镇品牌强调的则是城市的"核心竞争力"。城市定位是城市为了实现最大化的收益，根据自身条件、竞争环境、消费需求等的动态变化，确定自身各方面发展的目标、占有的空间、扮演的角色、竞争的位置等。涉及的方面非常宽泛和综合，从城市主导产业、区域功能、城市职能的选择，到城市形象（外在和内在）、城市规模（人口、用地等）、经济地位和水平等的确定，是对城市发展的各方面系统、全方位的定位，力求从整体的角度提高城市"综合竞争力"。城镇品牌定位则是从确定鲜明的城市个性的角度确定城市未来的发展方向。所谓城市的个性，就是本城市所具有的别的城市无法替代、模仿或者模仿成本极高的品牌资源，可以是独特的自然资源，历史沉淀的遗产，独具特色的文化、态度与价值观，产业结构优势等，即强调形成城市"核心竞争力"。

城市的"综合竞争力"和"核心竞争力"是对城市竞争力不同层面的解释。综合竞争力强调"整体"的竞争能力，指出城市竞争力需要广泛地调动城市各界的"分力"，每一个"分力"对城市的发展都要作出有益的贡献。核心竞争力强调"不可替代"的竞争能力，即城市各"分力"并不是均质的，要围绕几项具有独特优势的，又能适应外部竞争的核心能力团结协作，这样才能扬长避短使城市与其他竞争者形成差异。而具有"核心竞争力"的城市必然会形成更强的"综合竞争力"。因此，从这个意义上，城市定位和城镇品牌定位虽然有所不同，但也有着深层的密切联系。

二、城镇品牌定位的类型

由于品牌定位具有相对性，要寻求城镇品牌定位，首先要看自己的城市的品牌优势资源属于哪种类型，自己与同类城市、周边城市的比较优势与劣势，这些资源优势获取目标受众认可的可能性有多大，然后在此基础上作出市场定位。目前，虽然国内有关城镇品牌定位的理论研究尚属于初级阶段，但关于城镇品牌定位的分类，学者们也纷纷提出了自己不同的看法，主要有以下两种分类方法：

1. 作用与功能分类法

根据城市在国际或国内所发挥的政治、经济、文化的不同作用，及其具备的不同功能，城镇品牌定位分为以下类型：

（1）政治型品牌。往往是国际性组织所在地或国家的首都。如比利时的布鲁塞尔，就有欧洲经济共同体、欧洲煤钢联盟、北大西洋公约组织总部和数百个国际机构设在该市，因而有"欧洲首都"之称；而瑞士的日内瓦，则云集联合国驻欧洲办事处、国际劳工组织、世界卫生组织、国际红十字会总部门等 200 多个国际机构，是著名的国际会议中心之一。

（2）经济型品牌。这是国际性或地区性的经济活动与资本集聚地或工业生产中心。如瑞士苏黎世，是历史悠久的国际金融中心与主要的黄金市场；美国底特律是世界著名的汽车工业城，而亚特兰大则是可口可乐总部所在地；我国的工业城市有瓷都景德镇、钢城鞍山等。

（3）交通型品牌。依靠其优越的地理位置而成为国内或国际性的交通要冲。如德国的法兰克福是欧洲的最主要的国际航空港之一；新加坡因其地处连接印度洋与太平洋的咽喉——马六甲海峡，而成为世界上最大的集装箱码头和最主要的海港之一；我国的郑州、武汉也都是国内的交通枢纽城市。

（4）文化型品牌。具有独特而古老的文化遗产与传统，或代表了时代潮流而地位显赫，或是现代科技教育特别发达。如意大利的威尼斯，就是以其瑰丽的中世纪建筑、丰富的历代艺术珍品和奇特的"小城"风貌而闻名于世。

（5）旅游型品牌。是指以旅游业作为城市经济的主要支柱，并以旅游业的发展作为城市的根本动力的城市。如美国夏威夷的火奴鲁鲁，这个太平洋上的璀璨明珠，知名度之高，远胜过美国的许多州府，其人口不足 40 万人，但每年来此度假览胜的世界各国游客高达 800 万人之多。

2. 核心品牌分类法

有些城市特别是历史悠久、地理区位与要素禀赋较好的城市，由于其品牌资源众多，所以很难对其品牌资源进行把握，找到最能够代表城市鲜明个性的品牌定位。所以，这种分类方法首先对城镇品牌进行不同的层次区分：最有发展潜力，差异化程度最高，并能带动其他要素品牌发展的品牌定义为核心品牌；必须获得发展，但潜力一般，或其他比核心品牌稍次的品牌定义为次核心品牌；支持核心品牌、次核心品牌发展的城镇品牌资源定义为要素品牌。核心品牌必须要有足够的辐射能力带动次核心品牌与要素品牌的发展，次核心品牌与要素品牌则对核心品牌提供支撑作用。然后，以核心品牌为讨论层次，将城镇品牌定位划分为：

（1）旅游型品牌。以吸引旅游者（包括商务旅游）为品牌目标，在获取旅游业发展的同时带动相关产业（如会展、交通、住宿、餐饮、零售业等）的发展，并提供巨大的就业机会。

（2）人居型品牌。以吸引其他城市或地区的居民为目标，以获取税收的增加或带动房地产市场、人力资源市场、餐饮服务业等消费产业的发展，对于中小城市还可以促进其规模效应。

（3）资本聚集型品牌。这里主要指产业资本。城市凭借优越的投资环境吸引产业资本的聚集，包括重工业、"清洁型"的组装产业、公司总部、服务型公司等，同时也包括新企业的创办、小企业资金的注入等。大量的产业资本注入可以为城市带来巨额的税收和解决城市的失业问题。

（4）产品（服务）型市场品牌。主要是城市凭借自己所拥有的独一无二或具有垄断地位的产品（或服务）行业，产生具有较高商誉的"原产地形象"，从而使城市其他相关行业的产品在市场上获得附加的竞争能力。产品（服务）型市场的发达，就会带动资本的聚积与人力资源的集中，反过来又会提高整个城市产品的市场声誉。

核心品牌分类法相较于作用与功能分类法，在城镇品牌定位的过程中更加强调城镇品牌的核心资源，从而也就更加能够体现出城市所独有的核心价值和城市个性。

第二节 城镇品牌定位的五个基本原则

定位是城镇品牌建设的目标和基础，也是城市的发展方向。每个城市的品牌定位都有自己的出发点，虽然不尽相同，但通常都遵循以下五个原则：

一、认同性原则

一般说来，贯彻真实性、专属性、导向性和美誉性的结果，必然能获得城市内外广大公众的认同。重要的是有组织地为城镇品牌定位时，要设法测度公众的认同程度，并设法引导公众认识的趋同。

二、美誉性原则

城镇品牌应该是一个褒义词而非贬义词。在真实性和专属性的框架内，城镇品牌的美誉性越强，对城市凝聚力、吸引力和辐射力的增强就越有好处。"桂林山水甲天下"赋予桂林独有的城镇品牌，使桂林美上加美，赢得了五洲宾朋的青睐。

三、导向性原则

富有导向性的城镇品牌，对广大市民应具有激励性，对城市的繁荣和健康发展具有积极引导的作用。"春城"昆明、"冰城"哈尔滨，其城镇品牌都直接引导了这些城市旅游业的大发展，进而带动了经济的整体提升。

四、专属性原则

城市的品牌定位，一定要有其专属性，这是城市品牌定位的关键。专属性也就是不可替代性，城镇品牌定位之后，不能既适用于甲城，也适用于乙城、丙城。城镇品牌如果做到具有不可替代的特色，也就具有了垄断性。具有垄断性的城镇品牌，感染力和生命力就很强。"中国瓷都"作为景德镇的城镇品牌就具有不可替代性，因而一提到"中国瓷都"必然会想到景德镇，而不是其他城市。

五、真实性原则

城市所确定的品牌必须符合自己的真实情况。名不副实的城镇品牌，不管多么悦耳动听，都是没有生命力的，对城市的发展也毫无意义。

上述五项原则具有较强的内在关联性，如图4－1所示，在为城镇品牌定位时缺一不可。真实性奠定了城镇品牌定位的全部基础，缺失真实性的城镇品牌，其相关的所有内容都是空洞的；城镇品牌定位就是要体现城市的个性，如何体现城市独一无二的、"专属"的个性，即成为城镇品牌定位的关键；真实的、特有的城市个性，要形成良好的导向和促进作用，才能带动城市的发展，这是城镇品牌定位的最终目的，亦即核心；一个贴切、动听的品牌名称，才能形成亮点，使城镇品牌更有效地广泛传播；具备了前述特性的城镇品牌，在赢得了城市消费者的认同后，必然会形成强有力的扩散和辐射效应，向内形成资源的整合、向外吸引资源的凝聚，从而构成城市源源不断的发展动力。这五项原则具有自下而上、层层递进的内在联系，有了这五项原则，就有了为城镇品牌定位的依据。

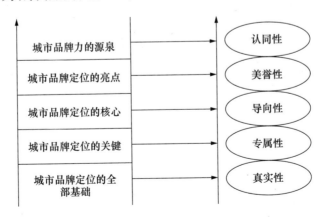

图4－1　城镇品牌定位原则示意

第三节　影响城镇品牌定位的因子分析

城镇品牌是城市消费者对城市独特个性的一种综合印象和心理感知，由城市名称、标识、符号或图案等要素或要素组合来体现，以便于消费者与其他城市相区别。城镇品牌定位需要一定的基础因子，主要包括以下八个方面：

一、政治因子

首都、省会城市、国际组织所在地等城市，由于承担特殊的国际、国内政治功能，赋予城镇品牌特殊的政治内涵。

二、经济因子

城市发展需要城市经济的发展，而城市经济的发展则依赖于城市的产业结构和资源禀赋。以城市名优产品和企业为基础形成的城市优势产业，可以为城镇品牌建设提供强有力的支持，如果城市的某种产品或产业在市场上占有突出优势，这些都会成为构成城镇品牌的因素，对城市的发展和城市核心竞争力的形成具有举足轻重的作用。广东省东莞市自1978年以来，通过发展制造业打造城镇品牌，如今全球最大的信息产品零部件加工制造基地在东莞崛起，使东莞已成为一个名副其实的IT产业大市。据悉，东莞市已把IT产业立市作为打造国际制造业名城的产业基础。

三、人文因子

城市的历史文化、民族传统、人文色彩、时代烙印和城市特色等，是与城市的产生和发展同时存在的物质财富和精神财富，是城市文化的反映。很多城市都以其独特的城市文化作为塑造城镇品牌的重要内容。浙江义乌经过10多年的提升，强化小商品城市文化形象，一跃成为闻名世界的中国小商城，成为中国乃至世界小商品文化名牌城市。山东潍坊市挖掘、提升、强化中华五千年传统风筝文化，并开展潍坊城市风筝文化形象建设，每年举办潍坊国际风筝节，吸引世界几十个国家前来参与，逐步塑造了潍坊国际风筝之都的城市文化形象，城市面貌发生了根本性变化，一跃成为文化、旅游、商贸一体化的国际风筝之都。

四、历史因子

城市在历史上曾经扮演过不同的角色，如果这种角色非常突出，对内留下很深刻的历史烙印，对外产生很深远的影响，那么城市的某种历史角色就可能成为城市的品牌。洛阳被称为"九朝古都"，南京被称为"六朝古都"就是这个原因。著名的山西乔家大院所在地晋中市，就以明清民居建筑作为树立自己城市新形象的品牌定位。作为"丝绸之路"起点、位列世界四大古都之一的西安，也在利用明城墙、秦始皇兵马俑等历史遗迹，以及周礼、秦制、儒学、法术等文化发源地的历史大做古城的文章。千年古都邯郸历史悠久，我国的许多成语都起源于此，如完璧归赵、负荆请罪、毛遂自荐等，使邯郸成为我国有名的"成语典故"之乡。

五、区位因子

很多城市的形成和发展都得益于其区位优势，比如北京、天津、广州、深圳、苏州等。城市本来就是一个空间概念，这一空间的地理特征对城市的发展或城市的形象构成都至关重要，所以城镇品牌的形成同这一城市的地理特征关联密切。汕头濒临南海，又是侨乡之一，地理位置和亲缘优势使其在承接台湾和珠三角地区产业转移方面具备双重优势，作为近代中国最早对外开放的港口城市之一，长期以来形成的外向型经济模式加快了城市经济发展。连云港早期为军事要塞港，是欧亚大陆桥的东端起点，优越的地理位置使连云港成为外商在中国投资的首选城市。重庆被称为"山城"，武汉被称为"九省通"，广州被称为"祖国的南大门"等，就是由城市的地理特征决定的。

六、环境因子

城市要适宜人们的居住，创建宜居城市是每个城市的目标。澳大利亚的墨尔本、加拿大的温哥华、德国的慕尼黑、土耳其的伊斯坦布尔、瑞士的日内瓦等城市荣获了联合国宜居城市的殊荣，提升了城镇品牌。西湖是杭州的知名品牌，其秀丽风光和特殊文化，吸引着海内外的游人。为了加快杭州城市化、现代化的建设步伐，杭州市提出了"住在杭州"的发展战略，让优秀人才享有高质量的生活环境，突出了城市的人性化内涵，从而为杭州城镇品牌"世界休闲之都"增加了新亮点。海南省的三亚市因独具魅力的热带生态环境使其成为著名的旅游观光城市。夏威夷群岛因具有旖旎的太平洋风光而使檀香山闻名世界。日内瓦背倚侏罗山，面临日内瓦湖，以秀丽的湖光山色和宜人的气候被称为世界花园。

七、制度因子

制度通过对利益的合理分配、对不同利益主体的协调和整合来实现对要素资源的优化配置，这对于提升城市的竞争力具有重要的意义。政策决定着一个产业的布局、结构和兴衰。政策制度通过利益安排决定和影响人力资源创业冲动，通过影响交易费用进而创造城市价值，所以政策制度是制约城市竞争力的关键。深圳等沿海城市的崛起，除了其得天独厚的区位优势外，国家的政策制度倾斜也是其崛起的关键。

八、潜力因子

某一城市的建设和发展如果尚处于起步阶段，但其发展的辉煌前景指日可待，那么人们也会打出品牌来称谓它。例如，包头市的大型钢铁基地，虽然并未形成规模，但其作为规划中的大型钢铁生产基地已为人所共知，于是和鞍山一样，"祖国的钢城"也就成为包头的城镇品牌。在发展潜力方面，北京紧随上海，排名第二，其次有深圳、广州、天津、杭州、南京、武汉、成都、沈阳排名比较靠前。成功申办了第29届奥运会，为打造北京城镇品牌提供了千载难逢的良机，通过举办奥运会，将可能使北京成为亚太地区乃至全球最具影响力的国际化城市之一，借此扩大北京的国际知名度和影响力。

第四节　城镇品牌定位的方法

一、城市消费者市场细分

城镇品牌定位的市场细分是指根据城市消费者的不同需求和特点，把城市消费者划分为若干个具有相似需求、可以识别、规模较小的消费者群体的分类过程。城市消费者市场通过细分，被区分为不同的子市场，任何一个子市场的城市消费者都有相类似的消费需求，而不同子市场的城市消费者则存在需求的明显差异。细分市场的出发点，是辨别和区分不同消费需求的城市消费群体，以便更深刻、更细致地识别某一部分城市消费者的需求，从而寻找与城市资源条件相适应的城市消费者市场。只有通过市场细分，每座城市才有可能创造出更适合于目标消费者的城市产品和服务。如果所有的竞争者都注重市场细分，各个城市则将面临较少的竞争对手。菲利浦·科特勒曾经指出城市消费者大致可以分为四大类：游客、居民和工人、商业和企业、出口市场。以此为基础，将城市消费者市场分为四个细分市场：旅游者市场、新居民或雇员市场、投资者市场、产品/服务市场。回顾前面城镇品牌定位类型中的"核心品牌分类法"，可以看出，该方法即是从城市消费者细分市场的角度对城镇品牌定位进行的分类。

城市对于旅游者，提供的是一种旅游产品，包括会展中心、购物环境、历史文化遗产、休闲娱乐和文化设施等。通过旅游产品，可以吸引外地人（也包括本地人）前来观光、游览、休闲、购物，或者是进行各种商务活动，从而带动配套产业的发展，还可以提升知名度，获得其他类型的目标群体。对新居民或雇员，城市主要提供的是居住产品，包括环境质量（自然环境和人文环境）、基础设施、社会治安、工作机会、社会保障。对投资者，城市提供的是一种投资产品，包括投资场所、投资机会、投资政策、人力资源等。对产品/服务市场则主要由城市辖区内的企业来提供产品或服务，满足本地或外地消费者的需求。

二、各细分市场分析

（1）旅游者市场。旅游者的国际标准定义中对其在一定的停留时间界定为 2 个小时以上、一年以内。旅游者分为休闲旅游和商务旅游两大群体，城市对两者的吸引是有差异的，但追求两者共同繁荣的目标却是一致的。旅游者市场对城市经济的贡献主要体现在数量和质量两个方面，数量取决于旅游总人次的规模大小，质量则取决于单位旅游者的花费和停留时间两个指标。

国外的很多城市设有独立机构对旅游者市场进行专门营销。因为商务旅游相对于大众化的休闲旅游，能够带给城市的收益更大，因此操作商务旅游和会展活动的机构往往较多。例如占世界会展市场份额最大的美国，其机构普遍称为会议与观光局（Convention and Visitor Bureau，CVB）。美国城市的 CVB 系统认为，自己吸引的是以商务旅游为代表的高端市场，对城市经济的贡献率高。国内城市多设有旅游局之类的管理机构对旅游者进行招揽，但尚未对两大群体进行细分。随着经济发展水平的提高，商务旅游高端市场的潜力开始凸显，业内人士也开始关注会展业的发展。

城市旅游细分市场的特点在于其高流动性，因此如果定位于该细分市场，则对其市场规模、需求特征、竞争地位等因素，要进行全面的分析和慎重的考虑，而不能偶然性太强，否则一个直接的后果就是设施过剩，造成城市资源的浪费。

（2）新居民或雇员市场。城市对新居民或雇员的吸引力往往也是取决于其价值实现的可能性。一个非常易见的两难之处是：城市发展需要一定人口数量的存在，但新居民和雇员又加重了城市的负担。从经济学角度加以考察，这其实也是一个利润平均化的过程，正是因为具有吸引力的城市存在更大的效用空间、具有较多价值实现的可能，原处于劣势环境的人们才不辞辛苦地挤进来。在此作用下，"马太效应"同样可以在城市发展中发生，大城市越来越成为各种经济因素的集聚体从单个城市扩大为卫星城市网络继而发展为城市集群，而中小城市则在生存线上挣扎，一些小城镇甚至缺乏必要的专业人士如医生等，其发展前景令人担忧。是否吸引新居民或雇员及如何控制规模等都需要慎重选择。从扩大城市规模的角度来看，城市如果想要吸引新居民或雇员，则必须构建适宜的人居环境，并根据不同阶段的消费群体特征完善相应内容的建设，例如吸引年轻家庭需要尤其关注教育和安全方面的问题，而对于年老家庭，文化、游乐等休闲设施则是其考虑的主要方面。

（3）投资者市场。包括从事农业、制造业、房地产业、服务公司、市政设施等投资的公司或决策者。对投资者而言，他们关注较多的是投资环境与投资风险，这也是为何许多学者不厌其烦地研究国家与地区的投资环境与风险问题。几乎所有的中国城市都非常注重招商引资，因为大投资者对城市的选择不仅会给城市带来资金和就业机会，还会通过他们对城市的信心而影响其他企业对城市的选择。中小企业对城市的发展和经济增长有重大的意义，它们对缓解城市的就业压力和社会矛盾作出了重要的贡献，广泛而发达的中小企业群体是城市社会稳定、高速发展的基础。

城市在面对投资者细分市场时，要根据城市整体发展目标对产业进行取舍。一般而言，大城市实施多元化战略、中小城市采取专业化战略、高等级城市占据更多朝阳产业和高端市场、低等级城市选择相对最佳产业部门等，都是当前各城市为吸引投资者采取的战略决策。

（4）产品/服务市场。可以划分为本地市场消费者、国内市场其他地方的消费者、国际市场的消费者。一般来说，消费者对某城市生产的产品具有总体性认知，这种认知源于消费者长期形成的对该城市生产和营销的印象、体验和感受。这种总体性认知将影响消费者对来自该城市的其他企业品牌的评价进而影响其购买倾向，即所谓的"原产地效应"。某品牌原产地给市场长期灌输某种形象，消费者就会对该城镇品牌形成固有的认知模式。因此，品牌原产地形象是城镇品牌的信誉，是长期形成并且难以轻易改变的。例如，德国是世人公认的"处事严谨的国家"；捷克是高档玻璃制品的盛产国；法国是时尚潮流的发源地等。如果来自这些城市的新的企业品牌想要打入市场，德国的精密仪器企业、捷克的玻璃制品企业、法国的时装企业，会得益于原产地效应而更容易为世人所接受，因此城市要形成良好的"原产地形象"，在产品/服务市场的目标消费群体中形成良好的品牌形象和较高的商誉。普及原产地意识、加强产品质量的监督、研究和解决原产地命名的立法问题、实施对原产地产品的监督和管理、提高城市的经济合理度等，都是城市可以努力的方面。

三、城市目标市场的选择

市场细分的目的，在于使城市有效地选择并进入目标市场。所谓选择目标市场，就是城市有针对性地选择和确定能够充分体现城市个性、全面发挥城市优势而为之服务的城市消费者群体。市场细分之后，并不是所有的细分市场都适合于某个城市，因此不能将所有的细分市场都确定为一座城市的目标市场。在确定目标市场前，要依据细分市场的特点、城市的资源、竞争者的状况等条件，对细分子市场进行分析评估，在众多细分市场中选择一个或数个最适合城市发展的子市场作为自己的目标市场，以便在这个目标市场上最有利地发挥自己的优势。

1. 目标市场的选择依据

目标市场的选择依据也就是如何评价细分市场的问题，即如何确定该细分市场是否能够成为城镇品牌定位最终的目标市场。主要的选择依据取决于以下几个方面：

（1）目标市场对产品的评价标准。即要了解城市产品的消费者所感兴趣的最大偏好和愿望，以及他们对优劣的评价标准是什么。以努力搞清楚顾客最关心的问题作为定位决策的核心依据。

（2）竞争者的定位状况。要了解竞争城市在提供何种产品和服务，在目标市场心目中的形象如何，并估测其成本和品质情况。城市一方面要确认竞争者在目标市场上的定位；另一方面要正确衡量竞争者的潜力，判断其有无潜在的竞争优势，这是定位的重要依据。

（3）城市在目标市场潜在的竞争优势。城市要确认自身资源是否能够满足目标市场对城市产品的要求，并且城市潜在的竞争优势是什么，然后才能准确地选择竞争优势。竞争优势有两种基本类型：一是在同样条件下比竞争者提供的顾客成本低；二是提供更多的特色以满足顾客的特定需要，从而抵消成本方面的不利影响。在前一种情况下，应千方百计地寻求降低顾客对城市产品购买成本的途径；在后一种情况下，则应努力发展特色城市产品，提供有特色的服务项目。

2. 目标市场的选择方法

由上述选择依据可以看到，城市在目标市场的选择过程中，要了解目标消费者需要什么、竞争者提供什么、城市自己拥有什么等，通过这几方面的深刻分析，最终确定城市具备竞争优势的目标市场。这是一个全面系统的分析过程，是城市目标市场的选择过程，也是城市对自己的全面审视和认识过程，可以采用以下几种方法：

（1）定性分析——SWOT 分析方法。SWOT 是一种常用的战略分析方法。通过对内部能力——优势（Strength）和劣势（Weakness），以及外部环境——机遇（Opportunity）与挑战（Threat）的分析，可以找到相应的城镇品牌定位和战略对策。在外部环境的分析中，可以考核城市消费者对于城市产品的要求，以及竞争者所拥有的竞争资源；在内部能力的分析中，可以衡量城市自身的资源状况、潜在竞争优势等；通过内部能力与外部资源的匹配和比较，最终决定城市目标市场的选择。

目标市场选择的定性分析方法除了常用的 SWOT 分析法之外，还可以应用相关模型进行分析，这些内容将后面的章节中进行详细论述。

（2）定量分析——主成分分析法。主成分分析法是将多个变量化为少数综合变量的一种多元统计分析方法。通过对城镇品牌资源进行主成分分析，可以将城市资源与竞争对手的资源进行对比，从而确定城市的竞争优势，再加上对目标顾客群体需求的分析，就可以确定城市目标市场的选择。

主成分分析是多变量方法的应用之一，在社会科学领域中，应用最广泛的是把数个很难解释而彼此有关的变量，转化为少数有概念意义而彼此独立性大的因素。在多变量关系中，变量间线性组合对表现或解释每个层面变异数非常有用，主成分分析的主要目的即在此。变量的第一个线性组合可以解释最大的变异量，排除前述层面外，第二个线性组合可以解释次大的变异量，最后一个成分所能解释总变异量的部分较小。主成分分析中，以较少成分解释原始变量变异量较大部分。即因素结构的简单化，希望以最少的共同因素，能对总变异量作最大的解释，因而抽取的因素越少越好，但抽取因素的累积解释变异量则越大越好。

四、城镇品牌定位的战略要点

1. 城镇品牌定位的相关模型介绍

城镇品牌定位理论诞生至今，历史很短，理论发展尚属于初步阶段。关于城镇品牌定位的相关分析模型也都还处于"提出阶段"，相对发展成熟、被广泛认可的分析模型非常少。在此介绍几种学者们已经提出的分析模型，它们可以为城镇品牌定位提供很好的思路和辅助。

（1）三角定位模型。诞生时间不长，是国内应用范围最广、发展最为成熟的定位模型，如图 4－2 所示。

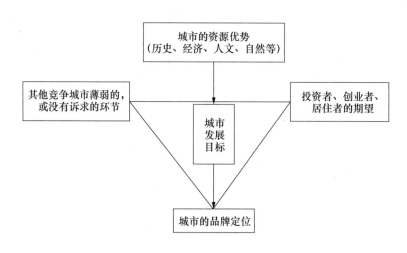

图 4－2　三角定位模型

三角定位模型。首先，以城市资源为基础，即城市拥有哪些资源优势；其次，考虑来自受众方的要求，即投资者、创业者和生活居住者对于城市的发展有哪些期望；再次，再结合其他竞争城市的情况，即竞争城市有哪些薄弱的发展环境或者哪些方面没有规划到；最后，在城市总体发展目标的前提下，提出城镇品牌的最终定位。

三角定位模型的分析思路，与城镇品牌定位 STP 战略中关于目标市场选择的依据完全吻合，以优势资源为基础，以受众需求为导向，兼顾竞争对手战略，全面而实用。因此，它基本已经得到学术界的普遍认可，应用范围相对最为广泛。

（2）弓弦箭定位模型。是"中国城市竞争力报告"课题组，在倪鹏飞教授的城市竞争力模型的基础上提出的，它原本是城市定位的模型，本文对其进行了一定的改进得到关于城镇品牌定位的模型，如图 4-3 所示。

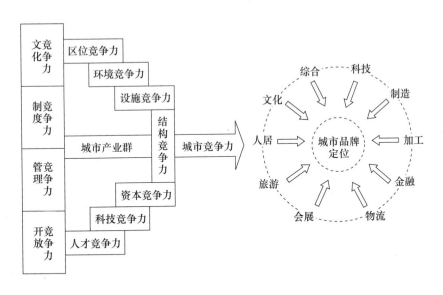

图 4-3 弓弦箭定位模型

弓弦箭定位模型的左侧表示城市竞争力，图 4-3 的右侧表示由于城市各构成分力的不同，可能导致的较优的城市专业和空间功能。城市专业是指城市具有哪方面的功能，是制造中心或是服务中心等；空间功能是指城市功能作用的空间范围，是地区性的、全国性的或是全球性的。弓弦箭模型的应用思路为：首先，根据左侧的城市竞争力模型分析城市各方面因素的竞争优势，包括软力、硬力；其次，根据这些因素的规模、质量、结构和特点，以及它们和其他因素的不同组合，将形成不同的整体力量和差异，由此决定城市在不同城市专业方面的功能大小和各具体功能的强弱；最后，根据城市在某方面所具有的强势城市专业，决定最终的城镇品牌定位。

弓弦箭定位模型由于引入了"城市竞争力"的概念，所以在分析城镇品牌资源的同时，已经包含了城市与竞争城镇品牌资源情况的比较，而且包含的分析内容清晰而全面。然而，弓弦箭定位模型在定位的过程中，忽略了城市目标消费群对城市的期望和要求，这是其不足的地方。

（3）分层定位模型。由华中科技大学杜兰英教授提出，如图4-4所示。

图4-4　分层定位模型

采用分层定位模型，首先把分散的品牌资源——对号入座，分别填入最外围相应的资源细格中；然后对最外围的资源细格进行抽象、归纳，总结出数量较少、涵盖较集中的几大资源分类；接着再对资源分类进一步地抽象、归纳、提炼，逐步分析得出最终的城镇品牌定位。

分层定位模型是由整体产品的概念受到启发，遵循品牌构成的层次性规律和"分析—概括、发散—集中"的思维规律提出的。它对于城市本身的品牌资源进行了集中的分析，全面而系统，然而却忽视了城市目标群体对城市的要求，以及竞争城市的发展战略分析，有一定的不足。但可以作为城镇品牌资源分析的单独模型。

2. 城镇品牌定位策略

在选定的目标市场中，一座城市仍会有另外的竞争者存在，这就需要进行具体定位。城镇品牌的具体定位，就是根据目标市场的特点以及城市自身条件，为城市在目标市场上确定一个适当的位置，在城市消费者心中树立起特有的城市形象或个性特征的过程，也可以说是选择和制定定位策略的过程。

品牌定位正确与否，是市场竞争成败的关键。做品牌，并不一定要超越对手，而是要区隔对手，做小河里的大鱼要快活过做大河里的小鱼。在寻找差异化的过程中，需要突破观念里的条条框框，要颠覆、颠覆、再颠覆……一般有以下几种定位战略可供选择：

（1）霸位策略：发现第一城市。寻找新的尚未被占领的但为许多消费者所需求的市场进行定位，其最大的好处就是这个山头我先占着，当有人再来抢的时候就很难攻破了。这种定位战略通常有两种情况：一是这部分潜在市场即营销机会没有被大家发现，在这种情况下，城市较容易取得成功。云南的中甸县，成功地把县名改成了香格里拉，把传说中的美丽人间仙境引入到自己的城镇品牌上。现在，香格里拉已经是闻名遐迩的旅游胜地，中外游客神往不已。二是许多城市发现了这部分潜在市场，但无力去占领，这就需要有足够实力才能取得成功。同样是针对旅游者，可以向他们提供一些其他城市无法提供的产品和服务。由于在亚洲很多地方赌博是非法的，因而澳门的博彩业有了最好的卖点。

（2）靠位策略：对抗第一城市。如果说城镇品牌虽然具备很好的实力，但是在这个城镇的行业里头已经有老大了，而且拥有无可撼动的优势，确实无法和他竞争。这个时候，就要以退为进，采取靠位策略，避开老大的锋芒，相反可以借助其光环，把城镇品牌定位在与竞争者相似的位置上，以便同竞争者争夺同一细分市场。

这种营销方法策略主要体现在：由侧面进攻，争取从某些细节上一点一点超越老大。实行这种品牌定位战略的城市，必须具备以下条件：能比竞争者提供更好的城市产品；该市场容量足够吸纳其所生产的产品；比竞争者拥有更多的资源，市场位置与城市的特点、信誉相适合。如阿联酋的迪拜把一些举世闻名的特色城市作为竞争者，把自己的城市称做"沙漠上最令人兴奋的城市"，与其他城市展开直接竞争。"它有最美丽的海滩，但不在澳大利亚；它是世界上最安全的城市，但不在新加坡；它有富有的城市旅馆和极好的海滩去处，但不是雅加达和巴厘岛；它有世界级购物中心，但不是香港。"通过这些描述，迪拜的城市营销人员对这个中东的商业和旅游中心、阿联酋第二大酋长国能带给旅客的感觉进行了形容，给人们想象的依据。可以想象出这样一个现代城市，有着古老而神秘的沙漠，宁静的海滩，同时又是一个购物的天堂。通过和其他城市的直接对比和竞争，迪拜的城镇品牌定位给人留下了深刻而又清晰的印象。

（3）抢位策略：创造第一城市。当城市意识到自己无力与其他强大的竞争者相抗衡从而获得绝对优势地位时，可根据自己的条件取得相对优势，即突出宣传自己与众不同的特色，在某些有价值的城市产品属性上取得领先地位，即开辟蓝海、另立山头。它包括两个含义：把东西一分为二，平分；高度第一，拉高。

城镇品牌通过选择抢位策略，发现市场缝隙，在原有的产品类别中细分出一个新型的类别市场，成为这个类别市场的第一甚至唯一的城镇品牌。比如威海，这个过去曾经因为是军港而多少带一点神秘感的城市，通过参与一系列的国际城市认证，从而取得了"最适合于人类居住的城市"这一市场的领导地位。中国自然条件比威海更优越的城市还有不少，同样也有不少适宜于人类居住的城市，但像威海这样，把握住城市独有的产品特色、在目标市场消费者心目中积极地突出这一独有特色的城市则不多。

3. 城镇品牌定位的实施要点

城镇品牌定位是一个价值凝练、个性发掘的过程，需要按照科学的方法从诸多形成要素中进行综合、概括、抽象、比较、筛选和创造，同时又是一项具有历史性、慎重性的文化工作。

（1）城镇品牌的选择和创新要做到官方—专家—市民三结合。在品牌定位的全过程，官方的组织号召、专家的研究论证和市民的广泛参与都是不可缺少的。

（2）媒体发动、代表研讨和问卷调查三种方式互动。市民的广泛参与，要靠各种媒体的发动、引导和交流；组织各界代表研讨，便于对品牌定位的选择、比较和提升；问卷调查，可扩大和规范信息源，是对品牌定位进行定量分析的重要手段，这三种方法在定位全过程中全面进行、互相推动。

（3）收集外界的评价是重要的补充手段。城市都具有开放性，城市的物流、人流、信息流可以在较大的空间内流动，从而使外界受它的影响。外界也必然对城市给予这样或那样的评价。因此，在给城镇品牌定位时，要应用各种手段和方式，或外出访谈、或通信联络、或邀请驻外地人士座谈、或向流动人口发放问卷，以及收集外地人士包括外籍人士对本市的评价，这些都是城镇品牌定位的重要参考。

上述三个实施要点围绕的核心问题在于：发掘城市的个性，并让这种城市个性为最广泛的城市消费者所接受。这是各种定位问题始终围绕的核心和成功的关键。只有通过价值的凝练、个性的发掘，才能形成真正具有独特竞争优势的城市产品；而这种"独特性"也只有被广大的城市消费者所接受，而不只是纸上谈兵，才能真正转化为品牌力，广为传播、深入人心。

第五节　城镇品牌定位的成功案例

一、"香港飞龙"的诞生

2001年5月10日在香港《财富》论坛闭幕的庄严时刻，香港特区行政长官董建华向与会代表隆重推出了"香港品牌——飞龙标志"。一个百年城市新品牌形象的诞生，其意义正如他在揭幕仪式上讲到的："这是我们向全球推广香港的新策略的主要部分。香港的新形象标志显示香港积极进取的精神和创新思维。"代表香港精神的飞龙标志是一个采用科学的品牌管理方法而策划、建立的城镇品牌，花费整整一年时间，耗资 900 万港币。重新定位的香港品牌标志——火红色"飞龙"的诞生既是一个调查研究的过程，同时，也是一个重新认识香港的过程。

1. 方法的科学性

从 2000 年起，香港政府新闻处就开始负责统筹策划与建立香港的新品牌形象。为此新闻处向多家国际公关公司征集建议书，最后组成了一支跨国顶尖的专业品牌顾问团。成员包括：国际品牌形象设计公司——美国朗涛设计顾问公司，全球最大的品牌策略顾问与设计公司，世界著名品牌，如可口可乐、耐克、IBM 的形象等均出自于该公司之手；总部设在美国纽约的博雅公关公司——全球顶尖的公共关系和管理专业顾问公司；Wirthlin Worldwide 公司——品牌策划市场调查公司，全球的 100 强企业中，有 2/3 的公司是其客户。这项计划就交由上述几家享有国际盛誉的顶尖跨国性专业公司的香港办事处一起策划。它们组合在一起，不仅拥有完善的国际网络、丰富的品牌经验和专才，更是业界翘楚。品牌顾问团在全球范围内进行了长时间的广泛性专业调查和研究，为后来香港城镇品牌的定位和视觉形象的表现提供了充分的依据和富有创意的设计。

采用定量化的分析研究来为一个城市的形象进行价值评估，显示出了香港在品牌化过程中所持有的一种科学和严谨的态度，因为这不是为一个城市"化妆"，而是一项事关香港未来命运的一次抉择。为了测量香港品牌形象在全球的实力，品牌顾问团还利用一个品牌资产评估的专有品牌形象数据库系统，在香港和全球的商界及政府领袖中进行了广泛而质量兼备的意见调查。为了更好更准确地对香港的城镇品牌给予定位，香港政府有关机构与品牌顾问团一起，还研究了全球国际城市中成功的城镇品牌形象宣传案例，从中学习到了最佳的"城镇品牌定位"模式与技巧。针对未来香港品牌形象管理的问题，品牌顾问团研究和借鉴了其他国家和地区的先进经验，为城镇品牌的推广落实奠定了基础。

2. 内涵的深入挖掘

在过去一个多世纪的变革中，香港一直被认为是一个自由港，而且渴望成为一个国际大都市，这一点正如董建华在香港品牌揭幕仪式上所讲的："我们的目标，是让香港在国际扮演举足轻重的角色，媲美欧洲的伦敦和美洲的纽约。"经过测试评核，香港品牌最后获选的主题是"亚洲国际都会"，这一诉求不但为香港市民所熟悉，更被香港及国际讨论小组视为能反映香港在亚洲及全世界的独特形象。虽然部分人士认为成为国际都会是香港的愿望，但大多数人都认同香港已是亚洲的国际都会，是一道通往充满新经济机会的中国内地及亚洲其他地区的大门，"亚洲国际都会"准确地反映了香港城镇品牌的定位。顾名思义，国际都会具有国际特色，并以此吸引资金、企业和专业人才，使之成为环球性的商业中心。国际都会的含义包括：拥有强大的和国际化的服务业，掌握专门知识和技术的人才，从而吸引其他人才及资源。此外，国际都会均拥有优良的"硬"及"软"的基础建设，包括运输和电信设施，具有国际水平的教育和培训制度，以及对持续发展的承诺。显而易见，香港将自己定位为"亚洲国际都会"，承接了香港历史的发展，同时也反映了香港政府希望1997年回归之后，继续保持和发扬光大本港在亚洲的领先优势。

香港城镇品牌定位的精神内涵构成了品牌的核心价值。那么，什么最能代表香港品牌的核心价值呢？前香港财政司司长梁锦松提道："香港的品牌其中有几项很重要的品牌品质：机会、创意和企业精神。"其实，追溯香港从一个渔村发展到今天的国际大都会，香港的自由开放和积极进取的精神就是形成这个城镇品牌的基因。在广泛调查和论证的基础之上，为反映香港作为国际都会城市所具有的独特的精神，品牌顾问团将香港城镇品牌的核心价值确定为：文明进步、自由开放、安定平稳、机遇处处、追求卓越。香港的个性则被描述为：大胆创新、都会名城、积极进取、卓越领导、完善网络。

3. 品牌形象的传播、赢得认同

理念部分确定后，需要用一个视觉形象来表现香港。香港形象标志的创作由香港及国际性的设计公司参与，特区政府的代表经过初步筛选，在逾百份设计方案中最后选出 5 个设计，然后分别在香港、北美洲、澳洲和欧洲经由讨论小组进行严格的测试，最后选出的形象标志设计是一条设计新颖、活灵活现的飞龙，如图 4 - 5 和图 4 - 6 所示。

图 4 - 5　香港城镇品牌"飞龙"之一

图 4 - 6　香港城镇品牌"飞龙"之二

（1）飞龙标志巧妙地把香港二字和香港的英文缩写 H 和 K 融入设计图案中，寓意香港是一个东西方文化汇聚的城市，设计构思凸显了香港的历史背景和中国传统文化。

（2）标志图形的设计富有动感，充满时代气息，代表香港人勇于冒险创新、积极进取的精神；飞龙的流线形姿态给人以前进感和速度感，象征香港在百年历史的长河中不断蜕变演进。

（3）飞龙与图案并列的标题"亚洲国际都会"，将香港所扮演的商业枢纽、通往中国内地和亚洲其他经济体系的门户，以及国际艺术文化中心的重要角色，在一个视觉化的整体构图中，用平面设计的手法生动地展现了出来。

正如香港政府制定的品牌手册所说：香港的形象标志并非只是一个图案，它是香港新的资产。香港的机场、地铁、大巴、主要街道、公共场所都张贴了"飞龙"城市标志，同时在香港各主要商业活动场所开展了系列性的大规模推广活动。香港政府也利用各种公关场合，将香港品牌分别介绍到澳大利亚、美国、加拿大、英国、德国、法国、日本、意大利和新加坡等 12 个国家的 30 多个城市。与此同时，对中国内地的公关宣传，则利用香港工商界知名人士对西部考察的机会，所乘坐的港龙飞机就印上了新的香港品牌形象"飞龙"标志。通过这一系列的宣传与推广活动，"香港飞龙"的城镇品牌已经为全球所熟知，并得到了广泛的认可。

二、香港品牌定位的成功与启示

香港品牌的重新定位实现了城镇品牌定位一个科学的、完整的、系统的过程。从最初品牌顾问团的成立，到最终品牌形象的全面推广，都体现了整个过程的科学性和严谨性，最终达到了对城市价值的深入挖掘、对城市个性的准确凝练。首先，从一开始的调查研究就吸纳了世界一流的品牌形象专业设计公司参与，以保证对城市价值和定位的深入了解和准确把握。其次，注重从最广泛的范围获取外界评价。如从居住在美国、欧洲、澳大利亚和亚太地区的人们也包括香港市民那里了解他们对香港的看法，这些看法涉及各个层面，包括对外投资、旅游、基础设施、房地产、文化、教育等各个方面。最后，它是站在全球和未来的角度审视香港的历史、精神、文化和经济实力之后，重新确立香港在亚洲乃至国际社会的定位。

目前，国内许多城市也意识到了建立城镇品牌的重要性，只不过这种认识还没有上升到一个比较高的理性阶段。无论是大连的"足球"城、昆明的"花城"，还是"住在杭州"的政府宣传，国内的城镇品牌更多地还停留在某个行业和自然环境特征层次上，城镇品牌的定位缺乏战略视野，而且往往被打上行政和个人方面的色彩。内地城市要建立自己的品牌，首先必须对城镇品牌定位的方法有一个正确的认识，要认识到必须通过科学的方法找到城市存在的精髓，要经过科学的调查研究与规划，不能由某些政府部门的领导主观行事，用政治手段来建立城镇品牌。只有在思想上和实际操作上达成这样一个共识，城镇品牌定位的基础才是合理的，定位的结果才是能够被广泛认同的。

第五章　用创意塑造城镇品牌符号

近年，国家实行"五一"、"十一"黄金周，春节放长假，着实让上班族们有了更多的休闲时间。因此而引发的旅游热也日见升温，一些名山大川、历史文化名城和名镇更是旅游者的首选之地，而据统计，每次长假游客总体流量还是涌往城镇的居多。人们在选择旅游城镇的时候，不免要挑选一些特色城镇，这就自然而然牵涉到一个十分现实的问题——城镇形象。

城镇形象是从城市形象引申而来。城市形象是指城市给予公众共同的稳定的综合印象和观感，是城市性质、功能和文明的外在表现。城市形象的优劣影响到人们对城市的认同和评价，由于城市的形象对公众的选择具有相当程度的影响力，因此关系到城市经济和社会的整体发展，在一定程度上决定了城市发展的方向、速度和前景。

城镇形象是城市的无形资产，良好的城镇形象对内可使市民产生强烈的自豪感和归属感，可以提升城市文化的内涵，彰显城市个性和魅力；对外能够迅速提高城市的知名度和美誉度，改善投资环境，增强城市吸引力，促进人才、资金、技术等优势资源的聚集和流动。

形象不是事物本身，而是人们对事物的感知，形象的形成受到人的意识和认知过程的影响。因而，城镇形象具有可塑造性。城镇形象的塑造工程，是城市品牌营销最有力的武器，它一方面展现出城市的巨大魅力，另一方面则形成一种强大的凝聚力、吸引力、辐射力，把世界融入城市，把城市推向世界。

第一节　城镇形象和历史总体形象的延续

一、城镇形象的基本概念与类型

城镇形象是指城市内部诸要素，经过长期综合发展给人类社会形成的一种潜在的和直观的反映和评价。城镇形象体现着城市自然地理形态、历史文化、产业结构、城市功能和整体视觉的特点，代表着城市的身份和个性。有的学者将城镇形象特点概括为四性，即历史文化性、整体系统性、长期规划性和地方特色性。可以说，只有个性和特色才能给人们留下较为深刻的印象，从而才能形成城镇形象的认同意识。这种认同意识是城镇形象形成的基础。城镇形象是城市空间、城市实体、城市建筑风貌、城市环境、城市功能、城市景观特点的整体缩影，但从某一突出侧面上也能反映出一座城市的某种特色形象。从类别上讲，城市整体形象是由以下各方面的形象共同组成的。

1. 空间形象

空间，是人类赖以生存和发展的必要条件，城市空间是人们工作、生活的场所，是一种不可再生的资源，如何规划利用好空间，不仅是塑造城镇形象的基础，也是城市可持续发展的关键所在。国际建筑协会讨论通过的世界第一个城市规划大纲《雅典宪章》，提出城市有三个基本要素——绿地、阳光和空间。指出人们在空间中生活，同时，也改造着空间、拓展着空间领域，追求空间的完美，使空间成为满足人们不断增长的物质和精神需求的载体，以适应和促进社会经济的不断发展。可见，城市空间规划利用得如何，不仅是塑造城镇形象的核心，也是城市个性和特色形成的核心。

2. 环境形象

城市环境应包括生态环境、文态环境和社区环境三个层次。环境是人类生存和发展的基础，也是城市整体形象的重要组成部分，生态环境遭到破坏，就会严重制约人类生存和城市经济发展，就谈不上城镇形象的塑造。文态环境是指一座城市的建筑风格要体现民族特色和文化内涵，是城市个性的具体表现。社区环境则是人与人交往与感情融合的纽带，是体现精神文明的重要窗口。城市这三个层次环境的好坏是形成城镇形象主体认同意识的关键，是构成城市整体形象的基础。

3. 城市功能形象

城市功能包括交通功能、服务功能等。交通功能如何，对一座城镇形象的塑造是至关重要的，它不仅影响着人流、物流、信息流、人才流的各个方面，也影响和制约着服务功能的完善和发展。同时也直接影响着城市整体形象的认同和形成。在城镇形象塑造和设计中是不可忽视的方面。

4. 景观形象

自然景观是由本区域的自然地理条件形成的，不是人为制造的。但是，人工制造的人文景观可加深和渲染自然景观特征。例如，青岛本是一座港湾城市，经过人们的精心规划设计，依据自然地理条件创造了不少人文景观，包括建筑物的风格、色调以及建筑物沿山坡梯度发展，都给自然景观增添了色彩，并使之升华与自然景观融为一体，形成青岛市的形象特色，给人留下深刻的印象。

5. 产品特色形象（产业结构）

一座城市的特色产品对其形象的形成、影响的扩大，具有不可忽视的作用。产品形象往往与城镇形象是紧密联系在一起的。例如，景德镇瓷器、海尔电器、长虹电器，都是与景德镇、青岛、绵阳城市地位的提高和影响的扩大联系在一起的。由此看出，特色产品形象与城市地位的提高，知名度的扩大，以及与城镇形象的形成也是密切相关的。

二、城镇形象塑造的意义与作用

任何一座城市，都是因一定的区域环境、历史背景、经济社会发展条件而逐步形成的。因此，城镇形象的塑造，都应是在历史总体形象上的延续，不仅在空间上要有序，而且在结构上也应是合理的，不能脱离历史发展而去硬性塑造。城镇形象的塑造关系到一座城市在未来发展的总体定位和目标。沈春竹曾在一篇论证城镇形象设计的文章中，提出四个定位，即区域定位、功能定位、外观定位和主体定位。其中主体定位是至关重要的，因为城市主体形象体现着一座城市的文化内涵和品位。一座城市不仅应具有好的外观形象，还应具有健康、高雅、催人向上的城市主体形象。否则就像一个叫花子穿上一套西服一样，是不相称的。依据发达国家的经验，城市化率达到一定水平以后，将进入城市快速发展期。进入21世纪，如何以战略的高度，塑造和规划设计好城镇形象，具有重要的意义和作用。

（1）城镇形象的塑造与改善，可以提高城市的知名度，扩大城市的影响力。良好的城镇形象有利于改善投资环境，城市知名度的提高是吸引外资、引进人才的外部条件，也是集聚经济、信息、科学技术的基础，并能进一步推动城市经济的发展。

（2）城镇形象的塑造，有利于树立新的城市风貌与城市精神，改善市民的行为、心态，是一种城市文明的投资。良好的城镇形象可以给市民带来自豪感，并由此形成奋发向上、敢于争先的精神风貌，成为城市发展的一种生产力。从这个角度来看，塑造城镇形象其实也是在发展生产力。

（3）城镇形象塑造有利于城市现代化建设。良好的城镇形象能够促进城市交通、服务功能的进一步完善，有利于推动城市现代化进程，并与国际接轨，有利于打开对外开放的局面，增强对外的交往与交流。

（4）城镇形象塑造有利于调整产业结构，促进旅游业及第三产业的发展。良好的城镇形象是旅游业发展的重要因素。旅游业的发展又可以带动相关旅游产品的开发，并促进服务业的发展。从长远观点来看，旅游项目已不完全局限于传统的山水园林和自然景观，城市特征形象和一些经济文化活动也将成为重要的旅游资源。对于拥有自然景观资源、具有深厚历史文化积淀的城市来说，就更应该重视城镇形象的塑造，以具有特色的城镇形象推动旅游业及第三产业的发展。

三、城市特色与城镇形象

1. 城市特色的内涵

（1）城市特色是一种特殊的资源。首先，不同自然环境和文化背景生长出来的城市，其特色具有独特性。城市特色能够作为一种资源是因为其具有资源的共同特点"稀缺性"。不具有"稀缺性"的城市特色也就无所谓特色。城市特色的"稀缺性"决定其自身有价值性。"愈是民族的、地方的，愈是世界的"的寓意就在于此。其次，城市特色是特殊资源，其"特殊性"在于城市特色是城市的自然资本、社会资本（地域文化及其延伸物）、经济资本等继承的"遗产"，是一种复合资本。最后，几乎每座城市都是天赋的自然遗产和以往积淀的文化资产的载体，城市的发展、建设过程同时也是城市自然遗产和文化遗产保护和继承的过程，不同时期的自然遗产和文化遗产共同编织了城市自然环境和地域文化变迁的记忆。因而，自然遗产和文化遗产是城市特色的载体。

（2）城市特色是生命力、生产力。同类商品间的竞争，不仅体现在价格上的竞争，而且更注重商品个性化的设计，以赢得顾客的青睐。城市如同商品，只有具有个性化的城市，才能被顾客（投资者、消费者和游客等）认知、识别，才能吸引更多的外部资源以支撑城市的发展。城市特色是城市具有生命力的象征，对城市特色的继承、提炼构成了城市发展的生命主线。当前，在日趋激烈的城市竞争中，突出城市特色已成为城市政府吸引投资者、旅游者，发展地方经济，推销城市、经营城市的重要手段，成为城市参与城市竞争的锐利武器。

城市特色具有很强的地域环境和文化的根植性，不易被其他城市模仿和复制，城市特色作为复合资本，是城市竞争资本的核心组成部分，通过城市特色的塑造（城市特色的塑造过程也是城市内部自然资本、社会资本和经济资本等集聚、重组、运营的过程），实现城市竞争资本保值增值，从而最终实现城市竞争力的提升。此外，城市特色具有巨大的外在效应，城市特色塑造有利于提高城市的知名度、美誉度，进而增强城市的感召力和呼唤力，由此可见，城市特色是推动城市发展的战略性资源，是一种增量资源（即可以产生"触酶"作用而不断集聚各种发展要素，并进而转化为新的经济与社会资源）和发展的资源，具有边际收益递增的特点。从上述意义上讲，特色就是生产力，塑造城市特色，就是塑造城市经济增长点。

2. 城市特色和城镇形象内在的逻辑联系

如将城市喻为商品，那么城市特色犹如城市这个特殊"商品"的内在服务功能，是商品价值的主体部分，城镇形象犹如商品的外包装、商品的品牌形象。两者之间存在着密切的内在逻辑联系。

（1）城市特色是"真"，城镇形象是"美"。城市特色是城市流淌着的自然环境和地域文化变迁的记忆，是实实在在存在着的、能够被人感知的且有别于其他城市的"真"，而城镇形象则是基于城市特色的城市的外在表现，是城市内在"真"的外在"美"，即城镇形象是建立在城市特色的根基上的城市外在的艺术表现形式。城市特色是城镇形象的灵魂，城镇形象是城市内在"真"与外在"美"的和谐，只有真实地反映城市所固有特色的城镇形象才能令城市活色生香，才具有"美"的艺术感。城镇形象应该是城市内在特色"美"的真实的表达，而非一味追求现代化，一味地模仿他人，丧失了自己的"真"。背离城市特色的城镇形象包装犹如缺少"实质性内容"的商品。华美包装和夸张的宣传，实际上是欺诈、愚弄顾客的一种行为，最终会因"物非所值"而失信于消费者。城市特色的"真"，为"美"的城镇形象提供了塑造、设计的平台。

（2）城市特色是"源"，城镇形象塑造是"流"。城市特色是城市生命力的象征，是立城之本，是发展之"源"。不同发展时期的城市特色需要城镇形象来加以继承、提炼、强化，因而，城镇形象塑造作为凸显城市个性与特色的重要手段，是城市发展之"流"。城市特色是城市发展变迁中历史的遗存，深深印记在城市的物质环境和文化生活中，城市特色只有经过城镇形象的塑造、提炼，才能使城市发展的历史文脉得以延续，才能使城市发展的"源"不会枯竭。而城镇形象作为以城市物质环境外貌为载体的各种信息的综合反映，只有建立在城市特色基础上的形象塑造才有设计的"源泉"，城市发展的"生命线"才不会中断，才能在文脉环境上为人们创造连续的、可以使人感受到历史变迁和生活场景变化的文化背景；才能在视觉上为人们提供轻柔明快、典型鲜明的视觉享受；在空间环境上，为人们创造舒适方便的生活空间。

第二节　城镇品牌形象的识别系统

城市不仅是我们日常的居所，还是文明的集散地。一座城市，应该有自己独有的符号，透过这些符号，能探寻出一种文化、一种历史、一种气息、一种风情。

这种"城市符号"，可以是一座标志性建筑，如北京的故宫；也可以是一种风土民情，如成都的美食；也可以是一项产业，如大连的足球……当我们从不同的空间尺度上观察一个城市时，它会呈现出不同的形象。因而我们就应从不同的空间尺度着手来建立全方位的、整体的城镇形象识别符号。

在虚拟世界里，通过互联网了解它，这时我们可以产生一个大概的、模糊的形象。当我们从一个比较远的距离上远观它时，城市的整体布局与轮廓具有震撼人心的气势与魄力，壮丽恢宏，这就是它被忽略掉了的"势"。而当我们置身其中，我们不但看到它的细节，还能动用各种感官感觉它，这一切就是具体而又真实的"形"。

一、城市网络形象识别

在互联网时代，城市不仅要树立传统意义上的品牌形象，更要有自己的网上品牌形象。借助于城市的信息基础设施和空间信息基础设施所建立起来的数码城市是对现实城市中自然和社会活动的三维、多时期基于网络的数字再现，它的应用将遍及城市的各行各业和方方面面。包括政务系统、城市规划、市政管理、房地产管理、城市交通、环境保护、园林绿化、环境卫生、安全消防、网上医疗、电子银行、远程教育、智能小区管理、电子商务，等等。信息技术使得虚拟的一切像现实一样真实，却远远比现实更方便。

城市网络形象是物质城市在数字网络空间的再现和反映，是以信息（特别是空间信息）为核心、以网络为支撑的城市信息管理与服务体系。城市网络形象建设的任务就是利用现代高科技手段，充分采集、整合和挖掘城市各种信息资源（特别是空间信息资源），建立面向政府、企业、社区和公众服务的信息平台、信息应用系统以及政策法规保障体系等。这样就方便了想要了解我们城市的人，使他们能够通过互联网了解城市的一切。

二、地缘与地貌识别

城市对外散播的形象因素，首先是地理上的。不同的城市自然禀赋会有很大的差异，当我们设计城镇形象时，地缘因素是必须特别考虑的。在城镇形象设计中，对待自然资源与环境，应当强调顺乎自然。如果能给予重视并加以合理利用，会为城市锦上添花；反之会留下遗憾甚至导致恶劣后果。

地缘因素是城镇形象设计不可或缺的前提，也是此城与彼城相互识别的基本起点。如果我们在城镇形象设计和推广时适当强调城市的地缘识别，城镇形象将很有个性。城市就应与当地的地理气象条件、山水等条件有机结合，不可生搬硬套，更不可千篇一律。

地缘与地貌识别主要可以从"鸟瞰"和"地平线"两个远距离方向去研究，借助于自然的赐予来创造城市的"大势"。

1. "鸟瞰"识别

"鸟瞰"主要指人们从城市上方（如飞机、热气球、航天器等）进行观看，白天可以看到山川河流、建筑群、城市的色彩等远景；夜晚城市的夜景照明是城市的另一景象，富有戏剧性的灯光以及黎明和黄昏的朦胧的阳光提升了城市的艺术感染力。

（1）城市色彩识别。城市的色彩正如一幅图卷，站得太近你只会看见一个个的色块，而离开一定的距离你就能看到一幅美妙图画。航空技术的发展使我们可以在大尺度空间影像的判读中完成对城市总体色彩的景观研究，并且现代城市越来越多的高层建筑也提供了更多的制高点，使城市总体面貌更完整地展现在人们面前。

城市总体色彩并不仅是城市色彩高度抽象后的色彩倾向，还包括了城市色彩肌理、城市历史的色彩演变、城市色彩干扰和色彩景观异质性等丰富的内容，而且一个色彩规划良好的城市其总体色彩能呈现明确的城市功能分区和独特的城市色彩空间结构。

（2）城市夜景形象识别。照明设计是让一个城市在黑暗中仍然神采奕奕的最佳途径。它通过对建筑物或构筑物，广场、道路和桥梁，机场、车站和码头，绿地，江河水面，商业街和广告标志以及城市市政设施等照明对象的景观加以重塑，并有机地组合成一幅优美壮观、富有特色的图画，以此来展现一个城市的夜间形象。城市夜景形象并非要处处灯火辉煌、亮如白昼，要有重点、有选择地进行亮化。在整体统一的原则下进行亮化分区，通过不同的亮化色彩来表述城市的空间；并在亮化分区的基础上对亮点进行分级，使城市的夜景富有层次。国内很多城市已经实施了夜景观规划，如上海、深圳、厦门等。

2. 城市地平线识别

"地平线"识别主要指人们从远处看到的地平线上城市的轮廓线，主要由地形、建筑、雕塑等标志性元素的立面轮廓组成。

"地平线"识别是城市生命的体现，作为城市总体形象的轮廓，对于整个城市景观有着先导性的作用，是人们认知和记忆城市的途径和对象。对每一幢可能改变城市轮廓线的建筑都应研究它与城市的整体关系，特别是远离市中心的一些塔式建筑。

不同的城市拥有不同的天际轮廓线，它既是城市的象征，也反映了城市的独特性格。例如：从上海浦江东岸看外滩，从苏黎世湖侧看苏黎世，从美茵河畔看法兰克福，从维多利亚湾看香港，这些景象已经成为了这些城市的经典画面。事实上，这些城市的特有轮廓线也早已成为了它们的标志和品牌的象征。

三、城市感官识别

当我们置身于城市之中，我们可以近距离地接触城市的一切细节，这时人的各个感官都可以起作用，我们可以从人的各种感官入手进行城镇形象识别设计，完善方方面面的"完形"。

1. 视觉识别系统

视觉形象是城市外在形象最直观的部分，也是最能直接体现城市特色的部分，是城市的"体形、面孔和气质"。城市"VI"则是其最直观的部分，它能使公众一目了然地掌握城市特征与信息，并产生认同感，进而达到城镇形象识别的目的。

城市视觉识别的形成应以城市的历史文化为背景，以城市的理念识别为基础，以城市的行为识别为依托，经过科学的定位，精心设计，为城市树立一个崭新的形象。向公众直接、迅速地传达城市特征信息，形成城镇形象识别的底色。它包括城市标准名称、城市标志、标准字体、标准色及组合、市歌、市（花）树、城市吉祥物等基础识别系统及市旗、市徽、公共设施、城市导向、城市交通、城市展示、城镇形象代言人等应用识别系统设计。

2. 听觉识别系统

城市如人，有视觉识别，也有听觉识别。听觉识别是仅次于视觉识别的识别组成部分，比文字与图形传播的速度更快，范围更广，也更容易被人记住，其设计要素主要包括地方民歌、地方方言、地方曲艺、市歌及街头的叫卖声或者其他有代表性的声响（比如说伦敦的大本钟发出的钟声、苏州寒山寺的钟声）等。或优美清新或粗犷豪放的听觉形象可为城市增添无穷的魅力。

3. 嗅觉与味觉识别系统

嗅觉与味觉识别是辅助性识别设计之一，主要包括芳香的植被、风味小吃等。树木花草的馨香使城镇形象识别突破传统 CI 的领域而向嗅觉方面延伸。设想将城市的不同方位用不同花香的植物布局，在合适的时节，只要凭借植物的芬芳给人带来的陶醉便能明了此刻所处之处。杭州就将甜甜的桂花香作为城市识别的一种标志。另外，城市的美食和风味小吃给游客带来美好的味觉感受，都可能构成相关城镇形象的长久印记。

4. 触觉识别系统

触觉识别也是辅助性识别设计之一，主要包括材料的质感、色彩、造型和相应的功能体验等基本要素。例如，脚下的质感（如沙滩、草皮、卵石）、扶手或栏杆、可触及的特色商品等。

第三节　广场与城镇品牌形象塑造

城镇形象是一个抽象的概念，它与城市的历史、文化、区位、气候、地理环境、社会环境等都有密不可分的关系。但是，很显然城市的物质形象或者说空间形象在一个城市总体形象的形成过程中起着重要的、有时候甚至是决定性的作用。比如北京的天安门广场、上海的外滩以及杭州的西湖都对各自城镇形象的塑造乃至形成起到了不言而喻的重要作用。上述几个例子均是城市开敞空间的优秀代表，城市开敞空间设计是城市设计的重要内容之一。城市设计是对城市空间环境的设计，影响着城市面貌的形成，从而直接对城镇形象的形成产生作用。

一、城市设计

相对于城市规划而言，城市设计更加注重形体艺术和人的知觉心理，并与形体环境的概念相对应，其主要目标是改进人们生存空间的环境质量和生活质量。比如改变建筑物的颜色或外墙装饰不属于城市规划范畴，而是属于城市设计的内容，因为建筑物外貌的改变必然会引起环境面貌的改变。与建筑设计相比，城市设计更多关注的是建筑物之间的城市空间，它研究建筑物之间的相互关系以及其对城市空间所产生的积极或消极影响。"……埏埴以为器，当其无，有器之用。凿户牖以为室，当其无，有室之用……"老子的这段话常被引用来表述建筑空间的概念，对于城市设计，其研究的重点在于由建筑（填）所形成的城市空间。

《中国大百科全书》认为，城市设计是为人们的各种活动创造舒适环境，各种建筑物、市政工程、园林绿化必须综合体现经济、社会、城市功能以及审美要求的综合性环境设计。《大英百科全书》认为，城市设计是对城市环境形态所做的各种合理处理和艺术安排。显然，城市设计的核心问题是城市环境，城市设计是一种综合性空间环境设计。两幢建筑物与它们之间的空地加起来，其意义就超过了单独的建筑物加上单独的空地，原因就是它们彼此作用，形成了一个新的整体，这也就是亚里士多德所谓的"全体大于局部的总和"。

二、城市开敞空间

城市开敞空间，是指城市的公共外部空间（不包括那些隶属于建筑物的院落）。城市开敞空间包括街道、广场、公园、公共绿地、城市内部的自然景观，如穿越城市的河流、城市中心的湖泊等。

城市设计的实质是城市空间环境设计，而城市空间的精华在于城市环境的公共空间部分，所以城市开敞空间对于城市设计的意义很大。城市开敞空间是城市中最易识别、最易记忆、最具有活力的部分。城市开敞空间分布范围广、容量大，对城市环境质量和景观特色有着巨大的影响。北京的天安门广场、上海的外滩、哈尔滨的中央大街、华盛顿的宾夕法尼亚大道、纽约的中央公园，都成为各自所在城市著名的特征景观。

城市开敞空间对于城市的空间形象即城市风貌的形成和发展起着决定性的作用。开敞空间的边缘往往是设计中最敏感的部分。西湖的湖滨便是这样的"边缘"，它不仅是一条舒适宜人的步行景观带，还直接导致了杭州城市风貌的形成。城市开敞空间有时会成为城市开发中的呼吸空间，它提供了自然景观要素与人造环境之间的一种均衡，也成为高密度开发建设的一种变化和对比。比如浦东中心绿地，位于浦东陆家嘴金融贸易区的中心绿地，四周是大量的高层与超高层建筑，著名的东方明珠电视塔和88层高的金茂大厦位于其周围。中心绿地就像是陆家嘴金融贸易区的"肺",使之充满了生机与活力,也形成了该区独具一格的城市风貌。

三、广场

广场是城市空间的重要组成部分,传统意义上的广场是四周围有建筑物的开阔空间,这种布局可以有效地约束内部空间,同时也便于阻隔来自外界的干扰。这种院落式的广场往往具有象征性的意义,因此古希腊的大会场、古罗马的集会广场等大多采用这种空间形式。

随着历史的发展,广场的概念也发生了较大的变化,现代城市广场已经成为开敞空间(Open Space)的不可缺少的组成部分。很多时候正是由于有了美丽的城市广场,才形成了优美的开敞空间,才造就了美丽的城市。一个城市或许没有得天独厚的自然地理条件,但各具特色的广场会塑造出不同城市各不相同的性格。

在《城市意象》一书中,凯文·林奇总结了塑造城镇形象的五点要素:

(1)道路。大多数人是在城市的大街小巷行进的过程中使用和体验城市的,道路的图像主要是连续性和方向性。

(2)边沿。区域之间的界限形成边沿。比如上海的外滩,青岛的汇泉湾均可被视为边沿。

(3)区域。区域是具有共同特征和功能、范围较大的城市地区,是一个平面的概念,人们在此区域活动能感受到与其他城市地段有明显的不同。例如上海的豫园、南京的夫子庙均是具有强烈特征的传统商业、游乐、文化区域。

(4)结点。指城市广场或道路交叉口等非线形空间,可以看做是标志的另一种类型。

(5)标志。是城市中令人产生印象的突出形象,比如上海的东方明珠电视塔。标志既可以是高大的也可以是矮小的,但均应该是明显的视觉目标。

现代城市广场基本可以定义为是以道路或者边沿(建筑、水体等)所限定的一个区域,城市广场往往成为其所在城市的重要节点或者标志。由此可见城市广场对于城市开敞空间乃至城市整体空间形象的塑造所具有的重要意义。

四、广场与城镇形象的塑造

如前文所述，广场在城市空间环境的塑造上起着重要的作用。广场往往位于城市的重要位置，"尽管我们说广场的位置是由城市的发展变化而定的。但是，在我们观察了城市发展的每个进程之后，发现广场始终位于城市的核心位置。"没有广场，就没有欧洲的传统城市。比如坎波广场和著名的帕里奥竞赛之于意大利锡耶纳；圣马可广场之于威尼斯；米开朗基罗设计的罗马市政广场之于罗马。广场对于欧洲传统城市而言，是其城市生活的精神内核。没有广场，城市的特征也就消失不见了。从这个意义上讲，是广场塑造了这些城市的形象。对于我国的城市而言，广场对于城镇形象的塑造所起的作用同样重要，以下是几个国内的案例：

1. 大连

大连是位于辽东半岛南端的美丽海滨城市。1996 年大连获得国家园林城市称号，同年获得全国城镇环境综合整治优秀城美称；1997 年被评为国家环保模范城，并连续 5 年获得国家卫生城的称号。到 20 世纪末，大连成为中国北方乃至东北亚地区最美丽的花园城市。大连的城市建设取得如此巨大的成功原因归根结底在于对城市开敞空间的合理处理上：大连城区的自然景观特点是海与山。大连的空间环境特色，就是要突出这一点，使人们在市区能见到山、看到海。此外，大连市区的空间结构特点是众多的广场与放射型道路。从大连东部海港码头起，沿人民路、中山路、东北路有港湾广场、中心广场、友好广场、人民广场、五一广场等，在南部还有星罗棋布的其他广场，这些节点或者区域形成了大连的城市标志。大连众多的广场，不仅给市民提供了活动、休闲与聚会的场所，也增添了城市的文化素质，使大连的城市环境更有个性、更有魅力，并形成了城市建设的所谓"大连模式"。正是以城市广场为主的开敞空间处理得当，才造就了大连美丽的市容，塑造了大连现在的城镇形象——清爽、现代、大方。

2. 青岛

被誉为"东方瑞士"的青岛地处山东半岛东南的胶州湾畔，是中国重要的沿海开放城市之一，是华东地区仅次于上海的第二大经济中心城市。青岛依山傍海，风光秀丽，气候宜人。具有典型欧式风格的大量建筑，形成了青岛独特的城市景观和典雅氛围；赤礁、细浪、彩帆、金色沙滩显现出青岛作为海滨城市的特有风姿。青岛的城镇形象可以用四个词来概括：红瓦、绿树、碧海、蓝天，这已经为人们所熟知并广为传颂。近年来，随着五四广场、音乐广场等新广场的建成以及汇泉广场的重新修整，给青岛的城镇形象带来了新的变化。五四广场位于青岛市委、市政府大楼以南，香港中路与东海西路之间，是城市东部新的休闲旅游中心。广场以东海路为界分为南北两部分，中轴线上市政府办公大楼、隐式喷泉、点阵喷泉、"五月的风"雕塑及海上百米喷泉，富于节奏地展现出庄重、坚实、蓬勃向上的壮丽景象。主体雕塑"五月的风"以螺旋上升的风的造型和火红的色彩，成为了青岛新的城市地标。汇泉广场位于青岛市南区文登路中段两侧，分南北两部分，系国家级名胜区青岛海滨风景区的组成部分，占地13.43公顷。汇泉北广场是岛城最大的草坪广场，周边以水杉、花灌木为衬托，层次分明，景色绮丽，喷灌时可形成绿茵飞虹的美丽景观。汇泉南广场建有国内最大的电脑音乐喷泉，成为青岛海滨的一处景观中心。

广场已经成为青岛举行大型活动的重要场所。每年一度的青岛啤酒节就是以汇泉广场为主会场举行的；支持北京申办2008年奥运会的大型活动就是在五四广场进行的。广场已经形成了青岛新的城镇形象：信心、活力、开放以及蓬勃向上。

3. 临沂

临沂市位于山东省南部，因东临沂河而得名。临沂历史文化悠久，具备深厚的文化积淀。由于历史的原因，临沂市在经济、文化等方面一直属于欠发达地区，城市建设也长久处于杂乱无序的状态，城镇形象不佳。改革开放以来尤其是20世纪90年代以来，临沂进入了高速发展的历史时期，在工业、农业、交通、文教、卫生以及商贸等方面均取得了巨大的发展，临沂批发城已经成为全国最大的综合性批发市场，吸引了来自全国各地的客户及经营者。但是，临沂城市建设仍然比较落后，城市面貌陈旧，给人一种"土气、杂乱"的印象，对临沂的发展造成了不利的影响。临沂人民广场的建成，改变了临沂的城市面貌，塑造了临沂与以往不同的城镇形象。

临沂市人民广场位于城区中心区，东至沂蒙路，西至新华一路，南至银雀山路，北至红旗路。用地呈不规则的长方形，总用地面积约20公顷。临沂人民广场是结合临沂城旧城改造、道路改造而进行的。广场从性质上讲属于休闲型、生活型广场，广场中心的"山高水长"雕塑成为临沂的标志性景观。广场的建成，对临沂城的城建以及商业起到了立竿见影的效果：国际著名连锁店麦当劳、肯德基几乎在广场建成的同时入驻广场；广场地下的大富源超市生意火爆；广场周围地价、楼价猛增，并吸引了北京的房地产商投资两亿多元人民币对广场北部进行开发。广场的建成，使临沂城面貌焕然一新，塑造了临沂新的城镇形象：友好、大气、开放。

城市作为一个持续发展的地域空间，是经济、文化、生态、人口等因素的综合产物，其中人是主体，环境是条件，经济是支柱。一个城市的发展，最终必须依赖于产业的支撑和经济的发展。良好的城镇形象对于城市的发展有着巨大的影响，可以为城市的发展创造良好的外部条件。广场在塑造城镇形象方面可以发挥其特殊的作用，可以在城镇形象物质层面发挥作用的同时进而影响其精神层面。在城市中合理地设置广场可以改善城市的空间环境质量并提高城市的整体形象。

第四节　高层建筑与城镇形象塑造

一、高层建筑在城镇形象中所表现出的特性

高层建筑由于其巨大的尺度和体量，对城市街区甚至整个城市的

形象产生着巨大的影响。例如说到世界贸易中心（已在"9·11"中倒塌），人们自然会想到高度发达的纽约；说到佩重纳斯大厦，也就是吉隆坡双塔。它们都已经成为各自所在城市的标志和象征。还有我国上海的东方明珠电视塔，外滩错落有致的建筑间穿插的塔楼，为天空勾画了优美的、线条生动活泼的天际轮廓线。它们为上海的城镇形象画上了重重的一笔，象征着上海城市现代化的文明程度，象征着上海重现当年亚洲金融中心的决心和信心。正是由于高层建筑对城镇形象具有如此大的影响作用，高层建筑的设计和布局就成了城市需要研究的重大课题。

1. 文化性

中国人讲"天、地、人"三才，人介于天、地之间，地是人的世界，而天是神的世界，所以天是人顶礼膜拜、向往的神圣所在。无论是在东方还是在西方，"高"历来与神圣、尊贵、力量、权威等之间画上等号。圣马可广场的钟楼如图5-1所示，是出于上帝无处不在的暗示而建成的，并创造出一种令人兴奋的轮廓或天际线，以高象征神圣、权威、高贵就成了古人修建高层建筑的重要动机。

图5-1　圣马可广场的钟楼

从历史上来看，高层建筑所炫耀、象征的内容经历了一个从权力到财富到世俗权威的转变过程。现代资本主义社会金钱第一，于是高层建筑演变为商业性标志，高层建筑成了城市融入现代文明、融入世界主流文化的象征。同时高层建筑所蕴含的文化差异性、价值观的取向，承载了巨大的信息量，使其成为城市文化最直接的传播者。

2. 标志性和地标性

前者偏重心理层次，后者偏重地理层次，应该说体型高大突出的建筑都具有地标性作用，而并不是所有高大突出的建筑物都有标志性特征，只有同时具有心理和地理意义上的标志作用的高层建筑，才具有真正意义上的标志性。

在城市或区域中心的某些重要地段，如城市道路的交汇处或广场、绿地、水面的一侧布置高度和体量上占优势地位，并且在造型上有一定特征，在人们心目中形成某种特殊符号意义的高层建筑（或高层建筑群体），可形成对该城市或区域的标志性，如美国纽约的帝国大厦如图5-2所示，在高耸的塔顶上设置霓虹灯，使其轮廓造型日夜突出醒目，成为纽约重要的城市标志性建筑。香港中国银行大厦以其具有优势的地理位置、高大的体量和精美的造型成为了该地区的标志性建筑。

3. 天际轮廓线

建筑师勒·柯布西耶在《走向新建筑》一书中写道："轮廓线是纯粹精神的创造，它需要造型艺术家、建筑师用形式的排列组合，实现一个纯粹是他精神创造的程式。"建筑群组的空间分明、轮廓突出体现着城市的市容、景观，勾勒出一种建筑韵律，脉动着整个城市的文化意境，烘托着空间的气氛与情调。

城市天际轮廓线是城市整体面貌的垂直空间投影，城市空间环境形象最集中、最典型的代表就是城市天际轮廓线，高层建筑由于其高度的优势，使其对城市天际轮廓线的节奏变化影响巨大。例如最熟悉的上海浦东陆家嘴的天际轮廓线———东方明珠电视塔（高约456米）；背景是三幢超高层建筑（高约460米）；中间层次的弧形高层建筑群（高160~180米）；作为前景的滨江建筑（高40~60米），这四

图 5 - 2　帝国大厦

大组景疏密有致，高低起伏，而其间的高层建筑起着重音和强烈的符号作用，吸引和凝聚着人们的注意力，成为天际轮廓线的最强音，也造就了著名的上海浦东天际线的"一波三峰"景象，如图 5 - 3 所示。

二、如何通过高层建筑塑造城镇形象

1. 高层建筑形体造型的设计

（1）外部的形体变化。高层建筑的外部形体构成了它的框架，同时也是人们视觉的直接体验，并与城市环境、心理、文化等诸因素相关联。可以说，高层建筑标志性创作中，形体变化是产生标志特征的最基本的构思源泉。对标志性创作有影响的高层建筑形体大致可分为两种：几何体和雕塑体。平面形式的单一会直接导致高层建筑形体的单调和乏味，标志性自然无从谈起。因而可以通过标准层形式的多样化来丰富形体的变化，如椭圆形的深圳外贸中心、三角形的泰国曼谷旅馆、风车形的上海虹桥宾馆等。高层建筑形体创意常可以借助雕塑艺术的创作原理和方法，使建筑形象具有雕塑感。雕塑体在满足功能要求的前提下，力求塑造抽象、多变、新奇、纯粹的几何形体。香港的中信大厦，在外部形体上进行局部的缩进和切削，使建筑本身就好似一件精美的雕塑作品。把具有传统意义上的建筑实施艺术再创造，使人产生良好的审美体验，勾勒出的寓意不言而喻。

图 5-3　上海浦东天际线

（2）丰富的顶冠造型。顶冠是高层建筑的竖向体量在空中的终端形象，可以称为是整个大厦之冠，它是人们视线集聚的焦点，是建筑的标志和建筑师追求的外化艺术象征。与基座和楼身相比，顶冠对于造型的需要往往胜过对功能的要求，或者可以说顶冠造型是主要从形象本身考虑的一类造型方式，这与其作为高层建筑的标志、象征、广告等作用也是相一致的，因此顶冠往往又是高层建筑最具标志性、诱目性及表现力的部位。顶冠造型有许多可供选择的处理方法，恰当的、富有创意的顶冠造型，可以提供醒目的天际轮廓线，并对其整体形象起着画龙点睛的作用，使之表现出独特的性格与风貌。

（3）独到的细部处理。在当今的高层建筑创作中，已不单纯是理性主义统治之下的一种纯粹而简洁的美学。卢斯的名言"装饰即罪恶"也让现代主义建筑师们挥之不去，白色派代表人物迈耶用纯粹的手法去表现建筑。然而这些并不能抑制细部处理在建筑中所发挥的重要作用。建筑细部是建筑的一部分，是建筑整体构思的延伸，新颖独特精美的建筑细部能丰富建筑的内涵，充分展示建筑的魅力，如SOM建筑实务所设计的上海金贸大厦，整体造型立意取自高耸的中国石塔，体现了中国古塔精细而富韵律的风格，也使人联想到黄浦江的波浪滚滚向前。阶梯状造型以逐渐加快的节奏向上伸展，直到高耸的塔尖，尺度的变化增加了建筑的高度感。

2. 高层建筑与环境的结合

（1）与城市其他景观要素的呼应。注重和城市整体的关系，高层建筑的布局绝非任意定位，而是根据城市总体环境特点，利用高层建筑来加强城市的形态特征。高层建筑自身是一个视觉焦点，一个突出的景观要素，通常也是一定区域内的建筑和空间的构图中心，要通过它的组织作用，把它所能影响的范围统一起来，成为一个大的整体景观。

在城市的开阔地段、道路交叉处或弯曲部分，特别是能形成干道的所在，高层建筑对行人有远近和不同角度的透视效果，楼内的人也有广阔的视野和景观。高层建筑布局应注重与城市中自然环境景观的结合，注重对城市环境特色的利用，许多高层建筑群在外部空间上要避免千篇一律，珍惜城市中特殊地段的环境条件，如山岳、河流等，发挥城市自然环境风貌优势。同时高层建筑由于自身体量巨大，容易与自然山水形态形成强烈对比具有相得益彰的景观效果。

（2）高层建筑群体组合的统一。一座高层建筑塔楼可以创造城市的标志性空间，而一群塔楼则可创造城市的节点空间，鉴于高层建筑对城镇形象的重要影响，它们之间形象的统一协调就十分重要。要做到群体组合的统一协调，就必须要求每一幢高层建筑在设计时都要有整体意识，注重与其他建筑配合的问题。而这一切，要求在规划布局的时候做到群体式设计。

第五节 公共环境艺术与城镇形象建设

21世纪是一个以人为本、以人的全面发展为中心的新世纪，人们追求的是更精致的生活和全面的发展空间，越来越多的人会希望在城市生活中随处可以感受到艺术氛围，希望城市拥有令人赏心悦目的城市公共环境艺术，因而对城市公共环境艺术的探讨和建设已经不是个别人的呼吁，而是时代的要求。

一、城市公共环境艺术

1. 公共环境艺术

城市公共环境艺术具有公共性，与个人、团体、单位的环境艺术相对应，主要是指在城市建设中对公共环境和公共建筑进行艺术性的规划设计，在城市开放空间等公共性场所中对具有文化性和美感因素的构筑物、美术品、园林绿地及其他具有美感因素的实用物品的艺术设计和制作。

公共环境艺术是艺术的一个组成部分，并具有自身规律和特性。它走出艺术的阁楼，与公共环境、整座城市、人的生活紧密联系在一起，并具有一种互动关系。城市的公共环境艺术是人、自然、社会交流与沟通的媒介，展现着明确的或不明确的符号，草地、坡屋顶、标语、柱廊、锈了的栏杆、挂着彩旗的商店等，这些符号告诉我们有关城市产业、货物、社会地位、隐性功能、城市历史等许多有趣的信息，它是人们对城市感觉的一个构成。

2. 公共环境艺术的功能

城市公共环境在建设城镇形象上有着重要的作用，它有助于提高城市环境的品质，增强城市居民的生活情趣和格调，真正使艺术走进市民的生活中。因此它有下列具体功能：

（1）公共环境艺术具有教化功能。它是城市文明的重要体现和精神文明教育的重要手段，是一种向公众传播文化的载体，并带给市民和来访者良好的心理感受，引导人们趋向文明。这种作用来自于公共环境艺术作为艺术种类所特有的积极、向上的主题和美感因素。

（2）公共环境艺术具有审美功能。公共环境艺术是以自身的主题和形式通过艺术创造展现美，创造出感性的、直觉的以及理性的审美空间。它引导城镇形象与环境在审美特性上满足人类本性深处最原始的渴望——对美的向往。

公共环境艺术具有提高城市品质、塑造城镇形象的作用。这也是公共环境艺术最重要的功能之一，公共环境艺术存在的目的就是使人类利用艺术的手段去创造和美化生存环境，协调人与生存环境之间的关系，从而激发出城市的吸引力、创造力。从经济意义上来讲，它能为城市增加魅力，促进城市的繁荣和进步，尤其能给旅游业带来利益。

二、城市公共环境艺术的特性

1. 城市公共环境艺术的民族性

在工业化进程中有不少人在强调世界性的同时却忽略了民族性。城市公共环境艺术是最能体现民族性的领域之一，但越来越多的城市公共环境艺术却失去了民族性。不同国家和不同民族的城市具有不同的特色。仅就中国来看，中国的民族有 50 多个，各民族的城市在历史的长河中形成了以本民族文化为主的城市公共环境艺术，如西藏拉萨市的公共环境体现了独具特色的藏族文化，从而使拉萨与内地的汉族文化以及其他民族文化的城市区别开来。如果拉萨的公共环境艺术展现的不是以藏族文明为主的文化内涵，而是一味地模仿纽约或上海的公共环境艺术，那么拉萨也就将不成其为世人所向往的城市。

2. 城市公共环境艺术的地域性

城市所处的不同地理位置和自然条件，影响着它的布局结构和总体面貌。平原城市布局一般比较紧凑规整；丘陵城市地形复杂河谷交错；而山区城市或沿山而筑，或沿峡谷延伸，呈现出立体自由布局的山城特色；而沿江沿湖沿海城市环水朝天，又各有异趣。因此在理性上，城市公共环境艺术所具有的地域性，是人们长期与自然共同生存、互相适应的结晶。我们的城市建设只能建立在地域自然特色、文化特色之上，应尽可能地利用它、尊重它。特别是对难以再生的自然条件，任何人为的破坏都会遭到大自然的报复。

3. 公共环境艺术的历史性

城市公共环境艺术的历史就是这座城市的记忆，任何公共环境处在一定的时代背景下，一定会具有那个时代的痕迹，这些痕迹不一定是完美的，但是城市的一部分，是城市的记忆。"没有记忆的人是可怜的"，而没有记忆的城市是平淡的。在社会的快速发展中，资本与能源的高速流通培养了城市居民的适应能力，但在这种流动的社会中，城市所付出的一项重要代价是社会联结的断裂，这种断裂由于失去了过去与现代、未来的结合，会使我们的城市文化充满焦虑，而具有历史痕迹的公共环境艺术是弥补断裂的城市文化的最好粘合剂。当对历史的尊重投射在公共环境艺术上时，会反射出令人感动的人文光辉，正如今天当你徜徉在长安古城墙下，漫步在北京天坛公园里所领略到的感动、安详一样。

4. 城市公共环境的时代性

任何一座城市在塑造文化环境时，都应该立足当代，继承历史，有一个开放的精神空间，接受时代的新鲜血液。因为人类的生存形式和生存环境都在不断改变，只有不断地利用新技术、新科学改造我们的公共环境，才能使公共环境艺术具有生命力、创造力和活力。而我们在每个时代所创造的一切，都会经过文化的沉淀和时间的冲刷，最终变成历史的产物，这就是我们的历史性。当公共环境艺术的民族性、地域性、时代性、历史性结合在一起时，才会焕发出公共环境艺术真正的光彩。

三、公共环境艺术与城镇形象的关系

1. 公共环境艺术是城镇形象的组成部分

城市公共环境是城镇形象设计的重要载体，是多种人工建筑形态与自然环境形态的空间组合布局，是"城市的外衣"。一个城市的公

共环境艺术作为交流与沟通的空间媒介，使任何进入城市的人都能通过分析它们的内容、信息含量来了解城市，一个城市的形象或丰富、或贫乏，或真实、或虚假，或开放、或封闭，都会通过城市公共环境这个媒介展现出来，公共环境艺术通过控制或加强人们与城市在这个媒介空间发生的对话与交流，以新的方式塑造着城镇形象。因此，城市公共环境对于城镇形象的塑造有着特别的意义，它影响着整个城市的文化形象、经济活动。对于一个城市来说，它不仅体现了城市"机体"生长的健康程度，也是城市"灵魂"的集中体现。如在实现美化、净化、亮化环境的前提下，对主要街道和重要建筑的外形、色彩、灯饰、橱窗、花卉、广告标牌、雕塑小品、广场、喷泉、路灯、邮筒、座椅、公厕、店招、垃圾桶等，都要精心进行造型设计，使城镇形象随着这些"美好印记"的建设而升华。

2. 现代人文主义城市设计思潮兴起增强了公共环境艺术在城镇形象塑造中的作用

现代城镇形象设计中人文主义设计思潮的兴起，使人们在对城市空间的塑造中有了更多的细致化、理性化、人性化的探索，更多地考虑对人、对市民、对文化的一种无微不至的认同。这种日渐为人所重视的人文主义城市设计精神使我们看到了中国城市的希望，成都府南河人居工程、上海南京路步行街、重庆市区国际金融贸易区都是近年来我国城市人文主义设计风格的成功尝试和生态人文主义的代表作。从这些作品中我们可以看到这种城镇形象设计风格充分激活了城市公共空间环境艺术在体现城市活力与魅力中的重要作用，城市公共环境艺术是这些城市设计作品中的点睛之作。成都府南河环境再现了锦江两岸繁花似锦的古都精神。

3. 公共环境艺术是城镇形象塑造是否成功的关键，也是最困难的部分

城市公共环境艺术是城市形体环境设计中的一种构思、一种方法、一种手段，它贯穿于城市规划中的各个编制阶段，在不同编制阶段中都有自己不同的任务和重点。同时，它还要把城市规划进一步具体化、细致化，不仅要考虑静态的建筑等物质，还要考虑动态的在环境中活

动的人，要在设计中体现出对自然环境和历史文化环境的保护、利用和创新。所以，公共环境艺术的创造，有赖于规划、建筑、园林、美术、历史文化界等各方面的共同努力。

四、公共雕塑与城镇形象

1. 公共雕塑的内涵

公共雕塑即城市雕塑，它不仅是艺术作品，更具有社会属性和（视觉）大众传播特性。只单纯表达艺术家思想的作品，已不能够适应城市公共环境的需要。适应陶冶和启迪大众的审美情趣的需求，同时展现社会精神、城市风貌的设计思想成为艺术家们新的创作焦点。

公共雕塑类型繁多，在城市中通常以纪念雕塑、装饰雕塑和主题雕塑为三大主要类型。城市纪念性雕塑一般都设置于城市广场或进入城市的主要通道处。文化广场的雕塑作品设计，往往与纪念性的建筑共同传达着城市、民族、地域的人文背景，烙下时代的印记。广场的雕塑常以城市发展和城市突出事件、历史人物等来体现城市特色。如日本东京街头与环境设施融为一体的主题雕塑"吹笛神女"，除了其实用功能外，还起到营造区域环境氛围的作用，给行人以视觉美感。

时代的进步、科学技术的发展，都在促使人们不断追求新的审美情趣，更要求设计师寻求新的表现语言，如集合雕塑、废品雕塑、软雕塑、动感雕塑、感应雕塑、电脑雕塑等不同的雕塑作品表现形式层出不穷。成型的表现方式更加丰富多样，出现了堆积、焊接、铆接、敲击、装配、编织等方法，而且发展到应用机械、电子、声学与光学等技术。简单的雕塑定义已经很难适应当今实际存在的复杂情况，传统的雕塑语言被颠覆，只能将雕塑概念中的雕塑手法运用加以延伸，将过去对雕塑的认知定义扩大化。

2. 公共雕塑与城镇形象的关系

（1）公共雕塑与城镇形象设计的发展。城镇形象设计的视觉信息传达的重要载体是城市公共环境，城市公共环境是多种人工形态与自然形态的空间规划布局。作为公共环境艺术主要内容的公共雕塑是交流与沟通的空间媒介，它影响着整个城市的文化形象、经济活动，甚至是城市"灵魂"的集中体现。

在 20 世纪以前，由于受材料技术的限制，雕塑与建筑结合体的发展遇到瓶颈。而在现代材料的使用下，雕塑与建筑在形式与构造上的区分变得模糊了，尤其是一些现代建筑空间中公共领域的标志性设计，让人无法确切地说出是建筑还是雕塑，人们用"公共艺术"的概念来解释在现代艺术设计领域里这种模糊的形式。公共雕塑的更新发展有赖于雕塑艺术家与建筑师、规划师在空间里共创城镇形象的和谐发展。

（2）城市空间的塑造增强了公共雕塑在城镇形象塑造中的作用。公共雕塑是公共空间的重要组成部分，也是城市形体环境设计中的一种方法，它贯穿于城市规划中的各个编制阶段，在不同编制阶段都有自己不同的任务和重点。同时，它还要把城市规划进一步具体化、细致化，不仅要考虑静态的建筑等物质，还要考虑动态的在环境中活动的人，要在设计中体现对自然环境和历史文化环境的保护、利用和创新。

城市的构成包括色彩、质感、比例、风格、性质、个性与特点。许多城市都有悠久的历史，城市的构成通过其建筑风格和各种偶然性的布局展现了不同时代的印迹。对于环境的改造者来说，最主要的应该是从感情上去贴近公众。艺术的最高境界是和谐，对于公共环境艺术来说，和谐更是极致的追求。公共雕塑营造的公共环境艺术正是将和谐在现实中付诸实现的过程。而要使一个空间区域内的不同建筑群与公共雕塑、环境形成和谐的"城市交响乐"，就需要雕塑家、规划师、建筑师、园林设计师共同努力。

3. 公共雕塑表现城镇形象的设计手法

（1）公共雕塑对高差的处理给人以突出的印象。公共雕塑通常是靠对高差的处理使人形成突出的印象。为此，在设计上根据环境的特性，利用环境或依据设计思想可以改变地标高的尺度。同时应注意，夸大的尺度变形会产生意想不到的对事物本质的歪曲和失真感。

（2）公共雕塑是城市同公众进行交流与互动的媒介。城市公共空间为各类社会活动提供了空间，但需要有建筑及相关设施等来把分散的人群组织成汇集的人流。城市公共空间具有开放性的特质，在有吸引力的公共空间场所，公共雕塑正是这种公众领域里的组成部分和区域的媒介。

（3）公共雕塑的形式从建筑的内部及周边走向更加广阔的空间。公共雕塑的形式从建筑的内部和建筑的周边走向了更加开阔的空间，雕塑可以是建筑，建筑也可以是雕塑。当代的公共雕塑与建筑既可以相互衬托，又可以独立存在。城市空间在现象学的理论中，被看成是多个领域圈的集结，这种领域圈是由血缘、地缘、商业、政治、社会、文化等复杂的从经济基础到上层建筑的关系组成的生活圈。这是公共群聚的区域，每一方的公共生活圈都具有清晰的地域性、民族性等特征。

4. 公共雕塑是城镇形象设计发展的重要标志

城市的发展毫无疑问地离不开城市为环境提供已有的客观条件和可以开发利用的空间，设计师的视点必须是综观和全方位的，与城市环境相呼应的公共雕塑在一定意义上必然成为城镇形象的标志。这是因为：

（1）公共雕塑具有特定的文化内涵，虽然有些文化内涵在建造时并没有代表城市思想倾向，但是随着时间的变化，作品文化个性和意义凸显出来，与城市文化的融合逐渐被人们所接受。

（2）雕塑本身具有艺术与文化价值，且主观性明确。任何雕塑在建造时都有明确的目的，往往是作为城市或区域的标志性景观。

（3）有些公共雕塑具有某种特殊意义和明确的纪念意义，如城市的历史、名人、大事件等。

（4）某些能够反映城市经济、社会、文化特色的雕塑，如中国宜兴的陶瓷雕塑、美国一些城市里以汽车为内容的雕塑等，已成为人们心目中的文化符号。

（5）公共雕塑创新是城镇形象建设与开发的主要内容之一，也是城市艺术美的主要载体。

城市标志性雕塑是城市政治、文化与历史的反映，不同时期的雕塑无不被打上时代烙印。总之，城镇形象设计中最重要的基础是"公共性"，即体现当今时代的民众意志（公共精神），这个基础决定了由此而产生的各类公共雕塑的趣味与品质，也将最终形成城市乃至国家的形象与整体风格。

第六节　城市 CI：城镇形象营造的新方法

一、城市 CI 的概念

城市 CI 是将 CI 的一整套方法与理论嫁接于城市规划与设计中，全称为城镇形象识别系统。近年来我国在实施城市现代化的更新与改造中有相当力度的投入，很多城市均在创造有特色的城市面貌方面作出过探索与努力，但城市面貌在焕然一新的同时也带来了新的千篇一律。其中原因很复杂，但我国现行城市规划体系过于注重城市的物质性与功利性而忽视这些物质与功利要素的美学组合应为其因之一。我们将 CI 理论导入城市设计，即是想弥补此不足。城市 CI 正是利用 CI 系统的理论、方法与城市设计结合，实现城市规划和艺术设计学科的边缘交叉。

城市的总体形象，是人们对城市的综合印象和观感，是人们对城市价值评判标准中各类要素如自然、人文、经济等形成的综合性的特定共识。所有这些要素的突出点均可能成为影响总体形象的关键所在。城市 CI 即要在这些因素中提取关键因素，并用图式的语汇来表述，然后在城市设计中针对各种景观构成要素进行统筹的安排。这里所说的图式语汇我们称为城市视觉识别系统。城市视觉识别系统是一个城市静态的识别符号，是城镇形象设计的外在硬件部分，也是城镇形象设计最外露的最直观的表现，它来自于城市又作用于城市。这种有组织的、系统化的视觉方案，是对城市精神文明与物质文明的高度概括。通过城市 CI 的研究，突出城市独特的社会文化环境，提高知名度，从而为经济的发展提供良好的外部环境。

二、城市 CI 与 CI 的异同

城市 CI 虽由 CI 嫁接而来，两者之间还是存在一定的差异。表现为：城市 CI 的行为对象是城市中人，CI 的行为对象是企业的员工；城市 CI 的行为主体是城市，CI 的行为主体是企业；CI 的属性提取强调企业性格及经营策略，有功利目的；城市 CI 则强调城市性格与城市发展战略，属公益目的。城市构成错综复杂，包含政治、历史、宗教、经济、文化等多种门类并有很强的综合性；企业则较为单一。城市占据的空间较之企业要更为广阔，其规模也远较企业为大。

城市 CI 源自 CI，因而具备很多共性。一是两者的方法论相同。CI 是对企业进行整体包装，城市 CI 则对城市进行整体包装，两者就方法论而言均是概念的图式化与形象化的结果。二是两者使用的概念一脉相承，如形象设计、行为对象、CI 设计、理念等。三是两者均强调视觉的传媒效应，因而二者均以人为本，着重研究行为主体与行为对象之间的信息传递及信息反馈。

三、城市 CI 的内容

就应用层面而言狭义的城市 CI 最具有现实意义。狭义的城市 CI 即城市视觉识别系统（类似 CI 中的 VI）主要处理城市的公共界面，如广场、街道（步行街）、滨江滨湖滨海地带、公园和绿地等城市景观。这种景观大可至城市或街区，小可至建筑或软硬质景观。狭义的城市 CI 对城市总体形象营造有战术意义。

广义的城市 CI，除囊括上述所有狭义内涵外，还是对该地城市环境、城市活动、城市构成、城市规模等各类要素的总体概括。如有些城市提出的"市训"，即是城市精神文明战略的目标；有些城市提出"市民行为准则"，是对市民文明行为的倡导；现行的城市发展战略研究更趋于对城市物质目标的追求，因而具有物质文明特性，这些均属城市 CI 的理念。由广义的城市 CI 所形成的理念可以成为一个城市追求和奋斗的目标，是城市的精神文明与物质文明建设的总体反映。

因此广义的城市 CI 对城市总体形象营造具有战略意义。狭义的城市 CI 对下列所述的城市设计内容在总体形象方面有实践指导意义（以下的城市 CI 均意指狭义的城市 CI）。

（1）广场。广场类型多种多样，一般有疏散、休闲、购物、文化、集会、纪念等功能，多数广场均是上述功能的复合。广场在城市中有特殊地位，而城市中心广场又被喻为城市的客厅，是一个城市对外展露的窗口，因而也是城镇形象表达的关键。广场的形象意义已不在于广场本身，而是城市整体形象及面貌的客观反映，这正是城市 CI 的用武之地。

（2）步行街。这是另一个重要的城市 CI 表演舞台。步行街商业繁荣，人流密集，具有广袤的吸纳能力，是城市中的磁性点；也是行为主体和行为对象之间一个极佳的交互场所，是城市标志性的空间，具有形象的传播意义。步行街的设计不仅要在缤纷繁杂的商业气氛中寻找城市的整体统一，而且还要弘扬城市的地域文化特点，显示出城市的时代特征。而这正是城市 CI 所涉猎的内容及要达到的目标。

（3）滨江、滨湖、滨海地段。这些地段均为城市的重要展示界面。江河湖海为城市提供了一个全景的空间场所，城市音乐化的轮廓、万家灯火的景象、充满神秘幻想的空间在此得到充分的展现。

（4）城市软硬质景观。软质景观为城市植被。花草树木的季相变化色彩纷呈，中国古代文人墨客历来好以植物作为颂咏的题材，久而久之使很多植物均具有人文色彩及人格化意义；植物的芬芳对人的感官有直接作用，所有这些均是城市 CI 的资源。硬质景观指道路铺装、围墙、栏杆、标牌、电话亭等城市组件。这部分内容与人的关系最为亲和，是人可触摸范围，也是视觉可精细辨别的领域，具有城市 CI 中的触媒意义。这些城市设施及城市组件最需用城市 CI 的方法进行整理。

四、城市 CI 设计

1. 形象定位与概念抽取

城市 CI 在操作过程中首先要慎重处理城镇形象定位，并进行可行性研究论证。城镇形象定位即从城市自然、人文、经济等错综复杂的对象中抽取其中的要点并概念化。这些要点及概念应能综合反映出城市的地域性、文化性、时代性特征。地域性特征主要反映城市的地理面貌、乡土特点等方面；文化性是城市政治、经济、宗教、民族、科教、历史、文物、民俗等多种因素的综合；时代性是城市发展的必然要求，是对空间意义的地域与文化特性的补充。三者的结合能充分表达城市脉络，体现概念对城市的时空意义，推演出城市鲜明的个性。通过对这些要素的整理和抽取，城市 CI 力图创造城市的整体统一，而这也是城市规划及设计所要达到的目标之一。但现行的城市规划与设计对城镇形象要素的整合是分布于专业工种的分项工作中，缺乏总体的安排。对各专业的实施，规划部门也缺乏使之统一的有效的控制管理目标，以至于部门间各行其是。

因此城市 CI 对城市规划管理也具有方法论意义。由此可见城市 CI 中的核心工作——形象定位与概念抽取的重要性。

2. 概念的图式化过程

CI 操作的第二步就是依据上述形象定位及分析得出的概念进行图式化处理。图式化处理即为图案设计，该图案应能比较准确地表达概念的意义，这是城市 CI 设计的关键。图案应在多方案比较中产生，并需海纳百川，以期能得到更广泛的支持。概念的图形可有多种，但一定要主次分明。因为城市之广袤，非能以一图形而涵盖之。

3. 标志物与标志图案

基本图形确定后，下步应考虑图形的适合对象。一是图形应选择城市结构中的要点，它可以是建筑、构筑物，也可以是广场。选用建筑物和构筑物能借助其空间体量"作秀"，视觉冲击力强；选用广场则可利用其在城市中的特殊地位，增强心理凝聚力。二是标志图案、标志物与城市的联系密切，对于一次规划分步实施的新城，在设计阶段就应得到解决；对于城市综合整治工程，则需因地制宜，结合已有的并为大众所接受的地物标志进行安排。三是对同一标志图案应在平面及空间的形态上做多样化构成分析。例如将平面的标志图案依照图案关系做拉升处理形成空间构成，可能产生多种多样的不同形态，这些形态可用于小品、城市设施甚至建筑。即使是平面的图案也需做不同的适合纹样设计，以适应地面拼花、指示路牌、窨井盖板等的需要。

4. 标志色

城市的标志色应分两个层次。第一个层次为城市的总体色彩，主要由建筑构成。如北京市市政管理委员会规定以灰色调为主的复合色是北京的标志色。该色彩是在北京 800 多年的建都史中形成的，并和北京的地域及气候特点相适宜。国外许多大城市都有色彩规划，如巴黎的标志色是米黄色，伦敦的标志色是土黄色等。第二个层次为近人尺度的城市硬质景观色彩，主要有人行道及广场铺装、各种标识广告牌及城市设施的用色。第一层次标志色的确定主要有两个影响因素。一为反映城市历史及现状的色彩因素，该因素强调色彩的时间连续，防止城市色彩的断层与“代沟”；二为反映城市地域及气候因素，即自然条件对城市色彩具有挑选及淘汰的作用。该因素是客观规律的结果。第二层次标志色的确定主要与城市的人文情感有关，色彩的选择空间较大。该层次是与人有触媒作用的公共空间界面，在这个公共界面中的色彩应反映城市构成单位的个性，这是城市各构成单位自身的要求。如银行系统的用色、某些商业连锁机构的用色、某些国家职能单位的标准用色等。我们强调的城市第二层次色彩并非要改变城市单位的色彩个性，而是要在缤纷繁杂的色彩中强调某种与城市整体有关的色彩成分，建立一条脉络明确的城市色彩主线，使城市公共界面的色彩你中有我、我中有你，体现城市公共界面的视觉统一性。第二层次色彩丰富多样，是对第一层次色彩的补充。虽然各式鲜明的色彩在微观上差别很大，但宏观上所有色彩都是经人眼调色综合作用后的结果，这种色彩的空间视觉调和作用对印象派色彩理论有独到的理解。第二层次色彩正是通过参与这种调和而作用于城市第一层次色彩的。

城市的标志色也可导入分区概念，城市的不同区域可用不同的色彩作标识，这种标志色的分区应顺应城市结构，以创造丰富多彩的城市格局。

5. 城市景观元素的 CI 设计

（1）建筑小品。建筑小品包括花坛、座椅、围墙、栏杆、报刊亭、小商亭、喷水池、广告栏等。城市设施包括电话亭、公交车站、人行天桥、垃圾桶、邮箱、指示标牌及灯杆等。建筑小品与城市设施种类繁多，影响面大且权属单位复杂，缺乏统一的规划控制。城市 CI 要求将它们统一设计、统一实施、统一管理。这些构成元素也就成为城市 CI 设计的重要部分。其设计与布局应以城市 CI 的概念抽取、理念分析为原则，以城市 CI 的标志图案为依据，结合城市的标志色进行总体规划、统一部署。

（2）广场及人行道铺装。城市中的广场及人行道铺装的色彩、材料也应纳入城市 CI 设计的统一范畴。城市 CI 要求铺装的色彩应统一在城市的总体部署中。色彩布局要依一定的原则进行，如根据街道的方向选用不同的色彩，又如根据城市的环路选用不同的色彩或以主次干道为原则来确定色彩的布局等。无论哪种色彩分布方式均可达到强化城市标识的作用。广场、道路铺装材料的选用亦然。此外，标志图案在铺装中的重复使用可以强化城市视觉的连续性，使各种不同功能及性能的城市组件形成统一。

（3）绿化。城市 CI 对绿化的要求主要有以下几个方面：一是我国很多城市均确定了市树市花。市树市花可标示城市的地域特征，而且还蕴含一定的人文意义。有些城市还将其提升到精神文明层次，如黄山市的松与"黄山松"精神，武汉市的梅与"傲雪"精神等，这应是城市 CI 理念构成之一。二是道路骨干树种的选择与布局和上节所述铺装有异曲同工之处，也是城市 CI 需统筹规划的对象。三是花草树木的气息对城市可起到标识作用，不仅丰富了城市的节令文化，而且增加了城市的趣味。

（4）亮化。城市亮化拓展了城市空间范畴，是城市景观表达的延伸。城市 CI 要求城市亮化在整体统一的基础上进行亮化分区，通过不同的亮化色彩来表述城市的空间层次及景深；并在亮化分区的基础上对亮点进行分级，场所的重要性是区别亮化分级的重要根据。城市的亮化因素经城市 CI 归纳整理后应达到使城市的夜景空间富有层次又重点突出的目的。亮化分区可以依据城市结构用不同的色彩来表达；亮化分级使用的方式更多，如光晕、光色、光强的变化，运动型灯光的使用（镭射灯光）等。

（5）城市的标牌及广告牌。城市的标牌有路标、单位标识等；广告有商业广告和公益广告之分。城市 CI 要求所有的标牌、标识设计都应具备 CI 特征。值得注意的是城市中的交通标志本身具有视觉的完整、统一性，已具备城市 CI 的各种属性，我们应对其色彩和形象给予尊重。

6. 城市 CI 的成果内容

综上所述，城市 CI 应包含以下的内容：城镇形象定位与概念抽取，概念的图式化设计，标志色、标志物与标志图案的确定，景观元素的 CI 设计。

（1）城镇形象定位。包括城市精神、市民行为准则、城市发展战略目标。

（2）标志物与标志图案。包括标志物与标志图案的多样化比较设计；根据城市尺度确定的标志物及图案的尺寸要求；标志物与标志图案的适合纹样设计等（可考虑方形适合、圆形适合甚至椭圆形等不同的类型）。

（3）标志色。应根据城市及当前的色彩现状确定第一层次的标志色，根据城市的环境、文化确定第二层次标志色，选用的色彩应有一个量化标准，并要与标志物和图案纹样的设计配合。

（4）城市景观元素的 CI 设计。包括花坛、座椅、围墙、栏杆、报刊亭、小商亭、喷水池、广告牌、电话亭、公交车站、人行天桥、垃圾桶、邮箱、指示标牌及灯杆等元素，其设计要与标志色统一，以标志图案为特征。城市景观元素可采用举证式的设计方法。

（5）绿化。包括骨干树种的选取、绿化造型图案设计。

（6）亮化。包括灯色的分区以及亮点分级。

第七节 城镇个性与城镇文化

一、城市个性的内涵

城市的个性就是区别于其他城市的独特魅力和特征。城市的个性可以定义为：城市个性是指城市在形成发展过程中，由区域特定地点上的某一个或几个具有"比较优势"的自然或人文要素属性特征开始，通过区域竞争等相互作用逐步强化并凝结在城市内部而区别于其他城市所独有的城市形象识别体系的内核。

城市个性的内涵主要包括以下几个方面：

（1）城市个性的稳定性。城市个性是在城市自身的形成发展过程中逐步建立起来的，不是偶然的突发的就能够产生的，因而城市个性具有发展的相对稳定性和可利用价值的长期性。

（2）城市个性的渊源性。城市个性与区域具有密切关系，直接受区域的影响。城市个性一定是区域内特定空间范围内某一个或几个自然或者人文要素特征的节点。由于特定区域组成要素及其表现方式的相对一致性，而这些要素的空间变化具有渐变性特点，因此，城市个性一定在这些要素表现最突出或者这些要素发生突变的地方，才能具有空间上的"比较优势"。

（3）城市个性的可比较性。城市个性的形成要素是从区域中具有比较优势的属性开始的，在此基础上借助于城市主流人群的培育和选取使城市个性凸显。

（4）城市个性的空间性。城市个性一定是在区域特定空间范围内产生的，区域空间是城市个性的载体，城市是空间的产物，城市个性也必有空间的基底作为支撑才可能建立。

（5）城市个性的识别性。城市个性的特征是区别于其他城市所独有的城市形象识别体系，这种识别体系奠定了城市个性的鲜明性，让其他的城市容易鉴别区分。

（6）城市个性的内在性。城市个性是一种内核，是城市本质的反映。城市个性的表现虽然具有独特的外在性，而实质上城市个性奠定在城市的内部，只有深入挖掘才能够找出来。

（7）城市个性的外延。城市的个性形成因素很复杂，简单可以分为三类：自然因素，主要是地理区位条件；经济因素，主要是产业结构和产业细分；人文因素，主要包括历史文化、民族传统、生活习惯和价值精神等。城市个性的耦合方式是较难确定的，是在上述因素的条件下，经过主流人群的认知选择，及同其他城市的比较显现出来的独特城市个性。城市个性的外观表现形式主要是，能被人们外在感知的独特城市风貌，可被识别的个性城镇形态，及能够量化比较的产业结构和空间结构等。一座城市找到了自身的个性，就会确立自身的有利发展机遇。

二、城市的个性危机

1782年，詹姆斯·瓦特发明了蒸汽机，引发了产业革命的风暴，从此新技术不断诞生，实用、廉价的新产品充斥了城市与乡村。人们在享受现代工业文明带来的舒适与方便时，却猛然发现世界变得如此机械重复。人们迅速地相互同化，追随同样潮流，最终落入抄袭和模仿的圈套。这就是人类文明的全球化，是社会历史发展的必然，这也是一把双刃剑。它是人类社会的一大进步，使文化与信息打破了传统地域的束缚，成为全球共享的资源；同时它混淆了时空的秩序，淡化了地域的差别，把地域文化推向了同化和消亡的危险边缘。

全球文化趋同现象反映在城市上，就是城市的地域文化逐步被全球文化淹没，建筑的民族性被建筑的国际性所取代。如今的城市建设，不论是建筑规模、数量、类型、技术还是速度都是已往任何历史时期所不能比拟的。密密匝匝的超高楼群，几百米的大跨度建筑，一望无际的大厂房，各种纵横交错的高速公路以及形形色色的建筑外观，不断地超越人们对城市的想象。现在只要业主愿意，可以任意挑选来自南美的木材、欧洲的大理石及英国的石板，也可以向建筑师预订"欧陆风情"、"现代主义"或是"高技派"。建筑元素的丰富带来城市的均质化——退远了看千奇百怪的房子，城市的模样是如此平庸、俗气、没有特色。

就在摩天大楼、立交桥、玻璃幕墙作为现代化城市的重要标志被竞相复制时，就在一大堆假古董招摇于街市时，传统建筑文化仅仅只象征性地被简化成建筑的拼贴符号，城市个性终于在大拆大建的灰尘中被湮没。具有浓郁山地风情的重庆，沿山两侧清爽宜人的吊脚楼已拆毁殆尽；泉城济南，由大明湖南望千佛山的低平城市轮廓线、风景视线通廊一去不复返，古城的原有建筑风貌在悄然消失；风筝之都潍坊，在一阵"推土机式"的旧城改造之后，一片很有地方特色的传统民宅悄然消失，以"园小景物繁，院窄意境阔"著称的国家重点文物单位"十笏园"，孤单单地被埋没在高楼群中；号称是"东方威尼斯"的苏州，曾经是河道交错、小桥流水、白墙青瓦、缘水而筑的建筑城市，现在仅剩下几个古建标本。照此速度发展，半个世纪后，众多的城市将会是现代简单克隆的产物，这样的结果只能是城市个性的模糊。当城市都有似曾相识的感觉时，当我们不知居住的城市究竟是"家乡"还是"他乡"时，这将是对现代化巨大的嘲弄。

三、时代呼唤个性

面对城市个性的丧失，人们谨慎地审视全球化行为，重新探讨现代文明的价值。现代化绝不是制造单调和重复模式，而是塑造更加多元化与自我的生活方式、生活场景和生活状态。事实上，社会学家与文化研究者认为，在人类逐渐从工业社会向后工业社会转变之际，受后现代观念影响的人所具有的最基本的心理和行为特征，就是个性生活方式与个性导向的思维模式，人们对个性的依赖简直成了一种生存状态。

城市作为人类生产和生活的主要聚居地，其个性也越来越受到人们的关注。一个城市在全球市场经济中的竞争力，关系到该城市的市民就业率、总体收入水平和该城市进一步发展的潜力，关系到该城市的兴亡和衰退。城市要在残酷的竞争中争得一席之地，必须善于推销自己，展示出良好的城市形象，必须在宏观经济区域内有一定的影响和作用。此时城市不再仅需求现代城市的共性，更需求城市的个性。有学者称全球信息的共享将世界带入了"注意力经济"时代，那么"耀眼夺目"的城市个性必将吸引更多的"眼球"，有力地促进人才、资本及市场等资源的汇集，为城市注入强劲的动力，提高城市的核心竞争力，进而创造更多的财富。

城市的历史和文化孕育了城市的个性，城市个性蕴含着人及社会的内在素质，反映了人类文化的历史积淀。因此，每一个城市的个性都表征了一种文化，都是人类文化宝库。自然界中，生物的遗传和变异都是以多样化的物种为基础的。同样，人类文化要继承、发展和丰富，也需要从各种地域文化中汲取营养，通过并列、对比、交错及渗透等多种手段进行重构，以达到在继承中创造的目的，满足时代对文化多样化的要求，实现人们日益增长的个性心理期望，给生活中的人们带来乡土感、领域感、归属感、认同感和繁荣感。

个性是城市发展的客观选择。21 世纪的城市，不只是经济的竞争、科技的竞争，更重要的是文化的竞争与环境的竞争，独具个性特色的城市之林中一定会因其得天独厚、凝聚着地域文化传统的精华而具有强劲的竞争力。

四、城市个性的发展之策

1. 以开放的胸襟保护现有的城市个性

保护城市个性不仅要保护那些代表地域特色的古文物和古建筑，而且应当包括保护地方民俗、地域文化和地方精神的内容。古老的城市遗存和地方传统除了为城市营造出人工自然环境，还为城市展现出地域色彩鲜明的文化环境，它们不应该成为城市发展的负担。可惜的是不少决策者和开发商对这些往往不屑一顾，片面追求短期经济效益，推倒了许多含有历史意义的古迹，泯灭了地域文化，削弱了传统在城市建设中的地位，从而丧失了发展城市个性的良好契机。

保护城市个性并不是一味的怀旧和复古，那些片面强调民族性、地域性而表现"中国固有民族形式"和"夺回古都风貌"等做法，是幼稚地模仿古代建筑，用本土文化被动地抵制全球文化趋同的趋势。这种企图通过一成不变的传统形式来保持地域性建筑，是极其消极和不现实的。传统城市之美，并非全写在表面形式上，表达一种传统"意境"要比采用某种形式重要得多。传统文化具有的历史感和神秘感，建筑与环境所散发的原始与古朴的气息，才是保护城市个性所追求的目标。日本建筑的现代化，很好地处理了文化传统与现代化的关系，能给处于彷徨之中的中国有所启发。日本现代建筑绝不复古，却能传日本悠久文化之神。它们携带了日本民族文化的基因，用国际性的建筑语言来阐释，散发出浓郁的地域性和民族性。如日本著名建筑师黑川纪章致力于探索哲学与建筑的关联性，创作出许多体现日本文化精神的建筑。他设计的和歌山现代美术馆，用抽象的屋顶形式以及建筑外部色彩的灰色和黑色与附近的和歌山城得以协调。这里既有日本传统建筑的非对称手法，又有现代建筑的几何形状，将日本传统建筑中的"奥"与"轻"的传统精神在现代建筑中由表及里地反映出来。黑川纪章所创作的建筑丝毫没有任何模仿传统表面形式的痕迹，而是体现在建筑设计中的传统精神的深化与提炼。

2. 大胆地对城市个性进行创新

今天的创新就是明天的传统，未来的文化在今天的创造活动中诞生，而不是来自于传统的滞留。21 世纪的科学技术和人文科学将会以我们难以想象的速度跳跃发展，人类的社会、经济、科学和文化等各个层面突破彼此分割的多中心状态，走向世界范围内的同一化进程，既是对地域和民族文化的极大挑战，也是发展个性的巨大契机。只有不断创新，适时地启用先进科学文明的成果，结合地方性的适宜模式，赋予城市个性新的意义，才是个性的生存之道。

过去人们认为，城市个性是一种"传统"，一种固有的模式，是一种需要去发现、研究和继承的"文化遗产"。必须认识到城市个性是动态和发展，是随着时代的变迁而变化的，只有创造性地发展城市地域文化才能使它产生长久的魅力。英国的伦敦，在泰晤士河滨河区改造中，并没有拘泥于条条框框，千年"眼"、千年穹顶和千年桥等建筑都采用了新的材料、新的结构和新的形式，以它们张扬的姿态，为古老的城市平添了现代的气息，焕发出勃勃生机。

在全球化环境当中，城市个性文化和国际性文化可以相互转移和补充，一方面优秀的个性文化可突破地域限制而转化为国际性文化，同样，国际文化和其他外来民族文化也不断被吸收，融合为本地域文化的一部分。单纯的"模仿"是个性消失的重要原因，对西方建筑的照搬，各种不加分析、不加取舍的建筑耸立在不同文化背景的地域上，将大大冲击本地的城镇文化特征，削弱城市个性。积极地面对全球物质文明，对其进行分析取舍，在保留本地区地域文化精髓的前提下，充实和发展本地域的地域文化，将会极大地丰富城市的个性。

第六章　城镇文化，城镇品牌定位之魂

只有作为整体，作为一种人类的住处，城市才有意义。

此语表明了一个基本的道理，即城市首先是人们的一种居住形态，用今天的话说，城市是一种"人居环境"。

当然，城市不仅是人们的存身之地，它还有着更深层的内容。从满足基本的生存需要来看，城市与乡村并无多大差别，但是人们聚居于城市则可结成各种社会关系，扩大交往的范围，不仅创造了更多的财富，而且能获得乡村所不具备的精神生活，生活水平明显提高，生活内容也大为丰富，诚如亚里士多德所说"人们为了活着，聚集于城市；为了活得更好，居留于城市"。换言之，城市无论其文化背景多么特殊，从本质上讲，都在一定程度上代表着当地的以至更大范围的美好生活。离开了人的生活，所谓的城市充其量只能算是文明的废墟，抑或历史的遗迹。

城市同人们生活之间这种本质上的关联，正是我们理解城镇文化的关键。可以说，一个城镇文化的形成，就是人们在追求物质和精神文明发展过程中的总和。城镇文化体现着城市居民对未来的追求，体现着整个城市的精神面貌，支撑着城市发展。城镇文化中蕴含的，是一个城镇发展的潜在力量，这种潜在力量是城镇营销中最核心的价值之一。

第一节　城镇文化，外在形象与内在精神的人格化统一

城市作为人类适应环境的一种特殊方式，是人类文化的组成部分和独特的文化现象，反映着它所处的时代、社会、经济、科学技术、生活方式、人际关系、伦理道德及宗教信仰等。城市在不断适应环境的过程中，产生了各种不同地域及不同时代特色的生活方式、行为模式与建筑形式，亦即城镇文化。就其内涵和外延来看，有别于其他文化，城镇文化是具有鲜明城市特征的一般文化。

一、城镇文化的定义和内涵

现代研究表明，广义文化指人类在历史发展过程中创造的物质财富和精神财富的总和，狭义文化一般指特定区域内社会发展中创造和形成的具有自己特色的价值观念、行为规范、道德操守、精神风貌、知识、艺术的总和及其凝结。城镇文化属于狭义文化范畴，指城市发展过程中映射着民族的、时代的城市人格体现，包括城市宗教的、哲学的、道德的、审美的文化集中表现，概括来说，城镇文化体现了城市发展过程中的外在形象与内在精神的人格化统一。

二、城镇文化的特征

1. 聚集性

城市以其独有的向心力使人类的财富、信息、权力乃至全部生活方式都以城市为中心进行汇集，这个集中过程使城镇文化更具社会化，它的涵盖面越来越大、凝聚力越来越强，这必然带来文化在城市的聚集和繁荣，进而逐步形成多民族多文化特色。人类创造了城市，也创造了城镇文化。正如刘易斯·芒福德所说，"城市是文化的容器"，是人类文化的荟萃之地。在城市积聚的文化有来自不同时代的文化（古

代文化与当代文化）和来自不同方向的文化（民族文化和外来文化）。这些文化不仅在城市积留，而且在城市融合、渗透和创新。

2. 层次性

城镇文化是一个多层次的、综合的、复杂的统一体。法国历史学家莫里斯·埃马尔指出："城市是一些纵横交错、布局密集的空间，是按照虽不成文但人人均需严格遵守的一套一定之规部署的，这些反映在城市生活各个层次上的规定，决定了文化的复杂性。"文化是人类创造的物质财富和精神财富的总和，城镇文化是人们对城市的综合认识的体系。城镇文化形象的构建可分为：

（1）物质文化层。它包括城市的公共设施、形象标志等。例如，主要建筑、公园、道路、广场、市徽、雕塑等，是人们创造的物质财富的积累和体现，从不同的侧面体现了城镇文化。

（2）行为文化层。它是人的行为在城镇文化中的体现，承载着城市特有的文化信息，是文化通过一定的主体行为体现出来的。它包括城市社会秩序、人际关系、管理模式等，例如，城市政府行为状况、市民素质、各种社交活动等。

（3）观念文化层。它是城镇文化的一种升华，是城镇文化形象的最高境界，最能体现城镇文化形象的特征。它包括城市精神、城市人的价值观念、城市法律法规等。

3. 多元差异性

工业化的发展、市场经济的洗礼、信息化的来临，这些冲击和影响渗透到社会生活的每个角落，加之城市生活的高度差异性，使人的生存含义发生了变化，在以商品生产和消费为主的生活中，城市人彼此作为高度分化的角色相遇。多元差异性的城镇文化环境为每个市民提供了多种选择的可能，"个人同其同类相分离的可能性不断发展，并且不断强化着个人共性中的个性差别"。城市从来就是各民族、各种文化相互混合、相互作用的大熔炉，新的文化、新的风俗与新的社会形态就从这些相互作用中产生出来。城镇文化的这种多元差异性，极大地激发了城市的内在活力，增加了对不同文化背景的人的吸引力。

4. 地域性

城市是经历了漫长的岁月逐步发展而成的，由于地理位置、生产生活方式等的差异，历史地形成了不同的地域，不同的地域文化又有着不同的特色。另外，自然环境的影响，也使每一个城市都存在着深层次的文化差异。自然的影响愈是多样化，城市的整体特性就愈复杂、愈有个性。作为地域的中心，城市承载着其所在区域历史文化传统的积淀，这是城镇文化产生认同感、归宿感的基础，也是城市个性形成的根本原因。城镇文化的地域性差异是城市应保存的有价值的文化内涵，是城市市民对本民族与本地区和本城市的历史、传统、宗教信仰及其载体的一种成熟认同了的看法及行为表现。城镇文化是城市得以延续的重要内容。一座城市能够延续下来，在很大程度上取决于城镇文化的延续。一座城市，其过去的文化和现在的文化都是它的价值所在。若抛开长期积淀下来的城镇文化，则该城市的知名度、凝聚力和辐射力就会减去大半。虽然现代化的传播手段使当代生活具有更多的共性和世界性色彩，但这并不能完全取消各个地区的独特文化，相反还刺激了各地区的城镇文化向更具有地域性的现代化方向发展。

5. 辐射性

城市一旦形成，它就为人流、物流、财富流、信息流大量频繁的交流提供了极为便捷的场所，不同的文化在城市里得以交流发展。人类的知识、思想、经验、技能在城市里日复一日、年复一年地积累着，并被整理加工为一种约定俗成的生活秩序。城镇文化在交流和发展中呈现着远离传统、趋向共同性的势头，并向城市四周辐射，这已成为城市天然的属性和功能。

这种文化形态的横向运动，是由于城市和乡村文化上的对立与不可分割，是由于各地区间、国家间发展的不平衡，是由于文化上的交流、传播和融合。例如，中国黄河流域形成的文化体系辐射到整个中国而形成了中国文化区，某些要素传播到朝鲜、日本便形成了文化区的复合带。近代史上西方文化随军事、宗教和贸易等手段的传播，在中国沿海城市形成了租界区建筑，以及当代沿海开放城镇文化对内地的渗透等。这种辐射是相互同化的过程。在城镇文化不断向四周辐射的过程中，人类文明得到了进一步的发展。

三、城镇文化的功能

城镇文化是城市发展的动力。城镇文化的层次性和历史积淀决定了它不会是单一的形态。正是这种矛盾性和复杂性使得城镇文化产生了内在的张力，而这种张力会对文化的发展起到强有力的驱动作用。

1. 精神支柱

城镇文化是城市发展的动力——创造力的基础，现代经济的发展，很大程度上取决于人的主体精神、创造精神的发挥。文化不但能解决人的信仰之类的问题，更能提高城市居民的素质。获得了强有力的"精神支柱"的社会成员，其较好的理想性和预见能力、实现目标的行为能力、较高的技能等，构成了社会发展所需要的最重要的人力资源。这些社会成员既是文化活动的直接力量和热情参与者，同时也是重要的生产力因素。因此，在大力造就文化的同时，就意味着为经济发展和社会全面进步，提供了强大的精神动力和智力支持。

2. 产业支柱

文化产业是被誉为未来最具潜力的产业之一。文化资源的开发，不但可以收到良好的社会效益，而且可以收到良好的经济效益。我国在经济活动中，已有不少借助某种文化或文化符号来催生经济发展的例证。内陆山区城市更应该把文化产业作为新的经济增长点，以加快文化产业的发展，来创造经济高峰；将现有的某些个别的行为，组织为本地区规模化、格局和谐的文化产业。如挖掘本地丰富绚烂的民族文化资源，努力形成规模效应，将其培育成为地域文化的支柱产业；将现有的文化事业中可能的部分，转向产业化发展适应现代社会需要，充分发展人文景观优势，大力发展旅游产业；将具有文化行为趋向的部分，逐步向产业化引导，如积极培育发展现代经济的产物——网络文化，使之成为未来经济的增长点。城镇文化为城市经济的可持续发展增强后劲，在一个社会系统内，经济和文化从来都是共生互动的，文化生活既为经济生活所制约，而文化资源又是经济建设的宝贵财富。一方面城镇文化的发展提升了城市品位，另一方面城市品位的提高也为城市发展提供了内在动力。

3. 环境功能

在现代市场经济条件下，社会环境质量的高低在某种程度上决定于经济活动能否正常、协调、高效运行。所有的环境，归根结底是一种文化环境。这种环境在经济条件相同的情况下，决定人流、物流、信息流等重要生产要素的合理流向，是地域经济发展的基础要素。所有较发达的城市和地区，都将优良的环境视为生存发展的主要前提，甚至当成目的。文化在构成城市环境中，发挥着超乎一般的作用。除了从整体上营造出城市生活氛围，如建筑艺术、园林艺术、街景、文化设施，还塑造着城市的文化形象，体现着城市的文化性格。可以说，城镇文化的发展在相当重要的程度上决定着这个城市的形象。

4. 辐射功能

先进地区和先进文化，在与落后地区和落后文化的相互影响中，总是占据主导地位。我国一些大中城市，都十分注意拓展自身的辐射能力，在辐射作用中获得自身发展的更大空间。经济辐射能力虽然效益可观而且直接，但也往往易受多种限制从而出现单调、停滞。相比之下，文化的辐射力就自由广阔得多。深圳、海南开发初期，其先进的现代文化观念，就吸引了相当多的人才和项目。西安的"古文化"节、兰州的"丝绸之路"节、长沙的"金鹰"艺术节等，对于塑造现代化城市形象起到了极大的作用，也为城市创造了其经济行为无法比拟的声望。

城市是一个结构、一个体系，是一个复杂的多因素、多层次、多侧面的客体。政治、经济、社会、地理、技术、环境、资源、历史等诸多因素都同时发生作用。同时，城市又是一个动态系统。影响特定城镇文化的因素既有自然的，又有人为的，更有社会的，这些因素结合起来形成为一股合力，促成了特定城镇文化成为一种独特的文化整体，在行为方式、观念形态及价值规范领域形成相对一致的文化体系。只有准确地掌握了城市中一切文化现象的城市特征，才能真正认识、继承和发展传统的城镇文化，强化城市的个性，提高城市的可辨识度。

同时，要充分挖掘和发挥城镇文化之于城市发展所具有的内在的社会、经济和文化功能，使其成为城市发展的动力。

第二节 城镇形态的文脉意蕴

一、城镇形态相关理论回顾

作为整体的城镇形态可以分解为以下几个层次：建筑物（Buildings）、开放空间（Openspaces）、街道（The Street/Block）、街坊（The Neighborhood or District）。城市（The City）、区域（The Region）、城镇形态只能历史性地被转换和替代，具有不断的自我更新能力。由此，元素形式（Form）、组织特征（Resolution）以及历史关联（Time）构成了城镇形态研究的三个基本要素。

城镇形态的历史特征使其成为特定文化的载体。城市生活的印迹在不断的积淀中凝固成具有一定含义的形式，这种形式传达着某种概念，表达某种象征。它在特定的环境中展示着自己，并且作为一种存在，在不断与其环境进行相互作用的同时，也发展着自己。由此，形式获得了自主，并被赋予了意义。事实上，一切看得见的东西，当它们显示出象征意义时，也就是说当我们对它们做比喻性的解释时，它们都与一些看不见的意义与观念有关，也就是说与特定的事件或历史相关。城镇形态也是如此，它总是包含着历史的信息。

形态包含历史，整合形成文脉。这里的历史就是场所与事件的契合。参与事件的相关因素均在该场所中留下记号或烙印。当历史结束，场所失去原有的功能成为一个纯粹形式而呈现在我们面前时，促成它的相关因素作为记忆呈现出来。由此，形式就与过去发生联系，并且具体地体现在类型上。时间在类型上成为永恒，这里的时间是永恒的过去、现在和未来的三个阶段的统一体。

反映在城镇形态的构成上就是使其具有了文脉的意蕴。文脉，是介于各种元素之间对话的内在联系。城镇形态的文脉概念应从形象扩大到各方面，包括人与建筑的关系，建筑与其所在城市的关系，整个城市与其文化背景之间的内在关系等。同时也包括人造的、自然的、文化的和历史的等因素之间的关系。事实上，在城镇形态中强调文脉，已在其形态构成中要顾及所在环境的因素，尤其是其历史文化因素。

城镇形态构成中强调历史，也就是在强调认同。城镇形态在其漫长的演化过程中，在每一位市民的心目中形成了对城市的认同。城镇形态的构成指由于这种认同一致才会具有意义。一个城市失去了自己的历史，也就失去了自己的"身世"、失去了认同。

二、对城镇形态文脉体现的正确认知

正确认知城镇形态的一种行之有效的方法，就是发掘出表达不够完全的城镇形态表层背后暗藏的深层结构，弄清城市以及造就这一城市地域社会所特有的规律和规律之间的相互关系，发现它所具有的文化精神。

以方格网状的城市图案为例，如果仅用"井然有序"来表达对城市的印象和理解，显然就失去对藏匿于城市深处脉络的把握。这由一两条垂直相交的坐标轴划分城市的各个组成部分的图案，在各自的地域社会中具有特定的内涵和结构。古希腊的"棋盘形"的城市规划模式将城市划分为神殿区、住宅区、公共建筑区三个部分，体现了希腊城市中市民平等的一种文化精神；古罗马的方格网结构中的纵横街道必须依据太阳的路线天轴来定，是一种具有感情色彩的设计；而我国的传统城市道路系统绝大多数采取南北向为主的方格网布置（由建筑的南北向布置延伸出来），则是表达了传统空间文化的宗法等级制度和封闭的特征。

由此可见，城镇形态是一种存在于该地域社会特有文化中的集团一致所在的构图，城镇形态的设计必须与地域文化和地方特色结合起来。

三、文脉意蕴在当今城市理论中的体现

1. 地方城市（文脉城市）

地方城市是源于区域主义规划流派而产生的未来城市理论，它认为现代城市的缺陷在于过分强调技术的作用，而忽略了城市的文化属性，忽略了城市社会结构和居民文化价值观念的相对稳定性，忽略了不同自然环境和历史环境中形成的城镇文化风格多样性。在城市设计中，该理论首先强调保护和修复具有地方性和文脉意义的城市历史地段。该理论提倡从地区的文化变迁出发，关注地区发展需求和地方环境，体现出地区传统中仍有活力的部分与全球化的现代文明所提供的最优部分的"创造性综合"。

2. 山水城市

山水城市是从中国传统的自然风景的基础上提出的未来城市构想，它倡导在现代城市文明条件下人文形态与自然形态在景观规划设计上的巧妙融合。山水城市的特色是使城市的自然风貌与城市的人文景观融为一体，在尊重自然生态环境的同时继承中国城市发展的特色和传统。

3. 普通城市

普通城市理论是从对传统城市的发展中所处的困境的思索开始探索，先是设想隔离传统，然后设想让历史和现状共存，让历史成为多重现实的一个层面。鉴于亚洲许多城市由于人口的压力而几乎彻底地放弃了历史，该理论开始考虑历史所代表的"可识别性"究竟有什么真正的价值，是否进一步的现代化必将使普遍性成为城市的唯一特性，而对历史的眷恋是否阻挠了历史的发展等问题。

4. 可持续发展的城市

可持续发展的城市（Sustainable City）是指人口和商业都不断努力在邻里和区域水平上改善其人工和文化环境，而且各项工作要遵循全球可持续发展目标的城市。可以看出，可持续发展的城市是可持续发展世界观在城市区域水平上的具体应用。

5. 现实意义

中国城市的传统形态自20世纪50年代以来就遭到系统性的破坏：

老城结构的解体，城墙的拆除，重要道路的拓宽，大量的现代建筑在老城中出现以及城市广场的设置等。而随着城市化的加剧，中国城市正面临另一次考验，在这一过程中，影响着中国城市规划及城市设计的主流思想显然来自于重视技术忽略历史文化，反映当年物质化社会的西方工业化城市规划理念。可以说我们的城市正在慢慢的"失忆"，在某种程度上来说是在重蹈严重破坏城市文脉的欧洲工业化时代的覆辙。正如 Aprodicio A. Laquian 所说：21 世纪城市最重要的挑战是如何防止技术对个人产生反人性化的影响。"城市的空气使人自由"（亚里士多德），愿人类固有的精神和城市中的人文因素指引我们前进。

第三节　城镇精神，城镇文化之韵

城市精神是城镇文化的根与魂，是城市文明的核心。一座没有精神和文化的城市，是一座没有灵魂的躯壳，犹如一个人来人往松散的驿站，缺乏足够的凝聚力和影响力。

城市精神是城市兴旺发展的精神支柱，代表着城市人民的精神追求。所以振兴城市的关键是重建与弘扬城市精神，其中城市雕塑作为城市精神的载体，要体现思想性与文化性，展示浓郁的城市历史文化特色与鲜明的城市性格。城市精神是城市雕塑的灵魂，是城市雕塑规划的必需基质。

一、城市精神

城市精神是城市的灵魂，是一座城市经济、文化、社会、历史等方面高度的凝练，是一种意志品格与文化特色的精确提炼，是一种生活信念与人生境界的高度升华。它是一座城市从外到内显示出一种地域性的群体精神，包含着城市内生活成员秉承的共有价值观。它是一座城市被认同的精神价值与共同追求的境界，是一座城市创业发展的精神支柱和内在动力，是一座城市的精、气、神。城市精神对城市政治、经济、文化的发展有着高度的战略指导意义。

城镇文化构建着城市精神的基础，涵盖了精神的内容。城市精神是城镇文化提炼出的灵魂与意韵。城市精神是城镇文化的重要组成部分，又是城镇文化的实质与核心。每一座城市都有自己的独特的历史与文化、鲜明的个性和表现符号，并因此而散发出特殊的气质。

一座城市的人文精神，是城市文明演变的必然趋势，城市精神在城市漫长的历史演进中逐渐形成、铭刻着清晰的地域特点。目前国内一些发达地方已有意识地构建城市精神，如南京提出的厚德载物；上海市与时俱进地培育城市精神，大力塑造"海纳百川、追求卓越、开明睿智、大气谦和"的新形象；杭州的"精致和谐、大气开放"；深圳提出的"开拓创新、诚信守法、务实高效、团结奉献"；"诚信、博大、和谐、卓越"，既准确地把握了青岛的人文特色、思想胸怀，又充分反映了城市的天然特征、固有性格。而越来越多的城市也在认真地总结与提炼自己城市的文化特征，认真梳理所在城市历史与发展过程中逐渐形成的人文基质和精神特质。

在经济上，提炼城市精神能够有效地促进经济发展。城市精神是城市综合竞争力不可或缺的要素，是城市"软实力"的核心，塑造与弘扬城市精神，培育经济发展的"软实力"，将文化优势转化为经济优势，是现代城市可持续发展的必由之路。上海，深圳等国内较发达的城市都将城市精神的塑造视为提高综合竞争力的一个新增长点，作为推动经济和社会发展的新动力来看，这种经验值得学习和推广。例如，三亚城市名片征集活动，其最根源的诉求就是，发掘深藏于民间的三亚城市精神，以这种精神为指引，构建三亚的核心竞争力，激发起所有三亚建设者的斗志，谋求经济社会的更好更快发展。

从历史的角度看，"民族精神是一个民族赖以生存和发展的精神支撑"，古今中外历史悠久的城市几乎无一例外地形成了自己的城市精神，即便是历史很短的城市也是如此。德国文化哲学家斯宾格勒说："将一座城市和一座乡村区别开来的不是它的范围和尺度，而是它与生俱来的城市精神。"城市精神对一座城市的发展非常重要，它是一种人文资源形态，是一种软环境，一种地域优势。

一座城市如果没有精神，就没有灵魂，就没有准确的核心理念定位，就没有奋勇争先的精神动力源泉。只有打造出自己的城市精神，才能对外树立形象、对内凝聚人心，使全市人民上下团结一致、共谋发展。所以要从战略高度去把握城市精神的重要意义，促使城市先进文化的综合全面发展，形成城市发展的强大的软实力，推进我国城市全面协调可持续发展。

二、城市精神的培植和升华

　　城市精神是在城市的整个发展过程中自然形成的，具有一脉相承的连续性，贯穿于一座城市的过去、现在与未来。所以应当重视历史的传承，从根源发掘城市精神的富矿，并紧跟时代的节奏与脉搏，才能最终引领未来的发展趋势。

　　当下培育城市精神已经成为政府、市民、建筑师、风景园艺师、雕塑家、人文学者等各行业专家所共同关注的问题。培育和塑造城市精神，是软环境建设的核心内容，如广西南宁开展了声势浩大的城市精神建设大讨论；青岛先后开展"培育城市精神，提高文明素质"、征集评选城市精神主题语、评选"感动青岛10件事"、青岛城市精神论坛等活动。可以说，城市精神的培育已经得到了各界足够的重视，城市精神正在转化为全社会的价值取向和精神动力。城市精神综合凝聚了一座城市的历史传统、精神积淀、社会风气、价值观念以及市民素质等诸多因素，在提炼与概括城市精神的过程中，要综合考虑这些要因。

　　打造城市精神一定要注重发掘并彰显城市个性。由于历史传统、地域环境、思想文化、发展水平等方面的差异，每一种城市精神都是与众不同的，是其所属城市本身特有的，这种个性是城市精神的重要支撑。城市精神不能脱离历史遗传和地域特色，更不能脱离目前城市现状，而应该是构筑在原有基础上的改造和创新，若全盘摒弃原有的地域精神痕迹，也就丧失了其本身的特色，所谓城市精神也就变得"千城一貌"。因此无论是城市精神的内涵还是文字表述都要深刻反映出自身的特色，展现城市的独特魅力。

城市精神必须以人为本，一切服从于唤醒人的自知、提升人类素质的需要，关心人的长远发展的全过程，侧重人的全面发展的需要。这样才能够引领市民奋发向上，提高城市凝聚力。同时城市精神要具有一定的前瞻性，要考虑城市所在地区域位置、作用，以及时代潮流、文化走向等因素，并具有一种广阔的全球化视野，引导外界全面准确地了解城市，加深对城市的印象。在城市精神的提炼过程中，要重视民众的意见，争取全民参与。要让市民意识到自己对城市负有的义务和责任，作为城市中的一员，不仅是城市精神的接受者，同时也是一位精神文化的参与者和维护者。无论如何，城市精神是只有通过市民的精神气质、道德素质、生活方式以及规章制度才可以体现出来的公共价值。

　　城市雕塑作为城市精神与文化的艺术载体，不仅是一门艺术，更是代表着城市的文化创造。它永恒的生命力量带动了城市脉搏的跳动。城市雕塑是城市精神之魂，是城市的名片。如何升华城市精神是当代城市规划建设管理者的重要任务。要通过多途径来发现、开发和发展城市精神的主要载体，在众多的载体如道路、广场、雕塑、公园、山川、河流等当中，应该说雕塑留给人的印象最为深刻，只有把握住城市精神的精髓和特质才能使城市雕塑成为城市发展的重要推动力，才能发挥城市雕塑的最大功用。城市精神是群众在多姿多彩的社会实践中培育和生长起来的。一次次重大活动、重大事件、一项项重大工程，都是城市精神的催生点和生长点。北京 2008 年奥运会的承办就是一次难得的城市精神发展与升华的契机，历届奥运会的举办城市都在经济、文化以及国际地位诸方面得到或多或少的提升。而各国知名的专家更为举办城市提供积极向上且富有建设性的文化瑰宝。

三、城市精神的当代意义

　　城市精神是城市的一面旗帜，它的气质和特点不在于这个城市有多少高楼大厦，而是在于这个城市具有多大的对内凝聚人心、对外树立形象的双重导向作用和现实意义。

　　从外在看，城市精神表现为一种风貌、气氛、印象；从内在看，城市精神则更多地表现为一种市民精神，是这个城市民众群体集体所拥有的气质和禀赋的体现，这种气质和禀赋透视出市民群体的价值共识、审美追求和信仰操守。城市精神印记着古老岁月的过往，弘扬着时代的主旋律，展示时代人的风采，憧憬着未来的崭新风貌。

城市精神引领市民奋发向上，提高城市的凝聚力。城市精神是广泛存在的，分布和蔓延在我们的生活当中。当发生灾难与危情的时刻，城市精神会起到中流砥柱般的作用。在抗洪、抗疫、抗雪、抗震面前，人们显示出大无畏的果敢作风，听从党和政府的领导与号召，能够团结一致共渡难关。例如，在百年不遇的汶川大地震灾害面前，党和政府动员社会一切力量支援、救助、服务汶川人民，体现出中华民族伟大的"抗震"精神，就是"万众一心、众志成城、全力以赴"的团结协作精神。

城市精神能够真实地反映地区的社会发展水平和文明程度，而且会对城市未来的发展和演进产生很大的影响，对社会未来发展具有某种牵引、推动作用，通过不断地总结、提炼、培育和发展城市精神，无疑将引领城市不断走向新的辉煌，因此城市是一种潜在的社会发展催化剂和推动力量。城市精神受到城市活动的影响而相应地发生变化，大事件的辐射力最强，一种生活方式、一种娱乐方式也能够影响到一座城市的精神风貌。小的事件如一个商业性的新节目，实际上是在为一座城市制造着假想的城市形象。一座当代城市可以有几百万甚至上千万的人口，人们的知识、兴趣爱好、精神境界的差异几乎是不可能达到同一标准的。然而如果经营成功的话，这个假象的城市形象本身也会成为城市市民的一种认同方式。人们通过这个假想的城市形象本身也会成为城市市民的一种认同方式。人们通过这个假想的形象去重新认识和体验这个城市，从而形成新的城市凝聚力。"小吃一条街"、"庙会"、"赛龙舟"等具有民族历史特色活动的恢复，重新激发起市民们旧有的情绪，重新唤起传统节日的体验。商业性质成功地得到市民的认同而成为城市精神的一部分，并反作用于人们的生活。

四、城市精神和城市雕塑

城市精神是城市雕塑的灵魂和血脉。没有城市精神的城市雕塑是一具没有思想的空壳。城市精神是在城市文明长期发展过程中逐步积累、凝聚而来的，它含有一座城市的性格特征与人文特质，具有一定的个体差异性。所以城市雕塑不只是雕塑本身的事情，它首先是一座城市精神的主观实体表现。

城市雕塑以唯美的形式诉说着城市最动人的故事，使城市的历史与文化、城市的特色与闪光点一览无余。通过城市雕塑就能很快地读懂一座城市，读懂它丰富的内涵与内在风韵，感受到城市最鲜明的时代特征与历史文化传承。优秀的城市雕塑作品不光造型给人以美感，裸露在大自然下，任何视角、任何地点都带给人美的倾诉。城市雕塑作品符合大众共有的审美观，并且其内在思想风韵也是至真至纯，符合人类最彻底、最核心、最本真的人文精神，是真善美的和谐统一体。例如美国位于纽约港内的贝德洛斯岛上的自由女神像，它象征着自由、进取、热情奔放且一往无前的美国人民，成为美国民族精神与民族气质的象征，是美国最有地域性和象征性的雕塑作品。

城市雕塑是城市发展史中城市精神的承载者，是城市灵魂的主要铸就者，与城市血脉相连，息息相关，是城市不可或缺的一部分。城市雕塑一定要表现城市精神，传播城镇文化，反映时代的心声与时代的要求。城市雕塑的出现客观上弘扬了城市的人文精神，两者相辅相成，以人文精神为鉴可以有效防止垃圾雕塑的生成。城市雕塑是一门特殊的艺术，它的特殊性在于，它与一座城市的文化与精神密不可分；城市雕塑艺术相对于城市精神来说只算是一个分项，它永远是从属于城市精神的；成熟的雕塑其实是被城市精神所决定、所制约、所选择的。所以，城市雕塑作为一种文化现象，它是一个综合性的东西，只有把它放在城镇文化的框架中进行整体的考察，才能真正理解城市雕塑的内涵和韵致。如果仅仅从艺术的角度看城市雕塑，往往抓不住思想的核心。

城市是随人类文明的高度发展而产生的高级聚落。城市雕塑是城市公共艺术最主要的构成部分，它对城市建设起到画龙点睛的作用。城市精神是一座城市雕塑的灵魂，城市雕塑要以城市精神为核心，展现城市未来发展的构思。一座杰出的城市雕塑体现着该地域最具代表性的文化精神，代表着一座城市的文化内涵和品位，反映了一座城市的精神气质，是艺术地记录国家与城市的历史、文化最有效的方式。

城镇文化的重要内涵是表达出人类共同关注和向往的思想情怀与精神境界，同时力求能够创作出代表绝大多数民众一致和人民普遍能够接受的审美样式作品。同时，兼顾弘扬城镇文化与城市精神的共同体现。好的标志性雕塑设计首先应该结合当地的城镇文化在艺术与精神含义上达到相同的高度。城市雕塑凝聚了城市每一个发展阶段的精神面貌，反映了城市居民在不同阶段的信仰和追求，也印证了不同时期居民的价值观念和审美观念的转变。同时，城市雕塑也提高了城市的文化气质，满足了居民的文化需求，是城镇文化底蕴和经济实力的最直观最集中的表现。只有将城市精神融入到城市雕塑中，尊重艺术规律，不断开拓创新，才能将城镇文化活的灵魂展现出来，满足民众的审美需求，为城市公共艺术的发展指明方向，为城市文明的进步提供源源不断的动力，促进我们的社会全面和谐可持续地向前发展。

【案例】上海的城市精神

上海是由一个小镇发展起来的城市，坐落长江口，黄浦江是它的母亲河。半殖民地半封建时期，上海沿着黄浦江西侧建造了外滩，其中一些建筑是世界级的著名建筑，在世界建筑史上有一定的地位。现在的上海，以浦东为龙头，引领长江三角洲，背靠大陆，面向海洋，视野宽阔，气魄宏大。城市精神是一个城市的灵魂，这种精神应该是一种大度的精神、一种宽容的精神。上海人精明、能干、讲效率，但也残存着一种封闭的"里弄精神"，因此，上海人更需要努力培养大度、宽容的精神。

上海的城市精神应该是开拓性的，上海应该大胆向海外开拓。上海的经济、外贸处于全国领先位置，但现在只是有限度的开拓，应该面向世界，勇于冲击，增强开拓力度，而不应该只是局限于自己生活方便、买东西方便。上海人还应该努力吸取、传承、学习中华民族的优秀美德，要谦和、要宽容、要亲近，要使全国人民甚至全世界人民都说："这是我们的上海。"

近百年来，上海是从苦难中走过来的，今天的繁荣是用民族的血和泪换来的，忘记历史就意味着背叛。广州是个英雄的城市，有黄花岗七十二烈士，有辛亥革命、北伐革命的先驱，而上海的小刀会、商贸、七七抗战、四行仓库等，在革命年代也是英雄辈出。一个地区、一个民族、一个国家，如果没有"精神"，无论多么强大也难以持久。所以，爱国主义也应该体现在上海的城市精神里。半殖民地半封建的本土文化和海外文化的碰撞带来了上海地区的"海派"文化，因此，上海人比较开放、比较容易跟 WTO 接轨，但是也要警惕那种无知的自我满足和骄傲自大。希望上海精神能体现出民族的、国家的、东方的独特个性。

随着物质生产的高速发展和精神文明的不断提高，上海提炼、磨炼、铸造出的城市精神必将引起最广泛的影响，它是真正精神上的东方明珠，它鲜红，红在人民的心坎里。

因此，上海的城市精神应该包括以下内容：

开拓豁达的精神，

拼搏进取的精神，

融合亲近的精神，

高效高质的精神，

国家整体的精神。

第四节 城镇个性与城镇文化

一、城市个性的内涵

城市的个性就是区别于其他城市的独特魅力和特征。城市的个性可以定义为：是指城市在形成发展过程中，由区域特定地点上的某一个或几个具有"比较优势"的自然或人文要素属性特征开始，通过区域竞争等相互作用逐步强化并固结在城市内部而区别于其他城市所独有的城市形象识别体系的内核。

城市个性的内涵主要包括以下几个方面：

（1）城市个性的稳定性。城市个性是在城市自身的形成发展过程中逐步建立起来的，不是偶然的突发的就能够产生的，因而城市个性具有发展的相对稳定性和可利用价值的长期性。

（2）城市个性的渊源性。城市个性与区域具有密切关系，直接受区域影响。城市个性一定是区域内特定空间范围内某一个或几个自然或者人文要素特征的节点。由于特定区域组成要素及其表现方式的相对一致性，而这些要素的空间变化具有渐变性特点，因此，城市个性一定在这些要素表现最突出或者这些要素发生突变的地方，才能具有空间上的"比较优势"。

（3）城市个性的可比较性。城市个性的形成要素是从区域中具有比较优势的属性开始的，在此基础上借助于城市主流人群的培育和选取使得城市个性凸显。

（4）城市个性的空间性。城市个性一定是在区域特定空间范围内产生的，区域空间是城市个性的载体，城市是空间的产物，城市个性也必有空间的基底作为支撑才可能建立。

（5）城市个性的识别性。城市个性的特征是区别于其他城市所独有的城市形象识别体系，这种识别体系奠定了城市个性的鲜明性，让其他的城市容易鉴别区分。

（6）城市个性的内在性。城市个性是一种内核，是城市本质的反映。城市个性的表现虽然具有独特的外在性，而实质上城市个性奠定在城市的内部，只有深入挖掘才能够找出来。

城市的个性形成因素很复杂，简单可以分为三类：自然因素，主要是地理区位条件；经济因素，主要是产业结构和产业细分；人文因素，主要包括历史文化、民族传统、生活习惯和精神价值等。城市个性的耦合方式是较难确定的，是在上述因素的条件下，经过主流人群的认知选择，及同其他城市的比较显现出来的独特城市个性。城市个性的外观表现形式主要是，能被人们外在感知的独特城市风貌，可被识别的个性城镇形态，及能够量化比较的产业结构和空间结构等。一座城市找到了自身的个性，就会确立自身的有利发展机遇。

二、城市的个性危机

1782 年，詹姆斯·瓦特发明蒸汽机，引发了产业革命的风暴，从此新技术不断诞生，实用、廉价的新产品充斥了城市与乡村。人们在享受现代工业文明带来的舒适与方便时，却猛然发现世界变得如此机械重复。人们迅速地相互同化，追随同样潮流，最终落入抄袭的成见和模仿的圈套。这就是人类文明的全球化，是社会历史发展的必然，但也是一把双刃剑。它是人类社会的一大进步，使文化与信息打破了传统地域的束缚，成为全球共享的资源；同时它混淆了时空的秩序，淡化了地域的差别，把地域文化推向了同化和消亡的危险边缘。

全球文化趋同现象，反映在城市上，就是城市的地域文化逐步被全球文化湮没，建筑的民族性被建筑的"国际性"所取代。如今的城市建设，不论是建筑规模、数量、类型、技术还是速度都是已往任何历史时期所不能比拟的。密密匝匝的超高楼群，几百米的大跨度建筑，一望无际的大厂房，各种纵横交错的高速公路以及形形色色的建筑外观，不断地超越人们对城市的想象。现在只要业主愿意，可以任意挑选来自南美的木材、欧洲的大理石及英国的石板，也可以向建筑师预订"欧陆风情"、"现代主义"或者是"高技派"。建筑元素的丰富带来城市的均质化——退远了看千奇百怪的房子，城市的模样是如此平庸、俗气，没有特色。

三、时代呼唤个性

面对城市个性的丧失，人们谨慎地审视全球化行为，重新探讨现代文明的价值。现代化绝不是制造单调和重复，而是塑造更加多元化与自我的生活方式、生活场景和生活状态。事实上，社会学家与文化研究者认为，在人类逐渐从工业社会向后工业社会转变之际，受后现代观念影响的人所具有的最基本的心理和行为特征就是个性生活方式与个性导向的思维模式，人们对个性的依赖简直成为了一种生存状态。

城市作为人类的生产和生活的主要聚居地，其个性也越来越受到人们的关注。一个城市在全球市场经济中的竞争力，关系到该城市的市民就业率、总体收入水平和该城市进一步发展的潜力，关系到该城市的兴亡和衰退。城市要在残酷的竞争中争得一席之地，必须善于推销自己，展示出良好的城市形象，必须在宏观经济区域内有一定影响和作用。此时城市不再仅需求现在现代城市的共性，更需求城市的个性。有学者称全球信息的共享将世界带入了"注意力经济"时代，那么"耀眼夺目"的城市个性必将吸引更多的"眼球"，有力地促进人才、资本及市场等资源的汇集，为城市注入强劲的动力，提高城市的核心竞争力，进而创造更多的财富。

城市的历史和文化孕育了城市的个性，城市个性蕴含着人及社会的内在素质，反映了人类文化的历史积淀。因此，每一个城市的个性都表征了一种文化，都是人类文化宝库。自然界中，生物的遗传和变异都是以多样化的物种为基础的。同样，人类文化要继续、发展和丰富，也需要从各种地域文化中汲取营养，通过并列、对比、交错及渗透等多种手段进行重构，以达到在继承中创造的目的，满足时代对文化多样化的要求，实现人们日益增长的个性心理期望，给生活中的人们带来乡土感、领域感、归属感、认同感和繁荣感。

个性是城市发展的客观选择。21 世纪的城市，不只是经济的竞争、科技的竞争，更重要的是文化的竞争与环境的竞争，独具个性特色的城市之林中一定会得天独厚，因凝聚着地域文化传统的精华而具有强劲的竞争力。

四、城市个性的发展之策

1. 以开放的胸襟保护现有的城市个性

保护城市个性不仅要保护那些代表地域特色的古文物和古建筑，而且应当包括保护地方民俗、地域文化和地方精神的内容。古老的城市遗存和地方传统除了为城市营造出人工自然环境，还为城市展现出地域色彩鲜明的文化环境，它们不应该成为城市发展的负担。可惜的是不少决策者和开发商对这些往往不屑一顾，片面追求短期经济效益，推倒了许多含有特殊意义的古迹，泯灭了地域文化，削弱了传统在城市建设中的地位，从而丧失了发展城市个性的良好契机。

保护城市个性并不是一味地怀旧和复古，那些片面强调民族性、地域性，表现"中国固有民族形式"和"夺回古都风貌"等做法，是幼稚地模仿古代建筑，用本土文化被动地抵制全球文化趋同的趋势。这种企图通过一成不变的传统形式来保持地域性建筑的做法，是极其消极和不现实的。传统城市之美，并非全写在表面形式上，表达一种传统"意境"要比采用某种形式重要得多。传统文化具有的历史感和神秘感，建筑与环境所散发的原始与古朴的气息，才是保护城市个性所追求的目标。日本建筑的现代化，很好地处理了文化传统与现代化的关系，能给处于彷徨之中的中国有所启发。日本现代建筑绝不复古，却能传日本悠久文化之神。它们携带了日本民族文化的基因，用国际性的建筑语言来阐释，散发出浓郁的地域性和民族性。如日本著名建筑师黑川纪章致力于探索哲学与建筑的关联性，创作出许多体现日本文化精神的建筑。他设计的和歌山现代美术馆，用抽象的屋顶形式以及建筑外部色彩的灰色和黑色与附近的和歌山城得以协调。这里既有日本传统建筑的非对称手法，又有现代建筑的几何形状，将日本传统建筑中的"奥"与"轻"的传统精神在现代建筑中由表及里地反映出来。黑川纪章所创作的建筑作品已丝毫没有任何模仿传统表面形式的痕迹，而只有体现在建筑设计中的传统精神的深化与提炼。

2. 大胆地对城市个性进行创新

今天的创新就是明天的传统，未来的文化在今天的创造活动中诞生，而不是来自于传统的滞留。21 世纪的科学技术和人文学科将会以我们难以想象的速度跳跃发展，人类的社会、经济、科学和文化等各个层面突破彼此分割的多中心状态，走向世界范围内的同一化进程，这既是对地域和民族文化的极大挑战，也是发展个性的巨大契机。只有不断创新，适时地动用先进科学文明的成果，结合地方性的适宜模式，赋予城市个性新的意义，才是个性的生存之道。

城市个性是一种传统、一种固有的模式，是一种需要去发现、研究和继承的文化遗产。必须认识到城市个性是动态和发展，是随着时代的变迁而变化的，只有创造性地发展城市地域文化才能使它产生长久的魅力。英国的伦敦，在泰晤士河滨河区改造中，并没有拘泥于条条框框，千年"眼"、千年穹顶和千年桥等建筑都采用了新的材料、新的结构和新的形式，以它们张扬的姿态，为古老的城市平添了现代的气息，焕发出勃勃生机。

在全球化环境当中，城市个性文化和国际性文化可以相互转移和补充，一方面，优秀的个性文化可突破地域限制而转化为国际性文化，另一方面，国际文化和其他外来民族文化也不断被吸收，融合为本地域文化的一部分。单纯的"模仿"是个性消失的重要原因，对西方建筑的照搬，各种不加分析、不加取舍的建筑耸立在不同文化背景的地域上，将大大冲击本地的城镇文化特征，削弱城市个性。积极地面对全球物质文明，对其进行分析取舍，在保留本地区地域文化精髓的前提下，充实和发展本地域的地域文化，将极大地丰富城市的个性。

第五节　城镇文化竞争力评价体系的构建

一、城镇文化建设中的八大误区

21 世纪的人类文明主要是城市文明，从"功能城市"走向"文化城市"是一种飞跃，但当前中国的城镇文化建设要避免八大误区。

1. 城市记忆的消失

一些城市在所谓"旧城改造"、"危旧房改造"中，采取大拆大建的开发方式，致使人文信息丰富、具有地域文化的历史街区、传统民居被无情摧毁，造成了城镇文化空间的破坏、历史文脉的割裂、社区邻里关系的解体，最终导致城市记忆的消失。

2. 城市面貌的趋同

一个城镇文化发展越成熟，历史积淀越深厚，城市的个性就越强，特色就越鲜明。很多欧洲古城都有一个天际线，只有公共建筑和宗教场所才能高出天际线，建于 1909 年的以色列特拉维夫，一直采用传统建筑方式保持统一色彩和样式，结果不到 100 年就成了世界文化遗产；苏州在古城内控高、控制色彩，不大拆大建，很好地保持了古城风貌。但是不少城市在建设中抄袭、模仿、复制现象普遍，导致"南方北方一个样，大城小城一个样"的特色危机。

3. 城市建设的失调

城市建设的根本目的不仅是建设一个环境优美的功能城市，更在于建设一个社会和谐的文化城市。南京明城墙的很多遗址公园，成为市民喜爱的休闲场所，北京也把仅存明城墙遗址建成文化绿地，美国纽约不到 4 平方公里的中央公园，给处于高楼大厦包围中的市民一个休憩的场所。但是一些城市在建设中往往热衷于建设大广场、大草坪、景观大道、豪华办公楼，甚至出现了大片的绿地上只有几棵树、本应方便盲人的盲道修得九曲十八弯，既缺乏功能主题，也忘掉了文化责任。

4. 城市形象的低俗

罗马万神庙、仰光金字塔、维也纳金色大厅，让人们感觉到城市是从历史中走来的。而我们身边有些令人忧虑的东西：越来越多的高层建筑逼迫北京紫禁城，重庆标志性的朝天门码头、吊脚楼、石台阶被拆除。不少中小城市盲目模仿大城市，把高层、超高层建筑当做现代化的标志，而大量新建筑不是增强而是削弱了城市的文化身份和特征，使城市景观变得生硬、浅薄和单调。

5. 城市环境的恶化

好的城市环境可以使人与城市更好地相融。北京四合院在 800 年的历史中调整完善，成为最符合北京风土人情、地理气候的居住形式，而 20 世纪七八十年代的民居都是昙花一现，高层住宅兴起没几年，就听到一片抱怨了：高楼遮挡使一半的家庭没有足够的阳光；汽车、自行车没地方停；公摊面积大，物业费是普通楼的三倍。

6. 城市精神的衰落

对城市精神的概括和提炼，可以使更多的民众理解和接受城市的追求，转化为城市民众的文化自觉。现在全国有 180 多个城市要建成国际化大都市，实际上被普遍承认的国际化大都市只有伦敦、纽约和东京，21 世纪中国有望晋级的只有香港、上海和北京。现在大家都要争建国际化大都市，不仅反映出攀比意识，更表现出对文化传统认知的肤浅、对城市精神理解的错位和对城市发展定位的迷茫。

7. 城市管理的错位

城市不只是个物质环境，而且要提供良好的文化环境，这就需要用文化意识指导城市管理。人们往往认为楼高路阔的城市运行效率更高，但现在看来，小尺度城市更有优势，出行时选择路线多，道路拥堵时可迅速分流。

8. 城镇文化的沉沦

有很多城市的文化符号让人过目不忘，如黄河母亲、珠海渔女、郑成功雕像，但更多的是不锈钢钢柱上顶着或多或少的球，起个"腾飞"或"飞跃"的名，看不出城市的人文和历史。北京荷花市场牌坊下的星巴克、隆福寺街口的肯德基、西安钟楼边的麦当劳，这些洋品牌都深入到了中国历史文化的核心地段。洋品牌的高明，反映的是我们"浅薄化"了自己的文化内涵，是文化认同感和文化立场的危机。

二、城镇文化体系及经营设计方略

城镇文化是城市在发展过程中创造和形成的独具特色的价值观念、城市精神、行为规范等精神财富的总和。从文化的载体来看，城镇文化体系构成如下：

1. 人脑和文字为载体的文化理念

文化是一个城市的核心价值观、城市精神、城市本质内涵的高度浓缩和概括。所谓主流理念文化，就是在一个城市发展中占据主导地位的、被城市政府倡导的文化。由于理念文化的载体是文字和人的大脑，所以我们可以从一个城市主要媒体的标语、口号中发现这个城市的主流文化。非主流的文化在常态下往往表现为一个具有这个城市特色的民间文化。在现代多元文化中，非主流与主流的文化，并不一定是对抗的关系，往往是一种互补的关系。

2. 以组织制度为载体的行为文化

行为文化也可称为制度文化，是城市理念文化的社会表现。因为人的行为必须在特定的社会组织和特定的制度约束中才能表现出来，所以组织制度是行为文化的载体。一个城市的行为文化具体地表现为城市的居民的素质、品位、风俗习惯、生活方式，以及城市的民风、诚信、私人和公共服务等方面。由于组织制度存在的多样性，也决定了行为文化的多样性。在现代社会中，存在着政府组织、企业组织和民间组织，这些组织通常是以正式制度形式存在，其中同时又存在非正式制度。由此决定了行为文化既有以政府组织为载体的具有政治色彩的行为文化、以企业为载体的商业文化和以民间组织为载体的民间文化，又有隐藏在这些组织背后的非正式组织的生活行为文化。

3. 产业和产品为载体的商业文化

由于商业文化是文化与物质产品的结合，所以在不同的产业中不仅携带着不同的文化，而且携带的文化含量也不同。由于各产业在不同城市的发展程度不同，从而形成了不同类型的城市，城镇文化含量也不同，由此决定了城镇文化的经营空间也不同。

4. 建筑为载体的人文景观文化

城市建筑作为城市形象视觉系统，在展现城镇文化中占据着非常重要的位置。在城市经营中，城市经营者应懂得如何利用城市建筑语言展现城市独特的文化个性和独有的魅力。

5. 环境为载体的自然景观文化

由特定自然环境形成城市自然景观文化，对一个城市的文化风格具有直接和间接两方面的影响。所谓直接的影响，是指由特定的地貌、地理、气候形成独特自然景观文化资源对整个城镇文化资源存量和文化风格的影响。

上述城镇文化体系构成的各个方面不是孤立存在的，而是相互影响、相互作用、相互联系的，它们共同形成了一个浑然有机的整体。理解城镇文化结构的各个层面之间的相互影响、相互作用的内在机制，无疑是理解整体性的城镇文化的一个出发点。城市的物质文化（人文景观文化和自然景观文化）是城市的"外衣"，城市的发展离不开诸如房屋、街道、交通、公共建筑等物质文化要素；城市的制度文化是城市的"骨架"，它为城市的物质文化和精神文化发展提供制度保证；而城市的精神文化则是城市的"灵魂"，城市居民的行为方式和指导、影响、支配行为的一整套规范、准则、价值观念等。这既是城市社会的现实在他们头脑中的反映，同时又反过来影响和改造现实，影响城市物质文化、制度文化的进步速度。

三、城镇文化是提升城市竞争力的决定因素

1. 城镇文化对人才具有吸引力

当今，人力资源正在逐步取代自然资源而成为影响竞争优势的要素条件，城市的经济发展水平在很大程度上取决于其对高级人才的吸引力。一个在文化上开放、兼容、重视效率、提倡良性竞争的城市，无疑在大环境上更有利于事业的发展。先进的城镇文化通过对人才的吸引，能对城市发展、提升城市竞争力起到很好的促进作用。

2. 城镇文化具有促进创新的作用

创新是差异化优势的来源，创新的主体虽然是企业，但是影响创新能力的观念、思维习惯和教育水平都是和城镇文化分不开的，事实上创新精神本身就是城镇文化的一个内容。城镇文化作为一种精神力量，对城市形成无形的约束与支柱。一个好的文化氛围确立后，它所带来的是群体的智慧、协作的精神、新鲜的活力，源源不断地提供给企业创新、进步的精神动力，从而带来城市的发展、城市竞争力的提高。

3. 城镇文化影响投资

城镇文化是企业投资决策过程中需要考虑的重要变量。城镇文化的开放性、兼容性可以在一定程度上减轻跨国公司本地化的压力，节省跨国公司的管理成本。吸引投资的多少决定城市资本力的高低，从而影响城市在竞争中的地位。

4. 城镇文化是提升城市竞争力的无形资本

城市的内部资源往往分为实物资源、人力资源和无形资源。其中

无形资源包括城市政府的信誉、城市品牌、城镇文化、公众的认同等。城市的竞争对手可以很快拥有实物和人力资源，但长期形成的无形资源优势，却是难以超越的。

5. 城镇文化促进城市可持续发展

城镇文化对城市可持续发展的作用主要体现在三方面：从经济价值来看，城镇文化及文化力是推动城市经济可持续发展的重要力量；从社会价值来看，城镇文化是促进市民提高自身素质，建设文明城市的内部动力；从生态效益来看，城镇文化和城市观念对城市生态环境有深刻的影响。

四、城镇文化经营的设计

1. 打造具有个性的城镇文化理念

以理念创新，打造城镇文化核心竞争力。有竞争力的城市必须具有有竞争力的文化。随着城市化的推进和城市经营的发展，中国城市经营者越来越认识到城市的文化理念定位和创新在城市经营中的作用。山水城市、生态城市、花园城市、商贸城市、文化城市等，以理念创新塑造城市品牌的概念层出不穷。城市经营中，必须在城市产业、城镇文化特征、城市风格类型等问题上有一个比较明确的定位，在未来的世界城市之林，城市将以什么形象出现，这是城镇文化经营的一个很重要的前提。在城市理念文化的具体设计中应把握以下两点：

（1）要做到把城市核心理念当成丰富城镇文化内涵的核心要素来看待。目前中国城市经营中，往往把城市的理念文化当做赶时髦的城市名称来看待，在这种认识下，提出的城镇文化理念缺乏深度和内涵，缺乏创新和个性，没有真正表达出城市内在的特质。几乎所有的城市都提出要建山水城、花园城。创新的和有价值的理念文化，它既包含着一个城市的过去、现在与未来，更是这个城市经济、社会与自然等多方位文化信息的浓缩和提升。

（2）要做到把城市的理念文化当成价值高度浓缩的原价值来看待。高度浓缩价值的理念文化来自高密度创新型的精神劳动。理念文化的这种特性，是理念文化设计成为文化体系设计过程中所需要创新性最强、知识密度和跨度最大、难度最高的设计。城镇文化理念的设计必须在经过广泛的深入调查和充分认证的基础上进行，此任务可以由专业化著名的咨询公司承担，应避免仅仅成了领导的设计或常委会讨论式的设计。

2. 进行充满创新活力的制度设计

独特的理念文化是一个城镇文化的灵魂所在。但是如果理念文化不能转化为充满活力的行为文化，理念创新不能变成行动的创新，理念文化也就会失去其应有的价值。所以，要提升城镇文化竞争力，就有一个在理念文化的指导下，如何进行城市行为文化建设的问题。不可否认，文化艺术、教育宣传确实是文化建设的内容之一，然而，推动行为文化建设的最有效的途径和杠杆是制度的设计和建设。新制度理论告诉我们，人的社会存在就是在特定组织制度约束下的存在。当我们发现在一个社会中，存在着有损社会文化和精神健康发展的不良行为时，绝不能简单地认为这是一个个体的认识问题，或是教育失败的问题。从制度理论来看，这是一个制度缺陷问题。要从根本上纠正这种不良的行为文化，就应当从解决制度的缺陷着手。在城镇文化经营中，不仅要利用传统的教育文化活动这只有形之手，更要利用制度这只无形之手来推动行为文化的创新设计，以形成城镇文化竞争力源头之水。

3. 在系统整合中塑造城市魅力

从城镇文化内涵中，可以发现城镇文化是系统整合的存在。成功的城镇文化设计，应当是在充分展现城镇文化内容多样性的同时，又不失文化整体中所要表达的传神内在魅力和无形的吸引力。从这个意义上讲城镇文化的竞争力，就是一个城市的文化为这个城市所增添的内涵的魅力和吸引力。在市场经济的条件下，这种魅力和吸引力，不仅会使生活在这个城市的人爱这个城市，为城市的发展而努力，而且将吸引更多的人来这个城市。这样，文化的魅力就会变成吸引经济发展要素的生产力，变成这个城市财富的一部分。但是要达到这样一种效果，不仅要有一个具有内在魅力的城市理念的设计，更需要有一个如何充分利用多样性文化载体将这种理念内涵变成人们容易接受的信息的设计。城市经营中，要使城镇文化得到传神的表现，文化设计过程中需要注意以下问题：

（1）要实现行为文化、人文景观文化、自然景观文化三个系统文化的统一。三者之间要在相互辉映中实现所要表达内容的聚焦，在聚焦中实现文化理念传神的表现。要达到这样一种境界，就必须走出传统的城市规划的路子，使城市建筑和城市景观的设计，既不能成为表现领导偏好的设计，也不能成为单纯的设计者个人技术和艺术才能展现的设计，而应当是在市民参与的基础上有各方面专家参加的综合设计。城市的建筑语言不能成为简单的建筑美学的符号，而应当是展现城市特有理念的符号。

（2）物质与精神两元相统一。就是要在城镇文化设计中，实现公共文化产品形成的外溢资产与产业文化系统产出的私人产品之间的良性互动。城镇文化设计在考虑如何利用公共文化的魅力提高城市吸引力的同时，还要考虑如何推动产业文化的发展，实现城镇文化产品的输出，提高城市的辐射力。

4. 形成城镇文化品牌的聚焦经营

如何在城镇文化设计的指导下，创造性地进行城镇文化增值经营，是城市经营急需解决的问题。城镇文化经营所面临的任务，就是要通过城镇文化经营，将城市像品牌产品一样营销出去。城镇文化经营归根结底是如何将城镇文化的传神魅力变成城市品牌和城市竞争力。

所谓城镇文化聚焦经营，就是选定最能表示城市内涵和传神魅力的文化标识作为核心，在有限资源的条件下，充分利用各种文化载体和多媒体手段，使整个城市最有效的文化信息不断在城镇文化标识上积聚，使城镇文化标识在高度聚焦中闪光发亮，成为看得见、感受到的城市魅力和城市竞争力。城镇文化的聚焦经营，要求找出城镇文化的核心内涵，以文化创新设计为手段，有重点、有目标地进行全方位的有效经营；在城市文化经营的过程中要求保持在空间上聚焦、在时间上连续；城市的文化经营要求在明确的城镇文化标识的前提下进行，以形成城镇文化经营的聚焦效应。

五、城镇文化竞争力评价系统

城镇文化竞争力是城市竞争力的核心，它又是城市综合竞争力评价体系中最难以把握的要素。改革开放以来，我们对城镇文化竞争力的把握，经历了一个从完全忽视到纳入视野，从纳入评价体系到科学设计城镇文化竞争力的可操作性量化指标的过程。中国在全面建设小康社会的过程中，必须开辟一条既借鉴外国科学的评价模式，又有自己的创新和发展的更为科学的城镇文化竞争力评价体系。

城镇文化竞争力评价体系包括以下五个子系统。

1. 文化资源系统

所谓城镇文化资源，就是历史遗留给城市的一种珍贵的财产。它包括科技资源、教育资源、历史资源、民俗资源和环境资源等。

一个城市最为重要的文化资源是高等院校和科学院所的科学实力，包括自然科学和人文社会科学的实力，这是城市先进文化聚集的领域，能够对整个城镇文化起到引领和导向的作用。因此，每个城市都应大力支持和充分利用这一种文化资源。另一个重要的文化资源是历史传统文化，每一个城市都具有独自发展的历程，不管是具有悠久历史的古城，还是新兴的现代城市，都可以从不同定位找到自己的传统文化优势。围绕自己的优势进行历史资源的挖掘和利用，最便于形成自己城市的文化风格。

环境资源包括城镇文化设施和文化景观。文化设施包括图书馆、博物馆、影剧院、体育场；文化景观包括各种自然景观和人文景观，还应包括建筑文化、园林文化、街区文化、布局文化等。文化资源的价值主要体现在如下四个方面：一是文化资源的文化价值，二是文化资源的时间价值，三是文化资源的消费价值，四是历史文化资源的保护。鉴于此，联合国教科文组织等国际组织和国内的有关机构，经常对相关文化资源的保护作出等级评审。例如人类文化遗产的评级、国家级或省级保护文物评定等。

2. 文化管理体制系统

所谓文化管理体制，传统意义上是指有关政府管理文化的职能和组织体系、政府管理文化的方式、政府与文化单位之间的关系，合理规范文化单位之间与社会其他经济组织、团体之间关系所确定的制度、准则和机制。大量事实说明，文化成果的社会共享，首先取决于一个现代的文化管理体制。要构建一种新型的文化管理机制，它应以政府为核心和主导，但是又不限于政府部门，它本身就是鼓励公众参与文化共建和文化共享的一种途径。有资质和有能力的企业和非政府机构通过承担政府指导下的公共管理职责，与政府部门取长补短，互通资源。同时，在优化文化管理的质量上开展竞争。由于它们拥有不同于政府部门的物力、财力、人力和管理资源，就可以发挥各自的优势，而不断提高公众对于公共文化服务的满意度。

3. 文化市场系统

文化市场区别于其他市场的特点，它是精神文化产品交换的场所，具有意识形态性，而且有些文化生产和消费是同时进行的（如娱乐、演出等）。关于文化市场的划分有不同的看法：

第一种观点，按照文化产品的属性不同，把文化市场分为文化产品市场、文化服务市场和文化要素市场。文化产品市场主要提供商业形态的文化产品和文化劳务，包括艺术品、报刊、书籍、音像制品、影像制品、电影、演出和娱乐服务等。文化服务市场是为其他产业所提供的文化附加值，包括创意、构思、咨询、设计、形象、宣传等。文化要素市场是提供各类文化生产的要素，包括资金、技术、设备、劳动力，特别是具有知识产权性质的各类文化资源，包括品牌、商标、创意、剧本、剧目等。

第二种观点，根据文化市场的内涵，文化市场主要包括：娱乐市场、图书报刊市场、音像市场、演出市场、电影市场和美术品市场。建立指标体系的理论依据是经济文化一体化发展理论、可持续发展理论、系统科学理论与文化市场内涵，建立指标体系的原则是适应文化产业发展要求、适应文化管理要求、适应文化组织营销活动需要、与国民经济其他行业市场指标相衔接、适应综合反映市民文化生活质量和城镇文化竞争力的要求。

根据文化市场的供求主体，文化市场包括文化生产和文化消费两个方面：所谓文化生产指文化市场中生产主体生产文化产品和提供文化服务。文化作为一个整体，曾经只有经济投入没有经济产出。作为市场经济特殊组成部分的文化市场的出现初步改变了这一状况，文化产业的发展将会加强文化的经济功能，彻底改变这一整体状态。如果说，除少数特殊例外，绝大多数文化产品商品化以及文化市场的发展扩大是我国文化领域的第一次飞跃和第一次革命，那么，文化事业产业化将是我国文化领域的第二次飞跃和第二次革命，也是我国文化事业发展的新机遇。文化产业是文化与经济一体化的集合产业，具有市场化和社会化的双重性质。随着文化经济时代的到来，经济增长所需要的能源、资源、劳动力等硬投入将逐渐减少，而文化、教育、智力、信息等软投入需求将不断增大，这就必须要把培育和发展文化产业作为推动经济结构调整，促进产业结构升级的重要手段，使经济结构和产业结构中的文化层次和附加值不断提高。

在当今世界，文化产业以其强大的创造性激发了城市的活力，并直接构成城市竞争力的主要来源。国内外很多学者认为，21世纪全球最有前途的产业有两个，一个是高新技术产业，而另一个就是文化产业。综观全球，那些国际上有影响力的城市几乎无一例外的都是文化产业最集中和最发达的地区，也以富有特色的文化产业而闻名遐迩。如奥兰多，原是美国的一个小城，1972年迪士尼乐园在该地建成，以世界童话为题材的"神奇游乐园"、以展现科技成果为主的"未来世界"和以美国电影为题材的电影城，使迪士尼乐园成为文化艺术和科技成果的集大成。迪士尼乐园有83个娱乐项目、16个度假村，每年收入150亿美元，年贸易额约600亿美元。由于迪士尼带动了奥兰多城，佛罗里达州成为美国经济增长的一个亮点。再如蒙特利尔号称北美文化之都，汉诺威成为会展产业之星，戛纳则以电影节而名声大振。文化产业的发展不仅有重要的社会价值、重要的经济价值，还有重要的战略价值。这是文化产品的功能所决定的，文化产品不仅具有娱乐的功能，而且具有知识的功能，更重要的是能塑造公众的价值取向、情感取向。国际著名的文化经济学家约翰·霍金斯在《创意经济》一书中指出，创意产业每天创造的产值高达220亿美元，并正以平均5%的速度递增。在美国、英国更是以14%、12%的速度迅速增长。

所谓文化消费指社会公众购买文化产品和文化服务。现阶段可供公众消费的文化产品和文化服务来自三个方面：公共文化（政府无偿提供给公民的文化成果）、公益文化（公共组织提供的非盈利文化服务）、产业文化（企业提供的商业性文化产品和服务）。这三个方面，不是相互对立和相互排斥的，而是可以互相拉动和配合的。

随着社会生产力的提高和闲暇时间的增多，社会公众对文化产品和服务的需求越来越具有多样性。到2008年，中国文化市场的潜在消费能力达到6500亿元。知识智能性消费与娱乐消遣性消费并存，是现在中国城镇文化消费的鲜明特征。在目前城市居民的文化消费结构中，文化耐用消费品、教育消费占了较大比例。因此，要适应城乡居民消费结构变化的趋势，创新文化产品和服务，培育消费热点，拓展消费领域，引导社会公众的文化消费。

4. 文化创新力系统

城镇文化创新力是城镇文化竞争力的核心，创新力在提高城市竞争力中的作用越来越重要，要提高城镇文化竞争力，必须以提升城镇文化创新力为中心。城镇文化创新体系要通过培育创新主体、优化创新机制、完善创新政策、营造创新环境来促进文化成果的创新。建设高品位的文化城市，一定要深化文化体制改革，逐步建立有利于调动文化工作者的积极性，推动文化创新，多出精品、多出人才的文化管理体制和运行机制，在整体上提高城镇文化创新能力和文化生产力发展水平。

5. 文化输出力系统

21世纪，继资源、资本、技术、人才与信息之后，全球竞争已进入到文化竞争的时代。城市的进步说到底基于文化的进步，文化影响着城市发展的方向，文化的输出更关乎城市跻身国际大都市准入证的取得。所以，城市要提高城镇文化产品的输出能力，增大文化产品输出量，以提高城市的辐射力。

六、城镇文化竞争力评价指标体系的设计

1. 评价指标选择的原则

（1）关联性原则。城镇文化竞争力评价体系所选择的每个指标至少能够在一定程度上、一定时期内，近似地反映城镇文化竞争力的某一方面的某些基本特征，或者说，每个指标只能从某一特定角度反映城镇文化竞争力的程度。

（2）代表性原则。文化门类众多，涉及面广泛，如果评价指标过于庞杂，就难以抓住城镇文化竞争力的主要方面。因此，评价城镇文化竞争力，要选择有针对性的一些核心指标进行评价。应抓住主要门类和最有代表性的项目，提炼表现文化内涵的最基本因素，指标不宜过多过繁。

（3）层次性原则。在城镇文化竞争力评价过程中，应该把城镇文化竞争力系统划分为若干层次，对每个层次设置若干指标进行评价。这样，一方面使分析评价更加简明，另一方面还可以反映出城镇文化各个层次的竞争力状况以及差距。因此，指标体系应该是一个多层次多要素的复合体。指标的设置必须按照其层次的高低和作用的大小进行细分。

（4）可比性原则。城镇文化竞争力是一个相对的概念，一个城镇文化竞争力的强弱只有通过在与其他城市的比较中才能显示出来。为便于进行不同城市间的比较研究，应尽量使指标和资料的口径、范围与国际常用的指标体系相一致。只有这样，才能更加清楚地看到所研究城镇文化竞争力的强弱，相对竞争优势与相对竞争劣势，以及与文化竞争力强的城市之间的差距，也可以学习其他城市在提升文化竞争力方面很多好的经验，使城镇文化竞争力得到更快的提升。

（5）可测性和易获得性原则。设计城镇文化竞争力评价指标体系时，要注意所选取的指标必须是可度量的，而且能够实际取得数据，不能片面地追求理论层次上的完美。有些指标虽然在理论上可行，但缺乏数据来源，或虽能取得数据，但可信程度较低，这样的指标宁可

暂缺，以尽量避免主观判断代替客观度量。

另外，还要注意所选取的指标能否能够获取，这就要求城镇文化竞争力评价指标的筛选要以现有统计制度为基础。如果超越了现行统计制度的范围，就可能在具体指标的采集上产生困难，提高指标数据采集的成本。因此设定的指标，最好能从常规的统计年报中取得，除少数十分重要的指标需要另作专门调查外，一般到年终就可借助统计数据进行检测，这样有利于实施与检查。

（6）可操作性。设计的指标既要注意切实可行，又要考虑到便于操作。因此，指标内容不应太繁太细，不要过于庞杂和冗长，否则会给城市竞争力的评价工作带来不必要的麻烦。

2. 评价指标的选择

前面提到，城镇文化竞争力评价体系包括以下主要指标：

（1）文化资源系统。在此系统选取了反映文化资源丰富程度的指标：文化遗产保护利用程度综合评分、每万人拥有影剧院数、千人公共文化设施面积、标志性文化设施数、万人博物馆拥有率、万人公共图书拥有量。

（2）文化管理体制系统。在此系统选取了反映文化管理体制完善程度的指标：文教费用占财政支出的比例、文教费用占 GDP 的比例、已立法的文化门类比重、文化执法人员占文化管理人员比重、文化系统中级职称以上人才比例。

（3）文化市场系统。由于在文化市场，有些文化生产和消费是同时进行的，那么在此系统选取了反映文化生产（供给）情况的指标和居民文化消费情况的指标。文化生产（供给）情况的指标，即反映文化产业发展情况的指标包括：文化产业税收总额、文化产业增加值、文化产业增加值占地区 GDP 比重、文化产业从业人员比重。反映居民文化消费情况的指标包括：百人报刊订阅率、广播电视混合人口覆盖率、每百户文化耐用品拥有量数、居民文化消费占总支出中的比重、居民人均文化消费支出。

（4）文化创新力系统。在此系统选取了反映文化创新力的指标：高科技文化设备总值占文化固定资产原值的比重、高级职称科研人员的比重和人均完成科研项目。

（5）文化输出力系统。此系统选取了反映文化输出力的指标：年国际文化交流人数、艺术团体国际交流次数和外来文化的认同度。

3. 评价指标权重的确定

单个指标信息零散，不能给人以整体印象。因此，在构成指标体系的各指标选取完成以后，还要在此基础上构建综合指标，以便借此能对所研究事物进行总体概况。常用的综合指数构建方法有两种，一种是加权综合指数法，另一种是综合评分法。综合指标的构建一般都要牵涉到各指标的权重问题，而指标权重的确定常用的方法有三种：一是采用德尔菲法（专家调查法）确定各指标的权重；二是采用主成分分析法确定权重；三是采用层次分析法（AHP 方法）确定权重。本文在构建城镇文化竞争力评价指标体系时，采用城镇文化竞争力的本质特征以及各指标反映这些本质特征的程度而给予不同的权重。

4. 城镇文化竞争力评价指标体系

根据上述城镇文化竞争力的构成要素，城镇文化竞争力评价指标体系可分为三个层次：目标层、门类层和指标层，如表 6-1 所示。目标层为城镇文化竞争力；门类层包括文化资源系统、文化管理体制系统、文化市场系统、文化创新力系统、文化输出力系统这 5 个二级指标；指标层由 26 个三级指标构成。

运用构建的城镇文化竞争力的评价指标体系，可以对具体某市的文化竞争力进行测度，根据测度的结果发现其文化竞争力的状况及其薄弱环节，从而制定具体对策以提升本市的文化竞争力。在操作层面上，要提高城镇文化竞争力，必须不断完善公共文化服务机制；建立政府、企业、民间机构共同参与的文化管理机制；建立有利于公众参与文化创造的服务机制；健全各类文化市场，充分发挥市场配置资源的基础性作用；鼓励和引导居民的文化消费，提高其文化消费力；走市场化道路，加速文化产业发展。

表 6 - 1   城镇文化竞争力评价指标体系

目标层	因素层	权重	单项指标名称	计量单位	取值
城市文化竞争力	文化资源系统		文化遗产保护利用程度综合评分	—	
			每万人拥有影剧院	个	
			千人公共文化设施面积	平方米	
			标志性文化设施数	个	
			万人博物馆拥有率	座	
			万人公共图书拥有量	册	
	文化管理体制系统		文教费用占财政支出的比例	%	
			文教费用占 GDP 的比例	%	
			已立法的文化门类的比重	%	
			文化执法人员占文化管理人员的比重	%	
			文化系统中级职称以上人才比例	%	
	文化市场系统		文化产业税收总额	元	
			文化产业增加值	元	
			文化产业增加值占地区 GDP 比重	%	
			文化产业从业人员比重	%	
			百人报刊订阅率	%	
			广播电视混合人口覆盖率	%	
			每百户文化耐用品拥有量数	台	
			居民文化消费占总支出中的比重	%	
			居民人均文化消费支出	元	
	文化创新力系统		高科技文化设备总值占文化固定资产原值的比重	%	
			高级职称科研人员的比重	%	
			人均完成科研项目	项	
	文化输出力系统		年国际文化交流人数	人	
			艺术团体国际交流次数	次	
			外来文化的认同度	%	

第七章 城镇传播，巩固第一竞争力

　　不管城市愿不愿意，商业化社会的进程必然将城市带入一个开放的市场交易平台。如果一座城市不想被淘汰，就必须像经营品牌一样经营这座城市。

　　目前，越来越多的城市已经认识到：一个城市的媒介形象和这一地区的发展有着一种互动的关系。地区的良性发展有助于形成好的媒介形象，良好的媒介形象也有助于地区的良性发展。成功地塑造和传播媒介形象至少能够有益于地区发展，对外可以提高吸引力，对内则可以增加凝聚力，同时更能增加城市的市场竞争力。当然，这种竞争力固然决定于城市自身的内在质量，但也需要外在的包装宣传。

　　在城镇抢夺资源竞争越来越激烈的当今社会，利用媒介这个"喉舌"向投资者、旅游者、市民、政府官员等受众目标进行全方位、立体式、个性化、持续性的推广营销，是取得受众目标认同的关键。

　　当然，当今时代，要使城镇品牌脱颖而出，一个突出的问题是在广告泛滥的年代，如何向被广告包围的现代人们"传达同一个声音，树立鲜明的形象"，用传播给城镇插上腾飞的翅膀。

第一节　城镇品牌传播中的五个误区

　　综观近年来城市品牌塑造方面的实践，我们认为，在我国城市品牌形象的传播中大致存在着以下五个方面的误区。

一、将城市品牌形象传播等同于城市品牌的塑造

一个城市就如同一件产品或是一个人，它所代表的地理位置或某一空间区域都可以成为品牌。而城市品牌化的力量，就是让世人了解和认知某一区域并将某种形象和联想与这个城市的存在自然联系在一起，让精神与文化融入其中，使竞争与生命共存其里。一个城市要有自己的核心价值，这是建立城市品牌的基础，也是一个城市的灵魂。不同于单一产品和服务，城市品牌的核心价值既包含了看得见摸得着的东西，同时也渗透了许多复杂多元的无形价值，在城市品牌形象的塑造过程中，这个核心价值能否被很好地体现出来，取决于城市品牌形象是否能够适合自身的实际发展现状，并反映出自身中长期的发展趋向。如果一个城市的品牌形象能够很好地反映出这个城市的定位，那么这个品牌形象就是成功的。有了成功的品牌形象，下一步要做的一项重要的工作就是传播这一形象，一个城市品牌形象的传播不仅是在宣传城市的人文历史与环境资源和优势，实质上更是在传播一座城市的精神，通过传播媒介，让整个城市在广大的受众面前大放异彩，让人记住它，受它的吸引，为它独具的风采所折服，从而达到彰显城市个性，扩大城市知名度、影响力，进而提高城市竞争力的目的。

正因为品牌传播有如此大的作用，才会有那么多的城市肯花大力气在大众媒介上进行大规模宣传。甚至出现了本末倒置的现象。众多城市经营者有的竟然认为只要是宣传得到位，城市的品牌就会自然地树立起来。

然而，我们知道，城市品牌的塑造本身是一项长期的系统工程，是在城市品牌战略的指导下，通过管理城市与受众接触的每一环节以形成整体体验的过程。传播能够代表自己城市特色的形象宣传片是塑造城市形象的一个主要手段，也是行之有效的途径，它只是品牌文化的重要组成部分，并不是全部。作为城市品牌形象表现形式的形象片集中反映了城市自身的定位，可以涵盖城市品牌的核心理念，通过直观、形象的方式将城市面貌呈现在广大受众面前，成为沟通品牌与目

标受众的纽带，其作用是有目共睹的，广告形象片的传播不但要传达城市信息，更要依据一定的价值观念和法则，积极能动地传达这一城市本身信息以及这之外的抽象信息，过分强调它的功能或过分依赖它来完成对城市品牌的塑造都是有所偏颇的，特别是现在有的城市品牌传播工作不是在品牌战略指导下进行的，传播的内容以及传播的口径与整体品牌规划并不一致，这种传播就反而会对城市品牌建设的步伐形成阻力，做得越多，投入越大，越形成反效果。因此，在城市品牌传播的过程中不应只注重外部宣传而不注重城市内部的认同，在品牌传播的过程中必须体现城市品牌体验的独特性，通过何种媒体及其组合向受众传递品牌个性的信息，用何种方式演绎和表达品牌个性，都必须注意品牌个性与传播媒介的统一，并要与品牌的塑造保持整体的一致性。

二、品牌形象传播缺少长远的目光和统一的规划

中国城市的品牌形象传播起步虽然时间不长，但已然形成了自己的三重境界。第一重境界就是集中的城市形象宣传；第二重境界是利用种种活动或者事件，聚集中国乃至世界的目光；第三重境界是在塑造城市品牌这一个长期战略的指导下，配合城市定位的需要，从整体上进行长远、有计划、有针对性的且切实可行的全方位的传播。但从品牌传播的实践来看，少有能够达到第三重境界的。同香港一样，上海、北京都要成为国际城市，但是当香港将自己的目标市场切实可行地定位在海外市场，并且从很早就按照推广日程分别在加拿大和欧洲一些城市紧锣密鼓地开展起来时，北京和上海"国际大都会"的定位更多地还停留在口号宣传上。如果一个城市的定位距离它的目标市场过远而无法实现时，城市品牌只能是一块招牌而已，它对城市的发展没有任何意义。

三、品牌形象传播缺少个性和特色

从品牌传播的内容来说，只有赋予了个性的品牌才具有较强的传播渗透力。无论是它的品牌形象还是传播的形式，一定要有自身的独

立性，能够很好地反映这个城市的特色。这样，才会使人感到它与其他城市的不同，才会产生新鲜感，想去看看，渴望接触这个城市中的人和事。国内城市品牌形象传播存在的一个普遍问题是缺乏市场的细化，各个城市的品牌形象集中于表现城市规划、绿化、发展旅游资源，甚至出现了所谓的"绿色城市"、"精品城市"、"数字城市"、"环保城市"等概念的城市品牌，现在几乎每个城市都强调要打造城市品牌，但城市与城市之间的观摩学习带来的结果是品牌的雷同。

不仅是城市的品牌形象雷同，在传播过程中也存在着雷同的现象。品牌个性的传播途径和手段往往要通过媒体，或能代表该精神行为的活动来进行，而大众媒介是品牌信息传播的主渠道，但大众媒体很难凸显品牌个性。品牌传播有三条主要的传播途径：即通过大众媒介的品牌共性信息传播、小众媒介的品牌个性信息传播、专项的品牌传播活动；在这三种主要的品种传播路径中，由于媒介的中性特征，使传播本身很难成为品牌个性的一部分。关于这一点，城市的经营者们也已经认识到了，转而对专项的品牌传播活动逐渐重视起来。然而原本能够使与品牌紧密地联系起来的专项活动，由于没有很好地体现城市品牌的核心价值又流于跟风而陷入雷同的误区。

四、传播中目标受众的定位不够准确

建构主义理论认为，并不存在着一种特定的被所有的人同时体验到的"现实"，不同社会和不同的文化对世界有着各自独特的理解。这种理解对人们在他们的社会范围内的活动是很有用的。品牌关系的建立也是一种社会建构过程。在这一社会建构过程中，确定目标受众对于城市品牌传播来说是一件生死攸关的事。一个城市如果明确了自己的传播对象，就等于细分了这个城市的市场。也只有明确了目标受众，才能更好地构建对品牌形象的理解，才能更有针对性地塑造和传播城市的品牌形象。

因此，我们说，城市的品牌形象传播实质上是就城市定位给特定的目标受众最直观、最简单的表述。城市的品牌形象能够让市民了解自身所处城市的发展方向，从而明白自己的奋斗目标。而对于这个城

市以外的人来说，可能这就是一个吸引他去投资、去旅游和去定居的直接诱因了。也只有这样，品牌形象的传播才有意义。

五、品牌传播中缺少高质量的配套产品

一般来说，品牌的传播通常是先从所在城市开始，在市民和公众中进行传播，从而产生内部上的认同感和自豪感，然后再扩大传播出去。在传播过程中，城市品牌最直接的视觉体现就是它的形象标志和一系列的视觉形象，这些城市品牌性标志要能够较准确地通过视觉元素将城市品牌想要传递的思想带给目标受众。

以往国内各城市搞的象征性标志，如花卉、雕塑、象征物和简单的徽标。这类徽标虽然可以从政治和自然环境特色的角度折射出城市的某种精神和风貌，但承载不了城市的经济发展战略和市场竞争的重任、不能从本质上反映和代表一个城市的品牌，从本质上讲，它们不是品牌标志，只是一个具体的形象而已。这些具体的品牌标志由于其形象比较单一，特别是一些原始的标志和象征物之间普遍缺乏一个科学而全面的实施系统，传播起来往往显得单调，视觉感染力和冲击力都较弱，因此其传播效果并不理想。

总之，一个城市在传播品牌形象的过程中，要着眼于城市长远的发展，要准确地给城市鲜明的独特的定位，并不断整合全社会的资源持续不断地经营和推广自己的核心价值，这样，一个城市品牌才能逐步建立起来。

第二节　城镇广告与城镇品牌营销

城市广告作为塑造城市品牌的重要手段，越来越受到各个城市的高度重视。

一、城镇广告的类型与作用

城镇广告主要包括以下四种类型。[①]

（1）城镇形象广告。旨在展现城市的历史文化、外观建设、人文风貌等整体形象，目的是从整体上展现城市独特的自然、人文风貌，强化其在一定范围社会公众中的地位和形象，塑造城市品牌形象，达到增强城市整体竞争力的目的。

（2）招商广告。是指通过介绍城市投资环境、投资项目、优惠政策等方面的情况，达到招商引资目的的广告。

（3）旅游广告。包括城市旅游、各景区/景点旅游广告，是城市广告的重要组成部分。新加坡、日本、韩国、澳大利亚、新西兰、泰国等每年在中国有大量的旅游广告投放，以吸引中国公民去他们的国家旅游。而在国内，城市旅游广告也越来越多地出现在各种大众媒体上，特别是在旅游黄金期到来之前，城市旅游广告投放量成倍增加。

（4）节庆会展广告。是为宣传推广节庆会展而做的广告，城市的节庆会展主要包括：文化庆典、体育赛事、展览会、政治/政府事件等。节庆会展与城市品牌结合越来越紧密，开始成为许多城市最为亮丽的名片之一，对城市整体品牌形象的影响也越来越大。

以上四种广告并不是决然分开的，很多时候都是融为一体、相互促进和相互依存的，成为城市品牌整体营销传播的一部分，为城市整体品牌形象服务。

有效的城市广告对于招商引资、改善城市形象、发展旅游和广泛地吸引人才都是非常重要的，具体表现在以下几个方面：一是有利于招商引资和发展旅游，带动经济发展；二是可以增强城市居民凝聚力、归属感和自豪感，有利于提高市民的文明程度和城市化进程；三是通过城市广告的教育、影响，可使市民养成热爱城市、团结互助、文明礼貌、遵纪守法的好习惯，从而带动城市精神文明建设更上一层楼；

---

① 寇非. 城市品牌传播中的城市广告探析［J］. 新闻战线，2009.

四是有利于吸引人才，城市广告对吸纳人才具有潜在影响力，一个环境优美、秩序优良、富有活力的城市形象，必然对各类人才产生强大的吸引力；五是有利于展现城市特点，增强城市魅力；六是有利于增强公众对政府的信任感，好的城市广告能帮助塑造一个良好的政府形象，从而赢得广大市民的信任。

二、城镇广告口号

城市广告中，口号是最主要的工具，口号是表达想法和确定认知的最简单、最有效的方法。在美国，城市口号围绕商务环境和生活质量两个主题。许多城市甚至直接在口号中用商业这个词来表明它们是进行商务活动的好地方。而拥有特别的自然条件、历史遗产或娱乐设施的城市往往会用阳光、大海、冒险、魔幻和历史等名词，向居民和游客展示自身的优势。

1. 中国部分城市广告口号

北京：新北京，新奥运。

香港：香港无限，动感之都。

昆明：昆明天天是春天；万绿之宗，彩云之南。

常熟：人间山湖，天下常熟。

周庄：中国第一水乡。

烟台：烟台苹果，健康生活。

厦门：港湾型花园城市。

东莞：现代制造业名城。

西安：中国西部，西安最佳。

2. 国外部分城市广告口号

新加坡：亚洲文艺复兴城市；非常新加坡。

威尔士：你将找到一种对生活的热情。

英国伦敦：文化多样性的世界都市。

英国北爱尔兰：触摸精神，感受热忱。

西班牙巴塞罗那：文化——知识城市的发动机。

3. 美国部分城市的广告口号

商业诉求类别——

亚特兰大：具有进军全球商业的战略位置。

巴尔的摩：更多服务，更多选择。

波士顿：合作带来进步。

芝加哥：一切的中心。

达拉斯：商业的首选。

堪萨斯：美国的聪明之城。

洛杉矶：未来的首都，在一起，我们是最好的。

迈阿密：迈阿密新生。

孟菲斯：美国的配送中心。

密尔沃斯：为您企业服务的城市。

纽约：永不休息的商业城市。

费城：条条大路通费城。

匹兹堡：后工业化经济复兴的典范。

凤凰城：让商业不断进步。

罗彻斯特：世界的形象中心。

大西洋城：美国最受欢迎的乐园。

丹佛：一次文化和环境的探险。

汉普顿：从大海到星星。

林肯城：在这里，风景也看你。

奥兰多：阳光和欢乐。

圣安东尼奥：值得记住的地方。

圣达菲：传统在这里继续。

三、城市广告的媒体选择

美国著名商人约翰·华纳梅克曾经感叹："我知道我的广告费有一半是浪费的，问题是我不知道浪费掉的是哪一半。"这是许多广告主都有的困惑，而广告费的浪费很大一部分是媒体选择的不恰当。城市广告也是如此，如何选择适合城市品牌传播的媒体成为最后广告效果好坏的关键。

选择城市广告投放媒体，首先，要根据城市自身特征和广告目的，明确目标受众，然后选择合适的媒体发布；其次，城市广告对广告媒体的权威性要求较高，广告媒体的信誉度和广告环境也直接影响到城市品牌的形象，因此，覆盖面广、权威性强、可信度高的媒体成为城市广告的首选。目前，国内城市广告主要集中于《人民日报》、中央电视台、凤凰卫视等权威主流媒体，一些国外媒体、国内省级卫视和地方媒体上也时有投放。

报纸、杂志等平面媒体广告在旅游、招商、节庆会展等城市广告方面具有很强的传播优势。平面广告以文字为主要表现形式，广告费用较低、保存性强，目标受众明确，广告针对性强，内容丰富，适合深度传播。

而电视媒体在城市形象方面具有独特的传播优势。电视广告能从视听上生动地展现城市形象和品牌概念，传播范围广、速度快，一些极富感染力的情节也易被受众所接受和记忆，是城市形象广告的最佳表现形式。

随着网络的兴起，有越来越多的城市广告开始向网络转移。另外，作为区域性媒体的户外广告、楼宇广告等也成为城市广告投放媒体的重要补充。随着越来越多的城市对国际品牌影响力的重视，选择海外媒体发布广告的方式也在日益增加。

四、城市广告的优化策略

对于城市广告，目前还存在各种各样的批评，比如，有人认为城市广告是许多政府官员的作秀行为，没有充分考虑市场经济的规律和纳税人的意见；许多广告大多浮光掠影般扫描城市，广告目标模糊，对广告目标受众认识模糊，做出的广告没有达到预期效果。归纳起来，目前的城市广告主要存在以下几方面的问题：广告的随意性比较强，科学性、专业化程度不够。目前，许多的城市广告没有明确的诉求重点和诉求目的，广告诉求点飘忽动摇、朝令夕改、随意性强，忽视城市品牌的长期规划和扎实建设；推广方面也常常忽冷忽热，缺乏针对性、连续性和稳定性。另外，城市广告的策划也是一个专业化程度非常高的创意过程，有些城市广告在整个决策过程中，没有专门的管理策划部门，也没有专业的营销策划机构和专业人才的参与，城市广告的宣传执行者对广告传播策略缺乏深入研究和战略思考，这也导致整个城市广告的专业化程度不够，影响效果。

　　一些城市在开展城市广告时的规范化运作流程和科学态度值得学习和借鉴。比如，香港在推行城市广告宣传时，为了准确提炼出城市形象的定位点，邀请吸纳了由朗涛设计、博雅公关以及意见调查公司Wirthlin Worldwide 组成的顾问团来开展工作。首先从调研等基础性内容着手，全面了解香港的品牌构成要素，进行目标受众的细致分析，增强规划的针对性，项目参与者的高水平，项目运作的科学性、专业性，为最终的成功提供了根本性保障。

　　广告定位不明确，缺乏个性。城市广告的定位就是用广告宣传来为城市形象在公众心目中建立一个有利的印象和评价等心理区隔位置。"魅力之都"、"休闲之都"、"浪漫之都"、"优秀旅游城市"、"中国历史文化名城"等是许多城市在广告宣传中的定位，这些广告定位模糊，毫无个性，很难在目标受众心目中产生区别，广告效果也就可想而知了。广告大师奥格威曾为波多黎各撰写了一则著名的招商广告，为这个国家吸引了数百家工厂和数百万游客。奥格威在波多黎各招商广告中，将投资者最关心的问题，即优惠政策摆在最醒目的位置予以陈述："现在波多黎各对新工业提供百分之百的免税"是这则广告的大标题，正文首段再以翔实的数据来论述免税可以给投资者带来的巨大利润。

　　这则招商广告定位准确，表达鲜明，采用理性诉求，有着很强的说服力。据说，广告刊出后曾有 14 万名读者剪下了这则广告中的回单，当中的几十个人后来在波多黎各开办了工厂，奥格威也自认为这是他所写的最有效果的广告。广告口号往往是城市广告定位的集中体现，现在有很多城市不惜重金在媒体上刊登"有奖征集城市广告口号"的广告，可见它在城市品牌传播中的重要性。在美国，城市广告的口号围绕商务环境和生活质量两个主题展开，比如：亚特兰大的"具有进军全球商业的战略位置"、纽约的"永不休息的商业城市"、奥兰多的"阳光和欢乐"等。而在国内，城市广告口号一般围绕历史或旅游展开，很多看起来有很强的雷同感。广告表现方式缺乏创意，吸引力不够。城市广告在明确了主题和定位后，还需要在创意表现上下功夫。

而现在很多城市形象广告缺乏创意，只是浮光掠影地扫描城市，抽象地展示城市的实力与特色，制作手法还停留在拍风光明信片的水平上。尽管画面美，但是有"千城一面"、"似曾相识"的感觉，让人看时没有惊喜，看后没有回味，广告宣传效果难尽人意。和这些广告片相比，张艺谋执导、濮存昕配音的《成都，一座来了就不想离开的城市》就比较独特，它以"成都是一个传统与现代和谐统一的城市"为主题，以"奶奶对成都的思念"为主线，以一个外地人对成都的感受为线索，通过快慢结合、动静结合的一组组镜头，生动地展示了成都现代与传统、喧嚣与宁静、开放与固守、和谐与包容的生活画卷。创意独特，表现力强，给人留下了很深刻的印象。城市的品牌标志也是城市广告的重要组成部分，品牌标志创意的好坏对整体城市形象的推广影响很大。2000年香港政府提出了一项推动香港成为"亚洲国际都会"的城市形象推广计划，这项国际推广计划的一项重要内容，是设立一个代表香港的形象标志，以在国际舞台上广泛宣传香港。最后设计完成的香港城市品牌标志中巧妙地隐含英文的缩写HK，以图反映香港的东西方文化兼容并蓄的特色；而飞龙的流线形态和强烈的动感，则将香港这座充满变革和速度的城市跃然纸上；"亚洲国际都会"的大标题在设计上与核心标志融为一体，突出了香港城市的品牌定位；主色彩沿用了反映中国传统文化的红、黄、黑色系，龙身的红黄表现城市向上奋发的活力，而黑色则承袭了中国书法的精髓，旨在反映香港与中国的历史渊源；中英文字体的设计力求体现时代感和美感，字体工整，线条简洁，与标志搭配相得益彰。在推出品牌标志的时机上，充分利用香港举办《财富》全球论坛的机会，给自己做了一个很好的广告。2001年5月，香港特区行政长官在《财富》论坛开幕式上向来自全球的客人隆重推出香港品牌新形象，出席的嘉宾包括500多位全球最具影响力的商界领袖和美国前总统克林顿。而到9月底，香港政府利用各种场合，将香港品牌分别介绍到澳大利亚、美国、加拿大、英国、德国、法国、日本、意大利和新加坡等12个国家的30多个城市。

品牌企业的参与程度低，缺乏市场化运作方式。目前，城市广告的费用主要由政府相关部门承担，如宣传部、旅游局、招商局等，而地方品牌企业的参与程度较低。其实，城市品牌广告可以借鉴公益广告的运作模式，吸引媒体、企业和广告公司的参与，企业和媒体的参与在一定程度上可以减轻政府的负担，使城市广告形成一个良性循环的资金保障和运行机制。

上海在城市广告中市场化的运作经验是，由广告公司自行解决策划和创意等前期发生的费用，赞助企业则承担了影片的摄制经费和知名导演、演员的邀请费以及活动的组织费。对于企业和广告公司的无偿投入，在每条形象广告后都设置了传媒集团、广告公司和赞助企业的联合署名标版，使它们在上海文广传媒集团各个专业频道的滚动播出中享受到丰厚回报。通过这种方式，不仅把广告摄制的所有费用全部消化，还不会冲击传媒集团已有的广告大盘，形成一个多赢的局面。企业与城市广告的结合目前在国内才刚刚起步，大有可为，2007年"百事可乐"与"成都景区"结合起来的创意是企业与城市广告结合的典范。为了庆祝成都被国家旅游局和联合国世界旅游组织授予"中国最佳旅游城市"称号，百事可乐公司推出"百事成都印象罐"，登上"百事成都印象罐"的10个景区景点分别是：熊猫基地、金沙遗址博物馆、青城山—都江堰、武侯祠、杜甫草堂、西岭雪山、峨眉山、三星堆、文殊坊、宽窄巷子。"百事成都印象罐"除了在成都上市外，还在南昌、桂林、重庆、长沙和中国香港、中国澳门等地举行了发售仪式或促销仪式。在香港，百事可乐公司选择部分有特色的餐厅和四川风味菜馆进行推广，让香港市民、游客在认识印象罐的同时也了解了成都的美景、美食。

缺乏延续性和系统性，区域联合广告有待创新与加强。目前，许多城市广告宣传活动没有一个长期的策略与规划。领导重视了，就做几个广告片，选择几个媒体，密集投放一阵，然后就销声匿迹，这种缺乏延续性和系统性的城市广告不符合城市广告的传播规律，很难达到树立起城市品牌形象的目的。

另外，对于地理条件、资源优势趋近的区域城市，可以采取联合发布广告的形式，区域联合发布地区性形象广告可以加强区域内部联合和凝聚力，集中精力推广区域优势，突出区域特色，形成区域优势。在国外一些城市为振兴地方产业，常利用旅游活动做广告宣传，与招商引资、开发资源相结合。在欧洲，甚至几十个城市以音乐和建筑等为主题，联合来做宣传。

在 2006 年东北"4＋1"城市旅游联合体年会暨第八届百家旅行商洽谈会上，沈阳、长春、哈尔滨、大连和鞍山 5 个城市决定以整体形象联合促销、大力支持联合体各城市重点旅游节庆活动，打造东北"大旅游"。湖南省的张家界和陕西省的西安市曾经联合起来在韩国做宣传，让韩国的民众可以到西安感受深厚的历史文化积淀，也可以到张家界看优美的自然风光。

媒体如何更有效地开发城市广告已成为各媒体广告的重要组成部分，如何创新城市广告的传播形式、提高城市广告的传播效果受到了越来越多媒体的重视，要开发好城市广告，媒体经营者需要做好以下几个方面的工作。媒体应大力普及科学的城市广告传播理念。对于国内许多城市而言，城市广告还是一个刚刚兴起的新鲜事物，科学的城市广告传播理念还有待宣传和普及，媒体在其中扮演着非常重要的角色。2004 年起，中央电视台经济频道开始举办"最佳中国魅力城市"和"中国十大最具活力城市"城市形象大赛，2007 年中央电视台又联合多家机构举办了"倾国倾城——最值得向世界介绍的中国名城"大型电视活动。2008 年 1 月 3 日，《人民日报》刊发的专题文章《城市品牌要亮点更重卖点》中称："'倾国倾城'在打造城市品牌集群、让更多更美的城市走向世界等方面发挥了积极的助推作用。"以上活动的开展，使城市品牌、城市广告进一步深入人心，城市广告的传播理念也得到了很好的普及和传播。随着越来越多的主流媒体开始介入到推广城市广告的活动中，城市广告理念得到了进一步的普及，越来越多的城市开始加入到城市广告的投放活动中来。

提高广告专题策划和广告产品创新的水平。好的广告专题、广告产品是影响和带动客户进行广告投放的重要因素，因此，策划适合城市广告投放的广告专题和产品成了媒体广告经营者所面临的一个重要课题。2008 年 3 月，《人民日报》广告部策划了"千帆竞发北部湾"系列广告专题，半个多月内，北部湾城市群在《人民日报》刊登了"千帆竞发北部湾"系列广告专题达 14 期，该系列广告集中推介了北部湾的区域优势及区域内各个地方的城市特色、资源优势、人文环境等，取得了非常好的广告效果。目前，这种形式的区域联合广告还不多，对于区域性城市来说是一条值得探索的城市品牌建设之路，大有可为。

针对城市广告实行价格优惠政策。广告客户的行业不同，其推广模式、销售利润也不同，因此其所能承担的广告价格也会有所不同。城市广告一般由政府出资进行广告投放，广告经费往往非常紧张，对城市广告客户实行必要的价格优惠政策是非常必要的，通过优惠政策发挥广告价格的导向作用，可以培育和引导城市广告类客户在媒体的广告投放。另外，由于地区经济发展不平衡，对于中国西部和老少边穷地区的城市广告，媒体可以实行一定的价格优惠政策，以支持这些经济落后地区城市的品牌建设，促进地方经济、社会的全面发展。

提高城市广告的创意设计水平。与企业品牌广告不同，目前国内城市广告的创意设计工作大部分由城市相关部门或媒体广告部承担，专业广告公司的参与程度较低，这也导致城市广告整体创意设计水平不高，影响最后的广告传播效果。针对城市广告的特殊性，作为媒体广告部门，应该建立完善的图片资料库，提高城市广告的创意设计水平，力争为客户提供高水平的广告作品，这样不仅能提高客户的广告传播效果，还能提升媒体自身的形象和品质。

第三节　政府公关与城镇品牌传播

城市可以被看做是一个故事，一个反映人群关系的图示、一个整体和分散并存的空间、一个物质作用的领域、一个相关决策的系列或者一个充满矛盾的领域。这些比喻中包括很多价值内容：历史的延续，稳定的平衡，运行的效率，有能力的决策和管理，最大限度地相互作用，甚至政治斗争的过程。某些角色会从不同的角度成为这个运转过程中的决定性因素，如政治领导人、家庭和种族、主要的投资者、交通技术人员、决策精英，等等。

城市品牌的好坏，直接关系到城市及其所在区域各项事业的兴衰，然而一个城市的品牌不是自生自长的，要靠政府和当地人民共同塑造。因而城市品牌建设自始至终离不开城市政府的支持和领导，政府公关是城市形象建设成败的关键因素之一。

随着时代的进步和全球城市化进程的加快，对城市公共事务的管理被提到议事日程上来。在中国，由于市场经济体制的逐步建立和政府职能的转换，政府除了在经济方面实行宏观调控之外，大部分职能转向提供公共产品和服务，城市政府尤其有必要在城市公共事务方面加大管理力度。现在，"城市品牌"问题越来越成为摆在世界各国城市政府面前的一个庞大的系统工程和义不容辞、任重道远的战略性课题，已经引起了他们的高度重视。良好的城市品牌不仅是城市对外联系的窗口，是促进城市发展的重要手段，同时也是政府公关目标的重要组成部分。城市作为人类政治、经济、文化中心，其协调、发展离不开政府的领导和管理，城市品牌的塑造自始至终离不开政府的支持和领导，离不开政府公关的贯彻和实施。

一、政府公关的内容

政府公关是政府为了更好地管理社会公共事务而运用传播手段与

社会公众建立相互了解、相互适应的持久联系，以便在公众中塑造政府的良好形象，争取公众对政府工作理解和支持的活动。

1. 内部公关

（1）城市品牌传播必须积极开展政府内部公关，争取领导人对城市品牌的积极支持与高度重视，这是整个品牌战略启动的首要环节。离开了政府首脑的大力支持和有效领导，城市品牌传播的蓝图描绘得再美好，最终也只能成为一纸空文。延安的城市品牌工程委员会，就较成功地取得了陕西省委、省政府的主要领导人的支持与合作，其中副省长还出任延安形象工程委员会主任，亲自挂帅，为延安品牌工程的顺利开展打下了坚实的基础。政府领导人的思想、意识和行为直接影响到政府的政策与行为。当遇到重大困难和压力时，让政府机构成员充分知晓有关情况和利害关系，并予以适时引导，就会激起内部公众的紧迫感和责任感，同心同德，让下属知晓，就会使其产生强烈的荣誉感和自豪感，会以作为政府组织的一员而感到骄傲。领导人的内部公关，可以通过内部的良性互动，创造一个良好的关系环境，促进行政管理质量的提高。

（2）通过政府内部公关，争取政府职能部门及其工作人员的了解、支持与合作。一方面，城市品牌建设最终必须由政府各职能部门贯彻实施，没有各职能部门及其工作人员的支持与配合，城市品牌就失去了其必要的组织保证；另一方面，城市品牌涉及众多领域和部门，是一个系统工程，因此必须在政府内部实施"全员公共"，让政府工作人员转变观念，重视自身形象建设，从而树立起"廉洁、民主、科学、高效"的政府形象，最终促进良好城市品牌的建立。如法国的里昂、意大利的米兰、德国的斯图加特、西班牙的巴塞罗那，这些城市虽古老，但由于这些城市的行政领导都能随着产业结构的变化，巧妙地运用政府公关和其他新的管理手段不断推进城市的改革与发展，因而使这些城市在全球一体化的浪潮中领风气之先，成了推动欧洲转速的"四台发动机"。

2. 外部公关

城市品牌传播除了需要得到政府的支持外，还需要一个良好的外部环境，需要得到广大市民及舆论界的支持与配合。因此，适时适当地开展各项政府外部公关工作，可以为城市品牌传播铺平道路，减少阻力。

（1）积极开展政府外部公关，争取广大市民的理解、支持与合作。市民是城市的真正主人，一切有关城市发展的决策，必须得到市民的支持和配合才能最终获得成功。而且，市民形象本身就是城市形象的一个有机组成部分。因此，必须重视与市民的信息沟通合作。为此，需要做好以下工作：建立健全新闻发言人制度，及时向市民传达城市形象建设的有关情况，争取理解与支持；加强信息调研工作，开展民意调查，健全信访制度，对话协商制度，广泛收集有关城市形象信息，为形象策划提供客观依据，使上情下递、下情上传、信息渠道通畅。这样，既能吸引广大市民积极参与形象建设，又可减少城市形象策划中的偏差与阻力。

（2）重视与新闻媒体建立良好的合作关系。新闻媒体作为现代发达的信息传播渠道，具有权威性强、覆盖面广、传播速度快等特点，政府应重视与新闻媒体建立良好而密切的关系，加强新闻发布，积极为媒体提供有关资料，向广大公众主动传播城市形象建设方面的信息，营造良好的舆论氛围，从而推动城市形象建设的顺利开展。如大连在展现大连风貌上很有特色，利用新闻媒体做宣传，大大提高了其知名度和美誉度。中央电视台的连续报道，大连星海会展中心的"大连城市建设和经济发展五年成就展"、"改革开放中的大连"电视专题片的发行，它的"北方香港"的目标，这一系列举措大大提高了大连的知名度和美誉度，为大连增添了一笔庞大的无形资产。

（3）加强与社会其他团体及个人的联系，充分调动社会各方面的积极性。城市形象建设的系统性和复杂性决定了必须实行"多兵种联合作战"，恰当开展政府外部公关工作，吸收公共关系学、管理学、设计学等各种不同学科的专家和学者积极参与，集思广益。如延安的形象工程委员会，由省市领导挂帅，形象策划专家受命组建，并由老革命家、国内外战略经济学家、社会学家、生态环境专家、民俗学家和社会名流以及各有关方面专业人士介入和参与。

（4）积极开展国际交往，塑造良好的国际形象。随着高科技的迅猛发展，全球经济一体化时代的到来，发达的信息通信和交通网络，大大缩短了人们的时空距离，国际交往空前频繁，促使作为国际交往主体的国家、地区和城市等日益注重建立良好的国际形象，通过各种传播手段增进国际社会间的相互了解和合作。因而以塑造良好的国际形象为主要内容和宗旨的政府国际公关，越来越受到各级政府的青睐。如大连组建找商团分赴各国，向世界展现自己，它又将客人请进来，连续举办了"大连国际服装节"、"大连赏槐会"和"大连国际马拉松比赛"等大型活动，让世界人民了解大连、钟情大连，为大连的发展创造了很好的国际条件。

二、政府公关对城市品牌塑造的作用

政府作为特殊的社会组织，在国家授权的范围内拥有无上的权威性和独立性。这使得政府在对国家各方面事务进行管理的过程中，承担着管理、指导、协调、服务、监督等基本职能。而政府公关关系在承担这些基本职能的同时，又拥有强大的传播、沟通职能。因此政府在城市品牌的塑造中具有重要意义，发挥着重要的作用，主要表现在以下几个方面：

1. 政府公关通过对城市恰当定位对城市形象塑造进行宏观指导

城市行动定位是建立城市品牌的基点，是一个城市独特个性的灵魂和精华优势的浓缩，更是一个城市区别其他城市的标识和走向未来的航标。任何一个城市，都有其独特的基本经济结构、地理位置、地貌特征和历史文化渊源及风俗民情等。因此城市政府必须先站在制高点上，鸟瞰本城市的各种特征以及本城市的未来发展方向，作出有效的宏观决策，指导本城市的形象塑造。然后对城市形象作出恰当定位，将本城市的优势凸显出来，从而为城市发展注入活力。例如延安，它贫困落后，无多少优势可言。但它曾是革命圣地，于是延安市市政府将它定位为中国圣城，开发旅游资源，招商引资，这便构成了它的独特性和优势，成为了这个城市的无形资产，从而为该城市的发展带来了新的活力动力。

2. 政府公关可以通过举办一些有特殊意义的活动来塑造城市品牌

城市品牌最初的深入民心，必定要通过一定的活动来展开。为了塑造城市品牌，一些城市就结合当地文化特色，创造性地开展了以经济和文化交流为目的的、形式多样的政府公共活动。如大连市政府连续举办了"大连东北三省暨商品交易会"等大型活动，这一系列政府公共活动大大提高了大连市在海内外的知名度，增加了大连城市品牌的无形资产，使大连市在中国沿海 14 个开放城市中创造效益最多，成为中国最具有活力的城市之一。张家港市政府策划并实施的一系列公共活动，如"秋季商品交易会"、"出口商品与投资洽谈会"、"名牌战略研讨会"等政府公关活动的开展，有力促进了全市的大开发、大发展，同时树立了张家港市市政府的良好形象，提高了政府的知名度、美誉度。此外，还有山东潍坊的国际风筝节、哈尔滨的啤酒节等。政府的这些公共活动大大提高了该城市在国内外的影响，为城市形象塑造起着积极的作用。

3. 政府公关可以通过吸纳民意手段，使城市品牌塑造更完美

政府在城市公共事务中无疑居于主体地位。但该主体只有融入到客体对象——政府公众之中，才能形成良性活动的公关状态，而且才能实现预定的公关目标。为此，城市政府必须充分吸纳民意，如通过进行民意测验、社会调查以及设立城市品牌热线和网络等形式，以确保城市形象定位决策的科学性和创意的独特性。

4. 政府公关可以利用各种传播媒介及手段，塑造城市品牌

政府公关的传播条件具有其他社会组织无可比拟的优越性，一旦城市形象塑造方案得到专家及政府首脑的通过，政府就可能利用各种渠道对市民和国内外的相关公众进行宣传，以扩大城市形象在市民和国内外公众中的知名度和影响力，调动市民的热切关注和积极参与。政府官员的素质、市民的行为是城市形象的重要组成部分。政府公关借助于有力的传播媒介和手段，对政府官员和市民进行宣传、教育，增强全市人民的城市形象塑造意识，最大限度地激发市民的积极性和创造性，为树立文明政府官员形象、文明市民形象、文明行业形象等创造良好的大环境。

5. 政府公关可以为城市品牌塑造提供物质保障

塑造城市形象必须依靠一定的经济基础和物质保障。不仅日常的精神文明创建活动需要经费保证，而且重点标志性工程需要加大投入。政府可以借助于自身优势，通过一系列公关工作，吸引外资投入。同时政府公关工作的开展，也促进了本市经济的繁荣，为城市形象塑造提供了坚实的物质基础。

6. 政府公关部门可以制定一些有利于本城市品牌建设的规章制度

塑造良好的城市品牌是一项复杂的系统工程，必须建立和完善组织和政府保障机制。政府作为一种特殊的社会组织，拥有其他类型社会组织不能拥有的权力。政府公关部门可以运用这种权力制定一些有利于本城市形象塑造的规章制度。比如武汉市政府近年推出的市民"十不"行为规范，就在强化市民的公德意识、重塑武汉城市形象方面起到了较大的作用。

7. 政府公关可以通过课题招标的方式，来吸引高层次的公关策划公司参与到城市品牌塑造中来

随着市场经济体制的逐步深入，越来越多的公关策划公司云集了优秀的策划专业人才，人力资源丰富。政府若采用向国内外的公关公司进行课题招标的方式，寻找到较高水平的公关公司，让它们来协助政府对城市形象设计中的重大问题作全面、深入的高水平策划和调研，那必将有利于整个城市形象的传播和建设。

总之，政府公关在城市形象塑造中有着举足轻重的地位。没有政府公关关系活动的开展，城市形象就不可能为市民所知，也就不可能提高城市的知名度，更不可能促进本城市经济的发展。城市品牌塑造工程必须在政府部门的宏观指导下，才能取得实质性的成就。

第四节　体育赛事与城镇品牌传播

大型体育赛事（如奥运会、亚运会等）已经成为各大城市进行品

牌传播千载难逢的契机，大型体育赛事的主办权在各大城市之间的争夺也越来越激烈，从奥运会的主办权的争夺可见一斑，为了取得奥运会的举办权，很多城市是举全国之力。由此可见，大型体育赛事在城镇品牌传播中所起的作用越来越被城市管理层所认可。

一、奥运与城市品牌营销

1. 北京奥运会与城市品牌营销机遇

北京奥运会给中国城市带来的经济诱惑无疑是巨大的。如1984年洛杉矶奥运会一改奥运会长期亏损的历史，为南加利福尼亚地区带来了32.9亿美元的收益；1992年巴塞罗那奥运会给加泰罗尼亚地区带来了260.48亿美元的经济收益；1996年亚特兰大奥运会为乔治亚州带来了51亿美元的收益；2000年悉尼奥运会给澳大利亚带来了63亿美元的收益。

北京奥运会给中国城市带来的品牌营销契机同样也是巨大的。据WTO世界旅游组织预测，北京奥运会期间将有100多位国家元首，超过400万人海外游客，上万名运动员、教练员、裁判员和体育官员，以及逾2万名注册记者来到中国，通过电视等媒体关注奥运的观众将超过40亿人次。这些数字，对主办国的城市和旅游景区来说，更是一次千载难逢的向世界推介自己的机会。2006年，中国国内旅游接待人数已超过13亿人次，接待国外入境旅游人数超过1.3亿人次。特别是在后奥运时代，中国旅游经济更将蓬勃发展。太平洋亚洲旅游协会（PATA）和Visa国际组织亚太区共同发布的"2007年亚洲旅游意向调查报告"显示，2008年北京奥运会期间，将有90%的中国人观看奥运会比赛，以后还会到国内各地和香港特区以及其他亚洲国家旅游。北京2008年奥运会不仅是北京吸引游客的一张王牌，同时也将为中国其他地区乃至周边国家和地区带来更多的入境游客。

奥运会对于品牌影响力有限的中国其他城市来说，同样是个很好的营销机会。2008年奥运会的比赛在北京、上海、天津、青岛、沈阳、秦皇岛和香港举行。但是，当我们去询问一个关注奥运的普通中国公众，让他说出奥运会将会在哪些城市举行比赛的时候，得到的答案并不理想，除了北京、青岛和香港，很少有人能完整地回答出来。当我们把这个问题抛给一个外国人的时候，或许答案也不会好。这至少说明两个问题，一方面，除了北京、青岛和香港，其他城市还没能将奥运可能带来的机会，以及跟奥运有关联的影响发挥出来，说明这些城市在借助奥运进行品牌营销方面还没有足够的准备和规划；另一方面，或许这些城市对于奥运能够带来的影响还没有加以重视。

北京奥运会的筹备工作受到了全世界的关注，城市借助奥运进行城市品牌营销的基础相当雄厚。2007～2008年奥运会开幕之前的这段时间，属于公众心理的空白期，因为筹备奥运更多的是政府的事情，公众除了关注一些筹备工作进展之外似乎没有其他的兴奋点。但是，全球和全中国人都在这个期间看中国发生的事情，甚至希望能够参与进来。应该说，这是城市营销的绝佳机会，特别是对于拥有奥运会分赛场的城市来说，只要抓住时机，不断发出自己的声音，就能够借此机会大大地提升城市的品牌知名度、美誉度，甚至可能创造更多的未来商机。

一个城市发出了多少有分量的积极的"声音"，有多少话题被媒体关注、被公众了解，决定了城市的品牌影响。因此，我们不难发现，当前在中国占据了主流媒体声音的那些城市，不仅在公众心目中印象深刻，在全球的影响力也是比较大的，典型的如北京、上海、广州。但是也有很多依靠自身的资源、优势特色和差异化而塑造的城市品牌，例如拥有众多品牌及优美景色的青岛、因小商品交易市场闻名世界的浙江义乌、旅游资源丰富又有文化内涵的云南丽江等。这些城市都有两个共同的特点，一是其崛起常常是依托于某一个事件或者某一个优势领域；二是关于它们的话题总是很多，甚至一些琐碎的小事都可能成为媒体关注、公众瞩目的焦点。这不仅是城市特色魅力之所在，更是城市品牌营销之成果，比如近几年借助普洱茶而兴起并于2006年4月改名为普洱市的云南思茅市，就是借助普洱茶的营销而崛起的城市品牌典范。

城市借助奥运进行营销还不仅使比赛举办城市有机会，中国有

600 多个城市，这些城市都可以借助奥运的东风来进行自身的营销。这就好像企业品牌的奥运营销不仅是赞助企业的唯一舞台一样，很多非奥运营销企业只要有好的策略也同样可以赢得品牌提升的机会，城市同样如此。虽然没有直接参与举办比赛的优势，但是却可以以奥运参与者的身份去提升品牌，例如积极响应主办城市的一些活动，与主办城市进行交流互访等；为主办城市的场馆建设、奥运筹备提供支持等，这些也可以借助奥运的东风来扩大城市品牌的影响力。

值得注意的是，中国城市营销的密集攻势已经拉开大幕，城市品牌逐鹿北京奥运的趋势日渐明显。中央电视台的 CCTV-1、CCTV-2，尤其是对海外有着强大影响力的 CCTV-4 和 CCTV-9，正日益受到各级城市政府部门的更多关注，而中央电视台自身也积极推出各种媒介项目，如"倾国倾城：最值得向世界介绍的中国名城"大型电视活动，是一次以电视节目形态表现的、中国城市品牌形象的集中展示，包括城市文明、城市环境、城市活力等，打造中国城市的"国际名片"，积极尝试通过媒体的力量，推动城市品牌核心理念的选定、城市品牌战略的完善与推进。正如中央电视台广告经济信息中心主任、经济频道总监郭振玺所说："倾国倾城"大型电视活动以 2008 年北京奥运为契机，为中国城市走向世界提供一个展示的平台，不管是大城市还是小城市，都有机会在这个平台展示城市魅力，并通过这个平台整合、激活国内外有效资源，共同开启、助推中国城市品牌集群的打造工程。另外，据中视金桥国际传播集团首席执行官刘矜兰介绍，中视金桥独家代理的 CCTV-4 与 CCTV-9 中英文国际频道的城市形象广告在 2007～2008 年进行联动，面向世界传播中国城市形象，全面启动奥运旅游形象工程。

此外，北京奥组委、北京奥运经济研究会等权威组织也在人民大会堂等场合组织"奥运之光"城市巡展、"中国十大名城名胜奥运旅游殿堂——2008 奥运游跨年联展"等系列活动，打造跨越全年的"不闭幕的旅游展览展示会"。

2. 体育赛事有利于城市品牌营销、提升城市形象

城市品牌营销是指利用市场营销的理念和方法管理和经营城市，把投资者、旅游者和城市居民当做顾客和消费者，把城市软硬件当做城市产品，改善城市产品的生产和服务，对城市产品进行创造、包装和行销的过程。核心内容包括：为城市树立强大而有吸引力的地位和形象；为现有和潜在的商品和服务的购买者与使用者提供有吸引力的刺激；以有效、可行的方法分发、配送城市产品和服务；推广城市吸引点和利益，让潜在使用者完全了解该地区独特的长处。

近几届奥运会主办城市均不遗余力地将奥运会的筹备和举办融入城市营销的整体战略之中，对完善城市产品、提升城市品牌形象发挥了巨大的作用。

（1）巴塞罗那模式——北京的榜样。巴塞罗那奥运会成为奥运城市品牌战略"旧城换新城"的一个成功典范。1985 年获得奥运主办权之前，巴塞罗那还是一个欧洲二流城市，基础设施和城市形象不尽如人意。获得奥运主办权之后，巴塞罗那进行大规模改造，城市焕然一新，在 1992 年巴塞罗那奥运会之后，西班牙的第二大城市成为欧洲最受欢迎的旅游胜地之一，而且到现在仍然成为欧洲旅游教育和服务的中心，巴塞罗那的运作模式对北京和其他奥运城市有着十分重要的借鉴意义，即借奥运契机对城市进行整体改造，加快城市化进程。比如对城市的危旧房进行改造，对城市楼宇进行维修，将一些污染的工厂进行搬迁和改造，通过奥运全方位改善城市基础设施，提升城市整体功能，构建现代化城市形象，改善居民居住环境，提高城市的知名度和国际化程度，这对城市的发展有极大的推动作用。

（2）汉城模式——上海的借鉴。汉城（首尔）是东亚重要的国际性都市，作为韩国经济奇迹的引擎及缩影，受到国际社会的瞩目，汉城奇迹的启示就是通过大型国际赛会不断导入城市的国际形象、不断积累城市的品牌资产。汉城成功地把握了 3 次历史机遇，1986 年的第 10 届亚运会、1988 年的奥运会和 2002 年世界杯足球赛，使城市形象得到空前的提升，使城市营销开始快速发展，创造了深厚的城市品牌资产沉淀。

如果说汉城能够借助奥运会、世界杯、亚运会实现"以弱变强"的城市营销奇迹，那么中国的上海目前完全有机会创造"强中更强"的城市品牌神话。2008 年的奥运会、2010 年的世博会，使上海有机会成为亚太地区，乃至世界的中心城市。如何把握这两次接踵而来的世界盛会，全面展开城市品牌营销战略，不断积累城市品牌资产，是当前发展思路中的重中之重。

（3）悉尼模式——青岛的楷模。悉尼通过筹办奥运会在全球范围内进行旅游品牌的推广与导入，从而大大提升了悉尼的知名度及其在世界上的地位。据澳大利亚地区经济分析中心介绍，悉尼奥运会为澳大利亚带来了巨大的经济收益，直接带来 65 亿澳元的经济活动，其中，悉尼所在的新南威尔士州就占了 51 亿澳元。1993 ~ 2004 年，该州因奥运会而得到的经济收益达 31 亿美元，2000 年悉尼奥运会期间，澳大利亚旅游局"澳大利亚"网站的访问率提高 70% 。而悉尼奥运会更是成为澳大利亚永久的遗产，这种遗产同澳大利亚独特的旅游产品相结合，形成了诱人的金字招牌。据悉尼奥运会后的一项对 11 万名国际游客的调查显示，88% 的人希望重返澳洲旅行。

青岛、秦皇岛等旅游资源丰富的城市也应该把握全球推广旅游的品牌营销战略契机，借力奥运全面打造国际化的旅游目的地。据悉，青岛已经成为"奥帆赛举办城市"，并以此开始了全球化的旅游推广战略，青岛市将奥运会看做是一种跨越的机遇，在世界范围内展开了大规模的奥运旅游品牌推介活动，一个以"奥帆赛举办城市"品牌宣传为主的宣传行动，使青岛国际旅游品牌形象不断提升。

（4）亚特兰大模式——天津、沈阳的方向。奥运会前期，亚特兰大总投资 10 亿美元，在整个城市范围内进行基础设施改建。当时的《纽约时报》专刊介绍说，当奥运准备工作进入尾声时，"亚特兰大整个城市的每一个角落都发生了改变"。经历此次盛会之后，这座曾经不起眼的小城市实现了跨越式发展，逐步成为今日美国东南部的工商业中心和重要的交通枢纽。奥运会申办成功后，亚特兰大频繁出现在全球各大城市的各项综合排名中，并且名列前茅。先后在《财富》杂志"全球最佳经济环境城市"，《世界贸易杂志》"拥有国际跨国公司最多的城市"、"全球 10 个房地产市场前景最佳的城市"评选中名列第一。

　　虽然，天津、沈阳并不是奥运会的主要举办城市，实现"亚特兰大模式"显得不够理直气壮，但是，天津、沈阳完全可以通过准确的城市定位、现代的城市营销手段、国际化的传媒平台和有计划的城市公关，来逐步实现城市品牌的影响力，使城市通过奥运走向世界。

　　3. 战略带动策略，奥运激发城市品牌升级

　　奥运会是举办国和举办城市借机推动社会和经济的发展、提高国际地位、改善国际形象、提高城市竞争力的难得良机。奥运会的举办通过提高投资、促进消费以及对经济的辐射作用有效地促进了举办国经济的发展，这一点不仅在经济理论上符合逻辑，而且也从各奥运举办国的历史数据中得到了验证，2004～2008 年，与奥运相关的投资需求超过 2800 亿元，总投资达到 1.5 万亿元，消费市场总量超过 1.5 万亿元，并且未来的消费总需求将远远超过这个数字。奥运经济为我们带来超过 3 万亿元的庞大商机，形成巨大的奥运经济产业链，拉动中国经济的快速增长。其中，北京奥运的巨额建设投资给建筑、建材、交通、运输、体育用品、通信、信息、广告媒体和环保等相关行业带来一次快速发展的机会，大大带动相关产业有优势的城市经济发展，拉动中国经济的快速增长。

　　从 2007 年开始，中国城市已经在奥运经济的刺激下开始实施城市品牌升级战略。打造国际品牌影响力成为我国城市的战略选择。为适应城市国际化与经济全球化的新趋势，我国许多城市正加快融入国际城市体系的进程，不断提升城市自身的实力优势、体制优势和特色优势，整体强化城市的国际比较优势，并相继确定自身的品牌定位和品牌口号。从大众视角来说，一个城市的最终品牌化就是让人们了解和知道某一区域，并将某种形象和联想与这个城市的存在自然联系在一起，让它的精神融入城市的每一座建筑之中，让竞争与生命和这个城市共存。

二、奥运与城市品牌新时代

中国的城市品牌营销到目前为止经历了三个发展阶段：1997 年之前的宣传时期，2007 年之前的营销推广时期，现在正在全面进入国际化品牌战略升级时期。1997 年之前，国内鲜有城市品牌意识，一个城市的知名度主要靠党政机关的宣传来实现，那时候的品牌意识仅仅停留在旅游目的地的"景点营销"，以开发更多景点来吸引和留住游客，因此，1997 年之前的时期应该算是"前城市品牌营销时期"或者"城市政绩宣传时期"。从 1997 年香港回归、1999 年云南园博会开始，中国城市开始自发进行"城市品牌推广"。1997 年的"香港北京周"、"香港天津周"等大型活动和权威媒体对香港城市的整体推介，使内地的大中城市受到了震撼和启发，1997 年国内的专业策划团队开始介入 1999 年云南园博会的品牌推广，王志纲工作室的"彩云之南、万绿之宗"的整体品牌导入使云南整体品牌形象大放异彩。从那时开始，中国城市品牌开始有了"项目营销"的概念，以一个或几个"大项目"带动整个城市的经济和品牌。2000 年，CCTV - 4 的《中国新闻》栏目开始出现城市旅游推广广告，中视金桥国际广告有限公司开始介入城市品牌营销领域。2000 年以后，中央电视台出现了"魅力名镇"、"让世界了解你"、"城市之间"等大型城市推广栏目；大型歌会"同一首歌"、"中华情"、"欢乐中国行"也逐渐成为城市品牌最主要的活动载体。截至 2007 年，城市品牌营销已经被绝大多数的城市所认可和采纳，据中视金桥国际传播集团高级副总裁刘旭明介绍，中国已经有 200 多个城市和旅游目的地客户与 CCTV 合作，在 CCTV 上面投放了城市形象或景区形象广告。中国已经进入全面化的"城市品牌营销推广时代"。

2007 年，随着北京奥运会的临近，城市品牌营销市场悄悄地发生了重大变化，城市整体形象体现的"国际化都市营销"时期悄然到来，许多城市开始提出建设国际化大都市的目标，借力奥运进行"城市品牌国际化战略升级"，中央电视台中文国际频道和英文国际频道备受城市品牌关注，一大批类似 CCTV"倾国倾城"的跨国大型城市推广活动如火如荼，中国城市品牌营销已经进入一个新时代。

三、后奥运时代城市品牌继续加速

1. 后奥运旅游：中国城市的品牌国际化传播趋势

（1）后奥运旅游与"后奥运战略"样板。奥运会对旅游业的影响，主要不是17天的比赛时段，而是奥运会后旅游业的持续发展，澳大利亚悉尼就以"后奥运战略"的持续发展成为国际典范。澳大利亚"后奥运战略"城市品牌推广实践，被国际奥委会誉为"今后主办城市和国家的样板"。悉尼申奥刚刚成功，澳大利亚旅游委员会便开始最大限度地开发悉尼奥运会可能带来的各种旅游商机。他们将奥运会分为3个时期，即奥运会前（1994年至2000年6月）、奥运会中（2000年6~10月）和奥运会后（2000年10月底至2010年）进行筹划，并提出了"后奥运战略"的概念。澳大利亚旅游委员会与政府、企业界、媒体、奥林匹克组织及奥运会商业伙伴进行广泛合作，将澳大利亚城市旅游品牌、奥林匹克品牌和奥林匹克伙伴的品牌结合在一起，4年中实施了1000个项目，取得了多方面的明显成效。

（2）后奥运时代城市品牌继续加速。后奥运时代，中国城市品牌营销将继续加速。据有关专家预测，2008年，中国可接待入境人数达到30万~35万人的水平，是悉尼奥运会的3倍。依据是除了基本的奥运客源市场外，还拥有比较特殊的客源市场，如港、澳、台市场。此外，中国奥运会的国内旅游客源也是世界上最多的。奥运给旅游业带来了无限商机，但也要运筹得当才能实现。凡事都有两面性，先谋而后动，才能最大限度地获取"奥运红利"。

（3）中国城市品牌国际化传播趋势明显。奥运会后，"打造城市品牌"已经上升到国际化战略的高度，因此，与之配套的是中国城市品牌国际化传播的趋势日渐明显。中国国家旅游局旅游促进与国际联络司司长刘克智介绍，为了更加有效地借助北京奥运宣传中国旅游业，目前我国已逐步启动"奥运—旅游"第二轮行动计划，以"奥运前"、"奥运中"、"奥运后"为三个时序，力求充分发挥奥运的经济带动力、地域辐射力、品牌扩张力。其中"后奥运战略"的实施重点是城市品牌的全球扩张。

2. 后奥运效应：中国城市的品牌战略升级趋势

（1）后奥运效应引发城市品牌战略升级。奥运会为主办城市的国际化"改造"提供了理由，也为奥运会后城市品牌战略升级提供了雄厚基础。1988 年奥运会后，汉城有步骤地展开了城市的品牌升级战略，城市营销开始快速发展，短短的几年里便实现了由城市促销向战略性、制度化城市营销的质的跃迁。20 世纪 90 年代，城市营销继续推进，确立了面向 21 世纪的新规划，开始致力于把汉城建设成东北亚的枢纽城市。

2002 年韩日世界杯期间，汉城的城市品牌升级战略做到了极致，上升到"国家公关"的程度。时任韩国总统的金大中亲自给汉城做城市品牌形象代言人，向世界发出"欢迎你到汉城来，欢迎你到韩国来！"的邀约；为了面向中国市场做好地缘营销，汉城不惜找来中国的歌星孙悦作为旅游形象大使，因此，韩国也成为从"后奥运效应"领受益处最多的国家之一。

（2）澳大利亚城市品牌升级的两大利器。澳大利亚城市品牌升级的两大利器之一是重用国际化媒体。奥运会后，澳大利亚实施了"广泛的媒体计划"，先后邀请了 3000 多家国外媒体来到澳洲，澳大利亚官员陪着他们到各地去采访，重点是采访都市乡村一些时尚的变化，这些媒体先后制作了价值约 23 亿美元的宣传素材，在世界各地广为传播，很快在国际上改变了澳大利亚原本存在于人们印象中的"广阔荒原"的形象，在国际游客中塑造了强烈的、现代的带有都市文化的形象。也正因为如此，英国在获得 2012 年奥运会主办权后，提出了"通过全球媒体向世界人民招手"的宣传策略。

澳大利亚城市品牌升级的两大利器之二是继续举办国际大型活动。2000 年举办悉尼奥运会之后一年，悉尼创造了举办 49 次国际会议的纪录，这使它成为世界五大会议目的地城市，而国际会议举办次数的多寡是一座城市国际化程度的标尺。

（3）中国城市品牌战略升级蓄势待发。中国城市品牌战略升级的主要方向是进军"国际化都市"。中央和地方政府领导已经越来越清楚地意识到城市品牌战略的重要性，并将在后奥运时代进行大刀阔斧的整体推进。北京的领导指出："奥运会之后，必定会使北京的旅游业有大幅度提升，随着奥运会的举办，北京这个城市品牌将在世界叫得更响亮，这将对北京的旅游和会展业带来巨大发展机遇，而在后奥运时代，北京应该更好地打造城市品牌，抓住各种发展机遇。"大连和青岛也会在后奥运时代继续深化城市品牌国际传播战略。据悉，大连将在城市环境改造、媒体宣传、提出"世界浪漫之都"的城市品牌定位之后，会继续推出旅游产品、举办会议、活动促销等一系列国际化活动，充分利用中央电视台的国际传播平台，以国际化城市形象展现在世界的面前。青岛作为 2008 年奥运会帆船比赛举办城市，持续打造世界的"奥帆举办地——帆船之都"的国际化形象，这张青岛城市名片会在奥运运动下得到极大的提升。

　　3. 后奥运热点：中国城市的大型活动营销趋势

　　奥运会后，上海世博会、广州亚运会、深圳世界大运会都是城市品牌营销升级的主战场。中国社会科学院和社会科学文献出版社联合发布的《2007 年中国城市竞争力蓝皮书》，这份由两岸及港澳近百名城市竞争力专家历时大半年完成的近 70 万字的报告，对包括港澳台和内地的 200 个地级以上城市的城市品牌竞争力进行了排序。蓝皮书对中国内地 50 个城市的总体品牌指数进行比较研究后发现，北京位列第一，上海、深圳、广州紧随其后。报告发现，北京、上海、深圳、广州等城市因举办盛事（奥运会、世博会、世界大运会、亚运会），品牌形象更加突出。上海将借 2010 年世博会的机会成为亚太会展中心。深圳赢得了 2011 年世界大学生运动会的主办权，被众多欧美权威媒体誉为"北京申奥后的又一中国体育盛事"。广州也会随着 2010 年亚运会，成为亚洲关注的中心。上海、深圳、广州都不会白白浪费千载难逢的品牌战略机遇，以最大限度进行城市品牌传播，全面实施城市品牌升级战略。

　　毋庸置疑的是，奥运会已经为中国城市开启了一扇走向世界的窗口，而在这扇窗口关闭之前，中国城市一定会竭尽全力去打开一扇门，这扇大门将引领中国城市品牌进入到前所未有的新格局。中国城市品牌营销，已经拉开了划时代的序幕，进入到全新的国际化竞争时代。

第五节　节事活动与城镇品牌传播

积极组织或申办各类节事活动，是当今世界最为流行的城市营销手段。国外如法国戛纳的电影节、巴西里约热内卢的狂欢节、德国慕尼黑的啤酒节、西班牙潘普洛纳的奔牛节、奥地利维也纳的新年音乐会，国内如大连的服装节、哈尔滨的冰雪节、潍坊的风筝节、博鳌的"博鳌亚洲论坛"、广州的广交会，这些举办城市因节事而闻名天下，或节事随城市而富有特色，节事活动成为了城市的一张亮丽名片。近年来，北京申奥、上海申博、广州申亚的成功，更是把国内运用节事活动营销和传播城市形象的热情推向高潮。

一、节事活动对城市形象的传播效应

节事，是"节日和特殊事件"的简称。节事活动包括非常广泛的内容，国外有学者概括为八类：文化庆典（包括节日、狂欢节、宗教事件、大型展演、历史纪念活动）、文艺娱乐事件（音乐会、其他表演、文艺展览、授奖仪式）、商贸及会展（展览会/展销会、博览会、会议、广告促销、募捐/筹资活动）、体育赛事（职业比赛、业余比赛）、教育科学事件（研讨班、专题学术会议、学术讨论会、学术大会、教科发布会）、休闲事件（游戏和趣味体育、娱乐事件）、政治/政府事件（就职典礼、授职/授勋仪式、贵宾 VIP 观礼、群众集会）、私人事件（个人庆典——周年纪念、家庭假日、宗教礼拜，社交事件——舞会、节庆，同学/亲友联欢会）。

也有学者将其划分为四类：重大事件（世界博览会、奥运会、足球世界杯等）、特殊事件（国际汽车大奖赛、区域性体育赛事等）、标志性事件（国家体育赛事、大城市体育赛事/节日等）、社区事件（乡镇事件、地方社区事件等）。

节事活动汇集了城市物质、精神、社会等层面的元素，是展示与传播城市形象的极好的平台。从某种意义上说，节事活动本身就是一个能够集中展示城市风貌、多层次传播城市信息的媒介，具有独特的传播效应，对宣传和传播城市形象发挥着重要的作用。

1. 聚媒效应

节事活动本身就是新闻，城市举办节事活动往往能够吸引众多媒体关注报道。例如 2005 年柏林电影节，云集了 80 个国家的 3700 多名媒体从业人员；2006 年德国世界杯期间，国际足联签发的媒体采访证件为 1.6 万张，而无证的记者则更难以统计。节事活动的这种聚媒传播效应，能够扩大相关城市信息在媒体上的传播量，提高城市的知名度。网络媒体信息传播量的变化能够比较直观地说明上述问题。我们选取北京和博鳌两个典型城市，用百度搜索引擎搜索网络信息数据（时间节点为 2006 年 8 月 15 日），结果显示：关键词"北京"信息的网页总数量为 4560 万个，其中"北京＋奥运会"信息的网页数为 741 万个，占到约 16.3%。关键词"博鳌"信息的网页总数为 253 万个，其中"博鳌＋亚洲论坛"信息的网页数为 106 万个，占到约 41.9% 之多。可见节事活动对城市信息传播量有着巨大的影响。

2. 口碑效应

节事活动作为一项有目的、有计划、有步骤地组织众多人参与的社会活动，聚集人气的多少是衡量活动效果的基本指标。一般来说，有影响力的节事活动都能吸引大批参加者与旅游者到达活动举办城市，零距离感知城市的魅力，从而提升他们对城市的亲切感、好感度、美誉度。而这些来自天南海北的参加者和旅游者又会把对城市的美好印象告诉给身边的亲朋好友或在自己的人际交往圈内传播，产生"一传十，十传百"的口碑传播效应。

节事活动吸引的参与者和旅游者数量巨大。且不说像奥运会、世博会等能够聚集庞大人气的全球性大型节事活动，就是一些区域性的社区事件，参与者的人数也相当可观。例如，2000 年春季举办的"北京第六届国际汽车展"，前往观展的人数达到了 40 万人之多；再如据成都市的一项统计，2003 年度通过系列的会展活动吸引到成都来的外地客商和游客超过 150 万人次。如此巨大的人流量，带来的口碑传播覆盖面应该是非常广泛的。

3. 名片效应

具有鲜明个性特点的节事活动和带有城市地方文化色彩的节事活动称为标志性节事。标志性节事活动的定期、重复、持续举办，往往使节事活动与举办地城市融为一体。人们提起某城市会想到某节事，提起某节事也会想到某城市，节事成为了城市品牌的标志、城市形象的名片。节事活动的这种名片传播效应，能够加深人们对城市形象个性的认知度和记忆度，有利于扩大城市品牌形象的影响力和辐射力，促进城市特色经济的发展。比如潍坊国际风筝节从 1984 年开始，一年一度的国际风筝节吸引了大批中外专家、风筝爱好者及游人前来观赏、竞技和游览，整个风筝节期间伴有丰富多彩的民间传统艺术活动和经贸活动。风筝节成了潍坊城市的一张名片，大大提高了潍坊的知名度，打开了潍坊对外开放的大门，使潍坊走向了世界。同时，这种"风筝牵线、文化搭台、经济唱戏"的节事模式，也吸引了大量的国内外投资者，据统计，仅 2005 年风筝节期间，潍坊就吸引外资达 158 亿元，带动了潍坊经济的加快发展。

4. 改善效应

人们对一个城市形象的认知包含有积极的、消极的、微弱的、混合的或矛盾的多种复杂印象，因此，多数城市形象中都或多或少含有消极的方面，或曰消极形象。当某种消极形象对城市的发展有严重阻碍时，城市就会出现形象危机。而利用节事活动，则可以有效地改变和扭转城市的消极形象和不利名声，帮助城市在短时间内尽快度过形象危机，改善、重塑城市形象。节事活动对城市形象的这种作用，称之为"改善效应"。

实际上，城市能够获得一些节事活动的举办权，就向世人说明城市形象已获得某类权威机构的认可，这样，关于城市形象的消极看法就会随之减少。节事活动通过吸引参加者到城市中亲身体验，能消除由于信息传播不畅而形成的误解和偏见。此外，举办节事活动还能够带动城市软、硬件环境的建设和改善，再加上媒体的宣传，人们对城市的消极印象会逐渐消除。在这方面，英国城市格拉斯哥形象的变迁，是节事活动"改善效应"的有力注脚。格拉斯哥曾经是历史上著名的船舶制造业和海运城市之一，但是到 20 世纪 70 年代初期，由于经济结构的世界性变化，这个城市的船舶制造业和海运业都衰落下去，成为欧洲问题最突出的城市：高失业率，高犯罪率，到处都是破旧的住宅区和工业废弃地。英国的格拉斯哥一度成为"贫穷、肮脏和暴乱"的代名词。从 20 世纪 80 年代开始，格拉斯哥市政府开展了城市形象重建运动，在对城市建筑特色景观重塑的基础上，每年每月甚至每周连续不间断地举办各种艺术文化节事活动，例如国际爵士音乐节、合唱节等。通过这些花样繁多的节事活动，格拉斯哥市逐渐把城市形象转型为欧洲文化之都、世界闻名的友好之城、最受欢迎的旅游目的地城市之一。

二、利用节事活动传播城市形象的问题与策略

城市举办节事活动的历史源远流长，然而有意识地营销宣传城市形象的节事活动，真正的发展不过几十年的历史。国外的一些城市节事活动发展比较成熟，已经走向产业化道路。在国内，以经营城市为目的的节事活动开始于 20 世纪 90 年代中期，兴盛于最近几年，其中虽然不乏成功案例，但整体上仍处于探索和培育阶段，存在着一些的问题和不足，概括起来有以下几点需要特别注意：

（1）重活动，轻传播。城市的政府及相关部门在举办节事活动时，往往把财力、人力、智力的重点放在活动本身的组织和运作上，而对节事活动传播的城市形象信息却普遍缺乏有效的传播策划和传播控制。一些规模相对较小的区域和地方节事，多数只是在活动期间由当地媒体播发几条新闻稿，宣传止于活动本身，传播效应很小。有些大型节事活动虽然吸引或邀请来了一些国际媒体、国家媒体和外地媒体，但面对不同媒体的不同信息需求、各种难以预料的突发事件以及复杂的媒体关系协调，城市部门或疏于考虑，或束手无策，媒体信息传播处于无序或失控状态。

（2）多、杂、乱，缺少主线。有些城市举办节事活动，误以为越多越好，无论何种类型、何种规格的节事，都不加选择地争取和组办。不同节事活动的内容杂乱无章，今天是农产品博览会，明天是 IT 科技节，节事之间缺乏贯穿的主线。还有些节事内容根本和城市关系不大，甚至有些节事活动是临时拉来突击举办的，像这样多、杂、乱、缺少整体规划的节事活动，容易造成城市形象的不统一，模糊了城市的定位。

（3）雷同化，少创意。近年来，像美食节、旅游节、文化节等在国内城市中十分流行，几乎每个城市都在不断地举办类似的节事，活动形式相互克隆，缺乏个性，了无新意。这种雷同化的节事活动，会使人们产生"审美疲劳"，逐渐失去关注或者参与的兴趣，对城市形象的传播作用越来越小。城市举办节事活动的目的无外乎两个方面：一是促进经济发展，二是传播城市形象。那么，在利用节事传播城市形象的过程中，如何解决上述传播缺陷，获得最大的传播效应呢？这是每个城市在策划节事活动时都应该思考的问题。

节事活动的新闻中心传播策略。对节事活动的新闻中心传播的构想，是从世界各大电影节的传播模式中得到的启发。电影节因特有的吸引眼球的元素，聚集了大批媒体的采访报道，故而专门负责传播协调和管理的新闻中心就成了电影节组织机构中的一个重要部门。电影节的新闻中心除了常规的媒体接待、媒体服务外，还负责相关资料收集、初步信息加工、宣传材料写作、简介手册编撰、媒体数据库建立等传播层面的工作。为了掌握信息传播的主动权，各电影节的新闻中心都有自己独特的传播手段。例如戛纳电影节的新闻中心拥有自己的电视媒体 The Festival Television Cheannel 和官方网站，积极主动地进行自身形象宣传和优化外部传播渠道；柏林电影节的新闻中心专设电视广播媒体办公室，提供大量的视频音频资料、电影花絮、新闻背景材料等，一大批媒体的新闻报道素材是取自此处，这有效地影响了传播的内容；多伦多电影节的新闻中心组织自己的精英传播队伍给目标媒体量身定做传播议题，并每天在一些大媒体上密集发布自己采编的新闻稿，很好地控制了议题导向和传播质量。事实上，新闻中心传播模式早已在奥运会、世界杯、世博会等世界各类大型节事活动中被广泛运用，实践也证明新闻中心是使节事活动传播效益最大化的最佳途径。对国内的一些城市来说，在传播资源不丰富、节事活动认知度不高的情况下，更需要创立和探索有自己特色的节事活动"新闻中心"传播体制。

在国内城市举办的规模较大的节事活动中，一般也设有名为"新闻中心"的场所，但其功能大多是"新闻媒体接待和服务中心"，与真正意义上的"新闻中心"概念相去甚远。因此，面临的问题是如何把节事活动的"新闻媒体接待中心"转变为"新闻信息传播中心"，上述各个电影节新闻中心的经验都可以借鉴。而对于城市举办的一些规模较小的节事活动，由于对新闻媒体的吸引力不够，"新闻中心"的功能应重点放在媒体公关、邀请媒体参与以及编发新闻、扩大宣传等方面。另外，网络传播作为新兴的传播方式，其传播门槛低而传播效应高，采取新闻中心设立官方网站或与网络媒体合作传播的策略，也是弥补国内城市节事活动传播资源不足的比较有效的方法之一。

节事活动的系列化传播策略。节事活动的系列化是指在一个大的主题下有计划地举办多种类型、多种规模的节事活动。按活动的持续时间分为两个系列：一是密集系列，即集中一段时间连续、密集举办同一主题的多种节事活动。节事活动的密集系列化能够对城市形象产生聚合传播和热点传播效应，提高传播效果。例如，2003～2004年，太原市举办的招商旅游年暨纪念建城2500年系列活动，以"让世界了解太原，让太原走向世界"为总主题，分"民俗太原"、"风情太原"、"激情太原"、"腾飞太原"四个阶段主题，在历时1年的时间内，共举办了包括经贸洽谈会、旅游节、面食节、晋阳文化节、大型文艺演出等50多项全国性、区域性节事活动，一时在媒体上形成了"太原热"，大大提升了古城太原的知名度和影响力。二是长期系列，即多年、长期不间断地举办与城市形象定位或主题相关的各种各样的节事活动。节事活动的长期系列化能够对城市形象产生累积传播效应和持续传播效应，有利于城市品牌形象的树立和推广。如三亚市从1996年开始推广热带滨海度假休闲旅游城市形象，陆续举办了70余项与此有关的系列活动，包括婚庆节、长寿节、世界小姐总决赛、新丝路大赛、铁人三项赛、欢乐节、金鸡百花电影节、黎苗"三月三"节等。正是这种长期系列化的活动传播，使三亚完成了由 10 年前的无人知晓到今天妇孺皆知的国内热点旅游城市形象的塑造。

节事活动创新的传播策略。节事活动的创新是指节事活动的内容或形式要新颖独特、富有个性和特色。与众不同总是引人注目的，创新的节事活动具有更高的新闻价值和传播价值，容易产生眼球效应，提高对城市形象的传播效果。例如，杭州近年来就以新颖独特的节事活动吸引和保持了人们对该城市的关注度，像富有特色的钱塘观潮节、西湖博览会、新鲜时尚的中国国际动漫节、个性突出的世界休闲博览会，不仅吸引了大量的游人客商参加，而且也都成为了媒体报道的焦点，非常有效地传播推广了杭州"休闲之都"的城市形象定位。

节事活动的目标市场化传播策略。目标市场化是指城市有计划、有目的地在其他城市和地区举办节事活动或者是和其他城市地区联合举办节事活动，直接、主动地在区域目标市场推销传播城市形象。近两年宁波市重点举办的"宁波周"活动就在这方面进行了有益的探索。自 2005 年 9 月在香港成功举办了"香港·宁波周"之后，2006年 5 月，宁波市政府又在沈阳举办了"沈阳·宁波周"，通过宁波品牌商品交易会、投资洽谈会、旅游推介会、人才招聘会、乡情联谊会等系列活动，给香港、沈阳市民全面展示了宁波城市的活力和实力，提升了城市整体形象和在香港、东北地区的知名度。这种目标市场化的节事活动传播策略，借鉴市场营销中品牌区域推进模式，把城市形象作为一个品牌，利用节事活动在目标城市或地区进行推广，能够加深目标地区市民对推介城市的印象，带动目标城市媒体的报道传播热情，从而产生精准传播的奇效。另外，城市和目标城市合作举办的这类节事活动，对双方而言，都能产生一些实际的经济效益，同时又都能发挥聚集人气、借势传播的效应。可以说是一个"双赢"的策略，值得国内城市特别是一些中小城市在传播推广城市形象时借鉴。

第八章 传统城镇品牌营销的误区

第一节 城镇品牌营销存在的十大误区

进入 21 世纪后，在经济全球化和区域一体化的背景下，为了获得更大的经济效益和广阔的发展空间及增长潜力，我国的许多城市都开始探索城镇品牌化的发展道路，各级城市纷纷打出品牌化的大旗。

但是，在一些城市打造品牌取得成功的同时，也有不少城市在品牌化的过程中走入了误区，从而延缓了我国城镇品牌化的进程，阻碍了我国城市竞争力的提高。其主要表现有：

一、把城市形象等同于城镇品牌

在城镇品牌化过程中，我国许多城市都将城市的经济开放、市政建设、招商引资、旅游发展、环境改造和建立城镇品牌联系在一起，出现了所谓的"绿色城市"、"精品城市"、"环保城市"、"花园城市"等概念，花费了大量的时间、精力、金钱来塑造形象，却没有去研究品牌，结果是将城镇品牌工程导入到大兴土木的品牌误区，从而改变了城镇品牌的性质。实际上，城镇品牌与城市形象是有区别的。城镇品牌是城市生态环境、经济活力、文化底蕴、精神品格、价值导向等综合功能的结构性呈现。而城市形象则是通过城市建筑、城市空间形态所展现出来给人们的一种视觉印象。创造城镇品牌，不仅要有令人赏心悦目的城市风貌，还应有健全的城市功能和深厚的历史文化底蕴。既要重视城市空间环境的艺术创造，又要考虑功能适用，体现对人的关怀，反映城市的蓬勃生机与活力。只有传承自己所固有的特色，汲取其历史和文化的营养不断塑造和美化自己，充分反映出城市的灵魂、核心价值与附加值，城市才会具有真正的品牌魅力。

二、把名城等同于城镇品牌

一座有名的城市对于默默无闻的竞争对手来说，确实具备了一定的竞争优势。但以往的历史名城是由于时间的积累和城市在某一方面独一无二的优势而逐步建立的，在自发的历史进程中缓慢地形成了独特的人文景观和历史风貌的城市特色。这个名实际上指的是城市的知名度。但仅仅是有名，受众对其没有偏好度和美誉度，不存在任何独特的品牌体验。如果没有了这种体验，也就不存在用现代品牌理念理解这个名的实质意义，自然也不会应用现代品牌管理理论去进行这一个名的维护和强化，导致在激烈地争夺资金、人才、政策、旅游者的竞争中，不进则退。有名不代表永远有名，有名也可能会被人淡忘。从古都西安、洛阳的衰落到近代北方工业城市天津、沈阳的彷徨表明，昔日辉煌的名城，如果不注重其品牌的打造与管理，在时代潮流荡涤下也将失去它的魅力。

三、把城市经济建设等同于城镇品牌建设

品牌塑造是城市发展的新动力，城市良好品牌的塑造可以促进经济工作，城市经济的繁荣反过来也有助于品牌的树立。但我国许多城市在品牌化过程中，却没有很好地理解城镇品牌与经济工作的相互关系。有人认为现在的经济建设工作还没有做好，等经济发展有了一定基础以后再抓城镇品牌的塑造；有人认为把经济建设工作搞好了，有了实力，良好品牌就有了。而实际上经济实力增强，只能说是为塑造良好品牌奠定了必要的物质基础，不能说是具备了充分条件。构成良好品牌的要素很多，经济只是其中的一个要素，如果不把城镇品牌建

设纳入工作日程，就会在国际竞争中缺少一面鲜明旗帜，从而丧失自身光彩。因为城镇品牌能给重视品牌建设的城市带来巨大的社会效应和经济效益，创造出属于整个城市的无形资产。

四、把人为的城市包装等同于城镇品牌塑造

主要体现在：一是片面地把城市的品牌理解为城市的美观和漂亮，只追求城市基础设施等硬件方面的建设，没有全面考虑城市的社会、经济、历史、文化等诸方面的因素，尤其是没有树立竞争意识；二是认为塑造城镇品牌就是标志、色彩和印刷品的设计问题，所以许多城市仅仅在设计了一套城市 CI 后就认为完成了城镇品牌的建设；三是在城镇品牌战略管理中将其简单地理解为一两句口号。往往没有系统的规划，对品牌传播的范围、媒介的选择、受众的特点没有进行科学的分析。

五、城镇品牌建设缺乏清晰的定位

国内外许多专家认为，我国的城市在品牌化过程中"同质化"现象异常严重，近千个城市中广场一样、建筑一样、绿化一样，根本看不出个性。城镇品牌建设的表面化、同质化，不仅造成大量人力、物力、财力的浪费，而且破坏了城市的风格与传统。之所以出现这种局面，其主要原因就是没有清晰的城市定位。正如任何产品和服务在市场上的竞争都离不开独特的定位一样，正确的城市定位是城镇品牌战略的核心和灵魂。准确的城市定位既是建立城镇品牌的基础，也是对城市核心价值的发现。因为定位的实质就是将城市放在目标受众心目中给它一个独一无二的位置，由此而形成这个城市鲜明的品牌个性。独特鲜明的城市定位更有助于城市的发展。如中国香港地区定位为亚洲地区的金融中心；日内瓦、维也纳等定位为国际会展中心；夏威夷火奴鲁鲁、印度尼西亚的巴厘岛定位在国际度假功能上；美国的底特律定位为汽车城；意大利的米兰则把自己定位为时装城。这些城市定位成功地塑造出了城市的品牌。而城市定位的基础来自于科学的调查研究，应遵循权威性、唯一性、排他性、认同性、美誉性等原则。首

先，考虑自己独特的优势资源，包括其自然资源优势、经济优势和社会文化优势；其次，要考虑社会公众对定位的认同；再次，要根据投资者甚至国际社会的认同来确定自己的发展定位；最后，城市定位还必须和它的历史文化的精神气质结合起来，赋予其文化品格和文化内涵。城市定位要把功能和文化两个方面融合起来，形成其特色和个性，这样形成的定位才有持久的生命力，最终在市场上才能转化为对目标受众的承诺。如果一个城市的定位距离它的目标市场过远而无法实现，城镇品牌则只不过是一块招牌而已，它对城市的发展没有任何意义。

六、城镇品牌的打造缺乏产业支撑

城镇品牌的打造缺乏相关产业支撑，是我国城镇品牌化最大的误区。城镇品牌化认识的滞后性和城市竞争意识的严重缺乏，导致了大多数城市未能以战略眼光来看待自身的发展，没有将城镇品牌与自身的优势产业结合起来，城镇品牌的打造缺乏坚实的产业基础，导致中国城市整体品牌化水平很低。而一个城镇品牌的树立，必须以一定的产业优势作为基础，即走一条大力发展本城市优势产业的道路，使其成为品牌，以产业品牌带动城镇品牌的形成与发展，从而树立起具有战略意义的城镇品牌。

七、城镇品牌定位缺乏个性

城镇品牌存在的价值是它在市场上的定位和不可替代的个性，就如同产品品牌一样，著名品牌之所以屹立百年不倒，就因为它始终遵循着自己的定位和保持着与竞争对手的差异。但我国600多座大中小城市，它们的城镇品牌定位却大有趋同之势。据国家有关方面测算，我国中部和东部城市产业结构相似率达93.5%，西部与中部城市产业结构相似率达97.9%，全国各省区城市产业结构相似率为90%以上。一位专家浏览长江流域部分省市"九五"计划和2010年远景目标纲要时吃惊地发现，重庆、湖北、浙江、安徽、江苏和上海各自发展的第一支柱产业无一例外，全是汽车。

八、城镇品牌塑造缺乏科学的规划与管理机制

许多城市在品牌塑造过程中，缺乏对整体进程的有效规划和科学管理，没有充分认识到城镇品牌化的艰巨性和长期性。很多城市都制定了总体规划，涉及城市的定位、发展、战略等，但城市规划部门在一个城市内的级别很低，对城市建设约束力有弱化的倾向。加之专业水平的缺乏，难以从史学、美学、文化等各方面综合考虑，从而造成建筑风格等城镇品牌及其内涵的混乱。尤其是在城镇品牌推广中，国内一些城市经常喜欢一开始搞得轰轰烈烈，但坚持不了多久，就虎头蛇尾、无声无息了。同时，在城镇品牌建设的过程中，涉及的专利、产权等方面的问题由于没有系统的管理而造成巨大的损失。

九、城镇品牌塑造缺乏文化内涵

由于对城镇品牌的认识水平较低，我国许多城市盲目攀比的现象比较严重。有一段时间国内各城市之间就城市建设的问题互相交流、参观之风盛行。这种交流学习往往没有注意对方品牌建设的文化内涵与思想，忽略了城市的灵魂。而真正具有个性的、深层次的城市必须挖掘、提炼和弘扬城市竞争能力的灵魂和核心价值链——城市文化，包括物质文化（城市建设和产业链）、制度文化（规范制度和公共政策）、精神文化（城市价值观和人们的行为方式），三者必须有机统一。从某种意义上说，城市之间的竞争既是在拼经济、拼实力，更是在拼文化。因此，重视文化建设，发掘文化资源，展示文化品牌，提升文化品位，塑造城市的文化形象，并通过文化氛围来凝聚城市的人心，推动城市的发展，已成为当今城镇品牌建设的一项重要内容。毕竟，一座城市的绿化、亮化、美化如何，只是体现出该城市的外在美，而文化特色、文化魅力、文化品牌和文化氛围，才能真正体现出一座城市的内在美。

十、城镇品牌传播缺乏持久有效的手段

我国许多城市在确定城镇品牌以后，或只注重城市的硬件建设，

或经过一段时间大张旗鼓的发动和组织工作后就把确定的城镇品牌规划束之高阁。然而，当我们明确城镇品牌之后，不仅需要开展全方位、多层次并且独特有力的体验建设规划和实施，包括环境保护、市容市貌、园林绿化、公共交通、道路、标志性建筑与标志性景观、灯饰景观、文明小区、文化设施、体育设施、旅游设施等硬件建设，更要有持久有效的传播手段，要根据城市自身的各种有利条件利用各种媒体，通过各种途径包装、宣传、扩散、灌输城镇品牌的理念、风格和品牌；不仅要举办大型的节庆活动，更要大张旗鼓地举办各种国际性商务、贸易、会展、招商、学术、文艺、体育等大型活动，做到妇孺皆知、深入人心。只有这样，城镇品牌的竞争力才能得到充分发挥。

第二节　当前城镇品牌塑造与提升的六个突出问题

改革开放以来，我国先后成立经济特区并开放了沿海港口城市。随着珠江三角洲、长江三角洲以及福建和广西沿海、辽东半岛、山东半岛等地区的对外开放，在沿海一带逐渐形成了比较发达的城市群和城市带。尤其是进入 20 世纪 90 年代中期以来，长江沿岸 28 个城市和 8 个地区，东北、西南、西北地区 13 个边境城市的对外开放，以及 11 个内陆地区省会城市实行沿海开放城市的政策，表明我国的改革开放已经形成多层次、全方位的对外开放格局。由之而来的是城市数量增长和规模扩大，其后果是使城市对各种要素的争夺日趋激烈。城市如何在竞争中取得优势，提高城市的核心竞争力，进一步带动区域经济的快速发展，已经成为每一个城市政府面临的一个难题。在这种情况下，一些城市打出城市营销与城镇品牌战略，取得了较好的效果，引起一些城市纷纷效仿，形成一股城市营销和城镇品牌宣传的浪潮。但冷静地观察思考后不难发现，一些城市在城镇品牌塑造与提升过程中存在着一些明显的问题，这些问题大体可以概括为六个方面。

一、城市定位不清，影响城镇品牌的塑造与提升

城市定位是城镇品牌塑造与提升的前提，寻求科学准确的符合城市发展的城市定位，不仅可以为城镇品牌塑造指明方向和目标，更重要的是可以通过城市定位整合城市资源引导城镇品牌塑造，带动城市区域经济发展。但实践中却是许多城市定位模糊，严重影响了城镇品牌的塑造与提升。其主要表现有三：一是城市时空定位不清，二是城市功能定位不准，三是城市目标定位不实。致使在城镇品牌宣传上存在多中心、多主题，品牌整合传播效果不佳，浪费了大量的财力。城市时空定位包含"时"与"空"两个方面。空间是城市存在的基本形式之一，城市的空间特性会影响人们的空间偏好，而一定的城市空间结构又总是与一定的时间相连，因此，城市的时空问题就成为城市定位的首要问题。城市的时空定位不清主要反映在城市定位中对城市的地理位置、气候条件、人文历史、制度状况等因素的相互关系及其优势与劣势缺乏科学的分析与判断。城镇品牌构成要素中的地理位置要素，是城镇品牌塑造和城镇品牌宣传的重要的无形资产。一个城市拥有独特的地理位置优势，在客观上决定了该城市的区位优势以及城市发展过程中城市核心竞争力的培育与提升，进而也影响到城市支柱产业的发展和对新兴产业的吸引力。在进行城镇品牌定位时，城市的地理位置要素是重点考虑的因素之一。城市的气候环境要素是与城市地理位置密切相关的要素，它是由城市自然环境和城市人文环境有机结合形成的整体气候环境，城市的气候是否宜人，已经成为吸引各类人才和资源的重要因素。城市人文环境是由城市的科技、教育与文化发展等子要素构成，它是城市竞争力的体现，也直接影响着城镇品牌的吸引力和提升。城市制度环境也是影响城镇品牌的重要因素。此外，城市政府的开放意识、服务意识和城市诚信水平（包括城市政府的诚信水平、城市企业的诚信水平和城市居民的诚信水平）对城镇品牌的塑造与提升影响重大。

城市是现代产业和人口聚集的地区，城市功能由此分为对内功能与对外功能。城市对内功能主要体现为诸如交通、居住、工作和游憩

功能。城市的对外功能主要体现在城市在整个经济循环中所处的分工地位，它是由城市所处的整个社会（国际）产业结构状况及其竞争地位决定的。城市功能定位与城市目标定位相互制约，不切实际的城市功能定位必然反映在城市目标定位上。目前我国 667 座大中城市中有 27% 的城市（182 个）明确提出要建设"国际化大都市"，而我国目前有资格的城市最多不过北京、上海、广州和香港 4 座城市，世界上也只有纽约、伦敦、巴黎等十几个城市可称得上是国际化大都市，我国城市定位问题可见一斑。

上述三种定位存在的问题说明主观脱离客观，表明没有进行定位分析或定位分析不准。在进行城市定位时，应综合运用各种分析方法，如常用的 SWOT 分析法、内部因素评价矩阵法（IFE）、外部因素评价矩阵法（EFE）、竞争态势矩阵法（CPM）以及 PEST 分析等方法。在城市定位中，如果能恰到好处地运用上述分析方法，基本可以解决城市定位中的两个难题，即"有什么定位可以选择"和"能够选择什么定位"，并且可以在领导者定位、比附定位、细分定位和重新定位等策略中作出科学的选择。

二、重视城镇品牌视觉要素等硬件投入，忽视城镇品牌理念的提炼

品牌学的研究既借用了 20 世纪 50 年代形成的 CI 理论，也吸收了 20 世纪 60 年代大卫·奥格威的品牌形象理论。从品牌学理论来看，品牌要素主要包括三个：视觉要素（VI）、行为要素（BI）和理念要素（MI）。理念要素从根本上决定着行为要素和视觉要素，行为要素和视觉要素要在理念要素的统领下实施和展现。城镇品牌视觉性要素主要体现在诸如城市形态、城市自然条件、城市建筑、城市街道、城市绿化等，其中城市形态是城市整体特色的最主要部分，依各城市不同可分为带状城市、群体城市、单核心城市、多核心城市等形态。城市形态与城市内部的功能分区、城市结构和城市道路交通关系密切，很大程度上影响了城市功能分区、城市结构和城市道路交通网络，如何结合自然条件构建一个符合当地客观实际的城市形态，是创造城市特色的一个重要方面，也是塑造城镇品牌外表形象的关键要素。

在城镇品牌创建过程中，一些城市重视城市外表要素的设计、主要表现和辅助表现等方面的投入，但却忽视城镇品牌理念的提炼与塑造，结果使城镇品牌失去根基，导致城镇品牌缺乏认同。城镇品牌认同是建立在城市、符号、产品、人四个概念基础之上的，核心是城市理念。城镇品牌认同包括基本认同和延伸认同。基本认同是精髓，且不因时间流逝而消失，城镇品牌塑造能否成功，首要取决于基本认同。按照品牌学者大卫·爱格的观点，品牌基本认同重点在于品牌精神以及它所折射出的基本信仰和价值观。品牌的延伸认同是品牌基本认同在品牌整合营销沟通中各要素的具体体现，它为城镇品牌内涵注入了丰富的表现形式，使城镇品牌认同表达更完整，城镇品牌理念更清晰。

三、城镇品牌外表要素严重雷同，城镇品牌个性塑造不足

城镇品牌建设可以提升城镇品牌资产，树立城镇品牌，提升城镇品牌资产，从而通过城镇品牌所产生的聚合效应、光环效应、磁场效应、核裂变效应、内化效应、带动效应、宣传效应等影响，促进城市的发展，实现城市发展战略目标。但是，当前我国城镇品牌塑造上明显存在视觉要素严重雷同，城镇品牌个性塑造不足的问题。在现代市场经济体系中，城镇品牌资产是一种受市场调节价值化的资产，其大小与其载体的个性化程度正相关。城市是经济增长要素流动和积聚的平台，各种经济要素在城市之间的积聚和流动按照市场规律进行，一个城市对经济增长要素具有的吸引力、积聚力和增值力，来自城市资产的独特个性。

随着城市的发展，在企业竞争基础上出现的城市竞争将会使中国21世纪的市场竞争呈现错综复杂的格局，城市之间竞争的加剧将为城市资产的提升带来困难，从而在客观上更加要求城市个性的塑造。它不可能通过城市外表要素的大投入获得，而需要通过城市个性的塑造并进而通过城市经营理念的凝练来培育。要提高城市总资产的质量与数量，在今后一个时期内，重要的是要通过提高城市资产的独特性和城市个性得以体现，从而形成吸引城市流动资产积聚的城市洼地效应。

塑造城镇品牌个性，很大程度上受制于城市规划的影响，城市规划又受城市规划理论所决定。长期以来，人们在进行城市规划过程中总结出了许多指导城市规划的理论，如霍华德的"田园城市"、沙里宁的"有机疏散理论"、勒·柯布西耶的"现代城市"以及带状城市、工业城市等城市发展理论。这些理论被统称为"现代主义"城市理论，它影响着今天的城市规划和城市发展。由于城市经济增长及社会发展模式的转变以及自然生态文明的蓬勃发展，"现代主义"的城市规划思想已不能适应时代发展的需要，因此，人们在不断地探索着未来城市的发展模式和发展理论。其中最具代表性的是 20 世纪 80 年代在美国产生的"新城市主义"正日益发挥影响，并引发了当代城市规划理论思想与城市发展模式的变革。"新城市主义"思想的产生源于对地方地理、自然生态环境、历史文化和对"新经济"时代的理解，以及对必要的城市规划与设计原则的尊重，它代表了人类对于城市的一种新梦想，它汲取了人文主义、历史主义、可持续发展思想的精华，向人们展示了一个城市规划与发展的理想蓝图。

现代城市的个性最直观的感觉和把握虽然是来自城市建筑和城市景观，但是城市的个性绝不等于城市的建筑和景观。一个城市的个性形成和内涵是一个系统集成，至少要注意以下几点：①城市的产业特性构成城市个性的基础；②城市的历史与文化独特性构成城市的内在品质，是城市个性中最重要的因素；③城市独特核心价值和城市精神是构成城市个性的灵魂；④城市建筑和城市景观的独特性是城市个性最直接、最集中的表现；⑤城市功能的独特性是城市个性化资源最有效发挥作用的基础。总之，城市个性是城市特有的多因素的综合性呈现，城镇品牌塑造要立足于打造城市个性。

在城镇品牌塑造上忽视品牌个性塑造既不利于城镇品牌整合营销沟通，也不利于城镇品牌资产的构筑，更不利于城镇品牌效应的发挥。因此，在城镇品牌个性塑造上，应在建设和保持城市基本外表要素投入的基础上，有针对性地开展城市个性要素的开发与塑造。为此，可以运用阿克尔品牌资产评估模型、Young & Rubicam 品牌资产评估模型等帮助城镇品牌决策机构分析和评价城镇品牌现状，并在此基础上制定城镇品牌整合营销沟通计划。

四、重视"点"上的城镇品牌宣传，忽视和缺少城市整合营销战略规划

城镇品牌的确立有许多方法可供选择，目前国内城镇品牌宣传大多停留在一般的"点"上宣传，而忽视和缺少城市整合营销战略规划。诸如有的城市从卫生城市创建入手（如江苏的连云港）宣传和树立城镇品牌；有的从某一重要的公关事件出发（如博鳌小城就借助博鳌亚洲论坛进行宣传）；有的从电视形象广告切入（如昆明城市旅游形象广告《昆明天天是春天》）等。目前 CCTV - 4 每天轮番播出的城市形象广告多达几十个，在旅游黄金周之前广告投放量更是成倍增加。一些中小城市也相继加盟，大有一分高下之势。但是这种"点"式的城市的品牌宣传仅仅是城镇品牌塑造的初始切入点。这些方式方法在一段时间内虽然有效，但过了一定时间之后往往无法持续，因而不能形成连续的、紧紧围绕城镇品牌理念来整合可以运用的传播沟通手段，即缺乏城镇品牌传播沟通的整体战略规划。城镇品牌塑造的科学流程应该是：把塑造城镇品牌作为一个长期的战略，从城市定位做起，制定城市发展战略，进行城市功能和规划设计，制定城市营销规划和城镇品牌整合营销沟通规划，最后进行和完成城镇品牌的塑造。

城镇品牌宣传应该在城市营销规划下进行，在城市整体营销规划中，针对品牌整合营销沟通还应该制定相关的城镇品牌整合营销沟通计划。一般来说，城市营销战略规划主要包括：①城市营销规划概述，主要包括形势分析、营销战略目标、营销战略和预算；②城市营销形势分析，包括城市营销现状，城市自身（历史、声誉、实力与弱点等），城市产品P服务，城市营销市场分析，竞争状况，城市营销传播，城市营销环境，城市经济社会发展战略等；③城市营销目标；④城市营销战略；⑤城市营销运行方案；⑥城市营销评估、回顾与控制；⑦城市营销预算；⑧附件（如调研报告等支持性文件材料）。

五、城镇品牌创建以经验管理为主，品牌运动模式等理论研究明显滞后

品牌运动是指一个品牌的自我建设和发展过程，它从某一个基点开始，通过对城镇品牌因素的外化、延伸等方式，从弱小走向强大，从单一走向多元，从地区性品牌走向全球性品牌。尽管每个城镇品牌都有其自身的生命运动形式，基本上都要经历这样一个过程，但在每一个城镇品牌运动模式的不同阶段会有较大的差异，具体表现在城镇品牌经营模式、管理模式、传播与沟通模式以及危机公关处理模式等方面。正是因为不同的城镇品牌运动模式的差异性，才最终形成了不同城镇品牌的特殊识别体系、特殊价值体系和特殊的与城镇品牌受众之间的关系体系。由这三大特殊体系形成的总体差异性才成为城镇品牌的不可替代性和其独有的运动模式。但是，从目前我国城镇品牌创建的现状来看，许多城市的品牌创建缺少城镇品牌运动模式的深入研究，没有找到适合城市自身的城镇品牌运动模式，因而基本停留在对品牌的经验管理阶段，具体表现为模仿多于创造、感性多于理性，对城镇品牌的理论研究明显滞后，致使城镇品牌管理实践缺乏理论指导，因而影响了城镇品牌的塑造与提升。

城市存在于一定空间区域内，并在这一区域中担负着区域分工的角色，而且随着区域政治、经济、文化乃至技术等因素的变化，以及城市内部因子的变化，区域内一些城市的角色也必然会随之发生变化。如果仅仅从一个静态的角度研究城镇品牌，就会影响城镇品牌的提升。按照城市经济学的相关理论，城市是各种社会经济活动在地域上的结合点，是地域空间组织的中枢，其三大产业结构的演变内在地决定着城市的发展阶段。在三大产业中，工业和服务业是城市发展的主体，其地域分布特征直接影响城市体系变化。在城市区域空间结构的分析中，也是主要分析区域内城市经济结构，以确定城市发展阶段。由于目前国内不同区域内的城市经济结构不同，城市经济社会发展水平相差悬殊，客观上决定城市定位与城镇品牌创建应有明显的不同。诸如一些经济发展条件较差的地区，一味地搞世纪大道、现代化主题公园

等，既浪费了大量的财力，也不利于创建适应城市自身发展的城镇品牌。从目前看，加强城镇品牌理论研究主要包括两个方面：一是要加强城镇品牌基础理论研究，如城镇品牌哲学、城镇品牌原理、城镇品牌战略与模式、城镇品牌方法与技术、城镇品牌资产等。二是加强城镇品牌应用理论研究，如城镇品牌基础理论的应用性研究、城镇品牌个案研究和城镇品牌比较研究等。

六、重视城镇品牌正面宣传，忽视建立健全城镇品牌风险机制

城镇品牌创建过程中不可避免地会发生各种各样的风险，忽视城镇品牌创建过程中的风险管理，就可能使城镇品牌创建功亏一篑。但是，目前国内一些城市的品牌创建中因为过多重视品牌的宣传，而忽视城镇品牌的风险防范与管理，没有建立城镇品牌风险防范管理机制以及风险应对不当，从而影响甚至折损了原有的城镇品牌形象和品牌资产，其遗留的不利影响制约了城市的长远长展。这样的事例比比皆是，如奶粉事件、假酒案、重大黑恶势力案等。

所谓风险一般定义为"损失发生的不确定性"，城镇品牌创建风险也就是在城镇品牌创建过程中客观存在的不确定性。城镇品牌风险从不同角度可以有不同的划分，按风险的来源分为客观风险和主观风险，按风险产生的原因可分为自然风险、社会风险、经济风险和技术风险，按风险性质分为静态风险和动态风险，按对风险的承受能力分为可接受的风险和不可接受的风险等。研究城镇品牌风险类型和分类的目的在于按照不同的风险制定和采取不同的防范措施和应对预案，便于加强风险管理。所谓城镇品牌风险管理就是指城镇品牌管理者（或管理机构）对风险进行识别、衡量、分析，并在此基础上有效地处置风险，以最低成本实现对城镇品牌最大安全保障的一整套的科学管理方法。加强城镇品牌风险管理就是要从城镇品牌风险管理的全过程来加以管理，即从风险预警开始，制定风险处理计划，建立健全相应组织体制和制度。具体来说就是加强城镇品牌风险预警系统建设；通过对各种风险的科学考察，判断风险的性质和后果，制定并选择风险处理方案，编制风险处理的实施计划；根据风险处理计划建立健全

风险管理组织，包括业务分工、权力和组织协调等，即合理安排人力、物力和财力以降低城镇品牌风险的不确定性；风险处理的指导就是采用信息交流的方式，组织管理计划实施；风险处理的管制是按照规定进行业务风险管理记录、评价和分析，形成制度化管理方式。在上述过程中，风险处理计划是风险管理的重要一步，也是整个管理过程的关键和核心，重点体现在风险的识别与衡量、处理手段的选择和处理预算计划的编定三个方面。